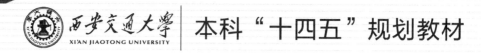

西安交通大学 | 本科"十四五"规划教材

汉语认知与交流

马梅玉 丁 丁 编著

图书在版编目(CIP)数据

汉语认知与交流 / 马梅玉,丁丁编著. —西安:西安交通大学出版社,2023.12
 ISBN 978-7-5693-3650-4

Ⅰ.①汉… Ⅱ.①马… ②丁… Ⅲ.①汉语—高等学校—教材 Ⅳ.①H193.9

中国国家版本馆 CIP 数据核字(2024)第 010814 号

书　　名	汉语认知与交流
	HANYU RENZHI YU JIAOLIU
编　　著	马梅玉　丁　丁
责任编辑	赵怀瀛
责任校对	李逢国
装帧设计	伍　胜
出版发行	西安交通大学出版社
	(西安市兴庆南路 1 号　邮政编码 710048)
网　　址	http://www.xjtupress.com
电　　话	(029)82668357　82667874(市场营销中心)
	(029)82668315(总编办)
传　　真	(029)82668280
印　　刷	西安五星印刷有限公司
开　　本	787mm×1092mm　1/16　印张 15.125　字数 323 千字
版次印次	2023 年 12 月第 1 版　2023 年 12 月第 1 次印刷
书　　号	ISBN 978-7-5693-3650-4
定　　价	49.80 元

如发现印装质量问题,请与本社市场营销中心联系。
订购热线:(029)82665248　(029)82667874
投稿热线:(029)82668133
读者信箱:xj_rwjg@126.com

版权所有　侵权必究

前 言
Foreword

  2019年,我们以"汉语与社会生活"为题申报了西安交通大学通识课程。该课程的目标是使学生通过学习语言学知识,对日常生活中习焉不察的语言现象进行感知和解读,在此基础上,进一步提高思维与交际能力。2021年,我们以授课内容为基础申报了西安交通大学本科"十四五"规划教材,最终获批"重点项目"。我们以课程目标为基础撰写了教材,旨在让学生了解现代汉语的基本面貌,尝试用各种方式启发学生注意日常生活中的语言现象,并进行思考。

  教材分为七章,内容涉及汉语概说、语音、文字、语义、语法、修辞、言语交际等内容。编者注重对相关内容进行历时发展的梳理、规范等,尽量遵循理论与实践相统一的原则。例如,对于目前社会中常见的多种多样的注音方式,笔者对其进行了历时梳理,并进行了详尽解析。每章分为正文、思考题、延伸阅读三部分:在正文部分,对各章主要内容进行详尽介绍;思考题有助于读者思考与本章相关的重要问题,进而启发部分读者的学习或研究兴趣;延伸阅读是对正文的拓展,读者可根据所列举文献信息,按图索骥,展开进一步学习或研究。

  教材由马梅玉、丁丁二人执笔,马梅玉负责教材提纲的研究和审定,并负责组织协调教材的写作、审稿、统稿等工作。教材的第一、二、三、六、七章由马梅玉负责撰写,第四、五章由丁丁负责撰写。

  本教材得到西安交通大学教务处和西安交通大学人文社会科学学院的大力支持。在撰写过程中,笔者参阅并引用了国内外同行的著述,限于篇幅,未能全都标注出处,在此一并致谢。感谢本书责任编辑赵怀瀛先生,在本教材推进过程中,他对书稿提出了很好的意见,使本书得以顺利出版。

  由于笔者水平有限,教材难免出现不妥之处,敬请读者和各位学者批评指正,使之逐渐完善。

编　者

目录 Contents

第一章　汉语概说 ……………………………………………………………（001）
　第一节　语言、汉语 ……………………………………………………………（001）
　第二节　现代汉民族共同语的形成与方言 ……………………………………（006）
　第三节　现代汉语的规范化与推广普通话 ……………………………………（010）
　附录　普通话水平测试等级标准（试行） ……………………………………（014）

第二章　语音 ……………………………………………………………………（015）
　第一节　语音概说 ………………………………………………………………（015）
　第二节　汉字注音方式的流变 …………………………………………………（020）
　第三节　辅音与声母 ……………………………………………………………（024）
　第四节　元音与韵母 ……………………………………………………………（028）
　第五节　声调 ……………………………………………………………………（036）
　第六节　音节 ……………………………………………………………………（040）
　第七节　音变 ……………………………………………………………………（047）
　第八节　现代汉语语音的规范化 ………………………………………………（054）
　附录一　现代汉语拼音方案 ……………………………………………………（058）
　附录二　轻声、儿化必读词 ……………………………………………………（060）

第三章　文字 ……………………………………………………………………（064）
　第一节　文字的起源 ……………………………………………………………（064）
　第二节　汉字的形体 ……………………………………………………………（071）
　第三节　汉字的造字法 …………………………………………………………（079）
　第四节　现代汉字的结构 ………………………………………………………（083）

第五节　繁简字……………………………………………………(088)
　　第六节　汉字的标准化……………………………………………(090)
　　第七节　正确使用规范汉字………………………………………(094)
　　附录　GB 13000.1 字符集汉字折笔规范…………………………(096)

第四章　语义……………………………………………………………(097)
　　第一节　词和词汇…………………………………………………(097)
　　第二节　词义………………………………………………………(105)
　　第三节　词义的发展………………………………………………(109)
　　第四节　词义的联系………………………………………………(119)
　　第五节　现代汉语词汇的构成……………………………………(128)

第五章　语法……………………………………………………………(134)
　　第一节　语法概说…………………………………………………(135)
　　第二节　词类………………………………………………………(139)
　　第三节　词组和句法成分…………………………………………(156)
　　第四节　句子………………………………………………………(173)

第六章　修辞……………………………………………………………(184)
　　第一节　修辞与修辞原则…………………………………………(184)
　　第二节　词语的锤炼………………………………………………(189)
　　第三节　句式修辞…………………………………………………(197)
　　第四节　辞格(一)…………………………………………………(202)
　　第五节　辞格(二)…………………………………………………(209)

第七章　言语交际………………………………………………………(214)
　　第一节　言语和言语交际…………………………………………(215)
　　第二节　言语交际的原则…………………………………………(218)
　　第三节　会话含义…………………………………………………(222)
　　第四节　预设概说…………………………………………………(227)

第一章 汉语概说

语言是人类最重要的交际工具,是文明和文化传承的最重要载体,也是维护民族团结和国家安全的重要武器。新中国成立以来,党和国家就一直高度重视国家通用语言文字普及工作。党的十八大以来,国家出台了一系列政策文件,实施了一批重大工程,我国语言文字事业也由此迈上了新的台阶。党的十九大正式提出"铸牢中华民族共同体意识"并将其写入党章,这成为全党全国各族人民实现中国梦新征程上的共同意志和根本遵循。这意味着我们离"中华民族的伟大复兴"的目标又近了一步,同时也给我们的语言文字工作提出了更高的要求。

从中国发展历程来看,把使用国家通用语言文字作为治国理政的基本策略是一套行之有效的办法。国家通用语言文字的形成经历了漫长的过程,其基本成分是汉语,也有其他民族语言的底层成分,这是一个不断融合的结果。国家通用语言文字不仅在日常交流中给予民众便利,促进民族团结,而且对国家的政治、经济等的发展大有裨益。大学生是未来建设国家的主力军,高校是推广国家通用语言文字的重要阵地,大学生对国家通用语言文字应用能力的提升无论是对个人,还是对国家都具有重要意义,因此有必要向大学生普及汉语知识,让大学生了解汉语,知道国家通用语言文字使用规范,在认知的基础上,提升自己对国家通用语言文字的应用水平,进而铸牢中华民族共同体意识。

在本章,我们从语言的性质出发,介绍汉语的属性和特征,在此基础上介绍现代汉语规范化与普通话推广的历程。

第一节 语言、汉语

一、语言

语言是人类社会特有的音义结合的符号系统,是人类最重要的交际工具,也是文化的重要载体。

第一,语言是人类社会特有的音义结合的符号系统。语言符号用一定的语音形式表达一定的意义,这一语音形式就代表该事物,从而获得相关意义。比如"人"这种高级动物,汉语就用"rén"这一语音去指称,"rén"从而获得了指代"人"这个"由类人猿进化而成的能制造和使用工具进行劳动,并能运用语言进行交际的动物"的意义。在这里,"rén"是形式,"由类人猿进化而成的能制造和使用工具进行劳动,并能运用语言进行交际的动物"是意义,是内容。从单个符号来看,语言符号的形式和内容的结合是任意的,也就是说,用什么样的语音形式表达什么样的意义内容,完全是任意的,是社会约定俗成的。如"成本的著作"这一内容在汉语中用"shū"这一语音形式表示,而在英语中用"book"这一语音形式表示。从言语交际过程来看,语言符号须按照一定的规则组合起来,呈现出线条性特点,即语言符号只能一个跟着一个依次出现,在时间的线条上绵延,不能在空间的面上铺开。符号的线条性导致语言符号能一个挨着一个进行组合。语言中符号与符号的组合和单个符号的音、义的结合是不相同的,语言中符号与符号的组合不是任意的,而是有条件的,这个条件就是语言中的各种组合规则。如"新房""买菜""吃饭"等都是由两个最小的符号组成的,"新""房""买""菜""吃""饭"都是音义结合的符号,但它们组成"新房""买菜""吃饭"等结构不是任意的,而是有规律可循的。就这样,具有任意性特点的语言符号处于有规则、有条件的组合结构中,从而使语言具有了可理解的特点。

第二,语言是人类最重要的交际工具。"语言是人类最重要的交际工具"这一论题包含两层含义:一是语言是人类特有的交际工具;二是在人类众多的交际工具中,语言是最重要的交际工具。

语言是人类特有的交际工具。人类以外的动物,即便是最先进的类人猿,也没有语言学意义上的语言。动物虽然没有语言,但有交际行为,有特殊的交际方式,有人把动物的交际手段比作动物"语言"。动物最常用的有声交际方式就是鸣叫,因为声音可以传播到更远的空间,所以有的动物常用与平常不同的声音来传递一定的信息。如在《战国策》中记载了一个"惊弓之鸟"的故事,更赢擅长射箭,竟能够通过弓虚发的方式射下一只雁。原因在于他听到雁"飞徐而鸣悲",进而知道它"疮痛"而"惊心",所以只用拉弓的声音,就能把"惊弓之鸟""射"下来。这从侧面说明鸟类的叫声确实能传递一定的信息。动物还可以通到特定的体态传递和交换信息,比如蜜蜂用舞蹈来传递蜜源方向和距离的信息,猫会用睁大眼睛的方式传递自己发怒的信息。尽管如此,动物传递信息的方式和人类语言有着本质差异:动物传递信息的动作或叫声是先天的、本能的、遗传的,人类语言是客观环境和人类潜在的语言能力相互作用的结果;动物的叫声是含混的,不能分解和重组,只是简单的信号,人类语言由清晰的声音单位与一定的意义结合构成,不仅可以分解,还可根据交际需要按照一定规则补充,进而生成无限的言语;动物"语言"传递的信息大都比较简单,多是表达情绪或对具体情境的反应,不能表达事物之间的复杂关系,人类交际的内容十分丰富,可以表达人类认识的一切成果。因此,语言是人类特有的交际工具,是人类区别于动物的重要特征之一。

语言是交际工具,但不是人类唯一的交际工具,除语言外,人类还有文字、手势等副语言,以及旗语、铃声、信号灯、电报代码、化学符号等传递信息的工具。在所有这些交际工具中,有声语言是最基础的交际工具,因为其他非语言的交际工具都是在语言的基础上产生的,都是以语言的约定俗成为前提的。此外,非语言的交际工具在交际的深度和广度上都远不如语言。所以,语言是人类最重要的交际工具。

第三，语言是文化的载体。语言是思维的工具，人类对客观世界的认识成果都以语言作为储存所，所以说语言是文化的载体。索绪尔说："一个民族的风俗习惯会在它的语言中有所反映，另一方面，在很大程度上，构成民族的也正是语言。"①如传统中国是一个重男轻女、男尊女卑的社会，于是中国人说话的时候，对于男女并列组合形式习惯于把男性放在前面，把女性放在后面，例如"夫妻、父母、公婆、叔叔阿姨"等。方言是地域文化的载体，是社会历史文化的化石，通过研究方言可以透视方言所反映的民族、文化、心理等现象。方言中的言语、习语、称谓、名物、禁忌、民歌和戏曲等均能反映各地的文化风貌。

任何一种语言都包含三个基本要素：语音、词汇、语法，了解一种语言可从这三个维度进行。对于有文字记录形式的语言，还可从文字考察该语言的特点。

二、汉语

(一)汉语的归属

据统计，现在世界上有 6000 多种语言。世界上的语言种类虽多，但我们可以从不同的角度对其进行分类。如有些语言同出一源，彼此之间有错综复杂的亲疏远近关系，我们可以据此对语言进行适当的分类，即根据语言的历史来源进行分类，把有共同历史来源的语言归在一起，把没有共同历史来源的语言分开，这种分类方法叫作语言的谱系分类。根据不同语言中语音、词汇和语法相同或相似的程度，可以将语言之间的亲缘关系逐层确定为语系、语族、语支。层级越低，语言之间的亲缘关系就越近，共性就越多。从目前所掌握的情况看，世界上的语言可分为九大语系：汉藏语系、印欧语系、阿尔泰语系、闪-含语系、乌拉尔语系、伊比利亚-高加索语系、达罗毗荼语系、南岛语系（马来-波利尼西亚语系）、南亚语系等。汉语属于汉藏语系，与中国境内的藏语、壮语、傣语、彝语、苗语、瑶语等为亲属语言。

此外，世界上的语言还可以根据句子和词的构造、词与词之间的关系进行分类。这种分类叫作语言的类型学分类或形态分类。按照这种分类方法，世界上的语言可分为四种类型：孤立语、黏着语、屈折语、多式综合语。从这一角度来说，汉语属于孤立语。孤立语中几乎所有的词都由词根语素构成，因而又被称作词根语。孤立语的语法意义和语法关系不借助词的内部形态来表达，而是通过语序和虚词来显示。汉语及其相关亲属语言（如藏语、壮语、苗语等）都是词的形态变化比较少的语言，属于典型的孤立语。由于对于孤立语十分注重语法分析的作用，因此孤立语又常常被称作"分析性语言"。

(二)汉语的历史

在世界上已知的 6000 多种语言中，汉语的历史非常悠久。目前，学界的观点是，汉语有 5000~6000 年的历史。这种观点的依据是小双桥遗址、半坡遗址、姜寨遗址、大汶口遗址等出

---

① [瑞士]费尔迪南·德·索绪尔：《普通语言学教程》，高名凯译，商务印书馆，1980 年版，第 43 页。

土的陶器上刻着的数字和单字。国家重点科学研究项目"夏商周断代工程"课题组公布的一些研究成果也说明中华文明共有5000多年的历史。汉语是世界上最古老的语言之一,汉语是随着华夏族人的出现而出现的。当前研究表明,在殷商以前的时代就出现了原始汉语。"汉语"这个称呼,是在西汉以后出现的。

汉语历史悠久,源远流长,自古迄今经历了不同的发展阶段。可以根据汉语语音、词汇、语法等方面的特点对汉语的历史进行分期,学者一般将汉语的历史分为四个阶段:第一阶段是上古汉语,即商周秦汉时期的汉语;第二阶段是中古汉语,即魏晋南北朝至隋唐五代时期的汉语;第三阶段是近代汉语,即宋元明清时期的汉语;第四阶段是现代汉语,即五四时期以来的汉语。汉语在这四个发展阶段中,语音、词汇和语法都呈现出各自的特点。如同世界上其他事物的演变一样,语言的发展变化也是一个渐变的过程。因此,汉语发展史的各个阶段之间不存在泾渭分明的界限,每一个阶段在形成之前都经历了相当长的过渡时期。

(三)汉语的地位

汉语是世界上历史悠久、发展水平最高的语言之一,在国内外都有很大影响,具有很重要的地位。

在国内,汉语是中华人民共和国法定通用语言,也是各民族间的交际语。国内使用人口占全国的90%以上,一些少数民族如满族、土家族、回族也都以汉语为第一语言。汉语对传播汉民族文化、促进各民族之间交流和学习、促进民族团结、维护国家统一起到了十分重要的作用。

中国是世界文明大国之一,汉族是文化最早达到发达程度并且具有高度成就的民族,对人类文明的发展有很多有价值的贡献。汉语在世界上具有极其重要的地位,尤其对亚洲各民族语言的影响更加显著。"汉族""汉字""汉语"构成的汉文化与周边其他文明(如东夷、北狄、西戎、南蛮、百越等)之间互相接触和渗透、磨合和冲突、归化和流散。汉族在输出文化的同时,汉语也对其他民族语言影响很大,逐渐形成了今天汉藏语系不同语族、语支和语言的格局,对我国境内许多少数民族和邻邦的语言都产生了重要的影响。日语、朝鲜语、越南语等受汉语的影响相当深刻。

日语中的汉语借词很多,据统计,日语中的汉语借词占日语全部词汇的55%,如"中国""唐风""电话""散步""手表""落花生""砂糖""米""书"等。日本的文字主要由两部分组成:一是汉字,一是假名。汉字中有一部分是日本人自造的字。1981年日本公布的常用汉字有1945个。假名是日本人在汉字的基础上自创的字母。假名中的片假名是采用汉字片段的方式而形成的,平假名是在盛行草书的平安时代简化草书而形成的。由此,日文变成了由汉字和假名混合的文字类型。

汉字最晚是在公元前1世纪传入朝鲜半岛的,到公元4—5世纪,汉字已成为朝鲜半岛国家的书面文字,汉字教育也在贵族和士人中普及,由此形成了一种特殊的局面:口头使用民族语言——朝鲜语,书面却使用另一种语言的书写记录符号——汉字。由于朝鲜语和汉语属于不同的语言类型,语言和文字的不统一给百姓日常生活、表情达意带来了一些不便。因此,世宗大王和一批知识分子在15世纪40年代创立了一套拼音文字系统,以《训民正音》的形式公布。这种拼音文字被称为"谚文",谚文的出现改变了以往朝鲜语言与文字分离的现象,有利于老百姓学习文化知识,一直沿用至今。但使用谚文,常常会由于音同、音近而造成歧义。2005年,韩国政府宣布:在所有公务文件和交通标识领域全面恢复使用汉字和汉字标记,目前韩国的公务文件改为汉文、韩文两种文字并用。迄今为止,在韩国仍有1800个汉字在使用。

从10世纪起大批汉字便输入越南语,越南人仿效汉字的结构造出了所谓"字喃"。越南语中有大量的汉语借词,如"肝""茶""糖""饭""报告"。越南人名、地名多用汉语,新名词也多是在汉语的基础上创造来的。

印度尼西亚语中也有不少汉语借词,如"内宠""舢舨""先生""茶碗"。泰语、缅甸语中也有不少汉语借词。在印欧语系的语言中,亦有不少汉语的借词,如俄语、乌克兰语的"中国"源于"契丹",俄语的"书"源于"经"。许多语言中表示"瓷器"的词都与表示"中国"的词是一个词,如土耳其语中的 Cin 即"中国",德语的 Seide 即"丝绸"的借音,印地语中的"糖"和"中国人"是一个词的两个意义,英语的 Soya(大豆)即"菽"的借音。由于汉语文学的传播,贾宝玉、阿Q等都已成为世界语词。

目前,汉语是联合国大会和安理会的六种官方通用工作语言之一,其他五种为俄语、英语、法语、西班牙语、阿拉伯语。2010年2月21日,联合国新闻部发起并主办"联合国语言日",其中"国际中文日"定于谷雨节气这一天,以纪念汉字始祖仓颉。2010年11月12日举行首届国际中文日庆祝活动,以后每年在农历谷雨日举行。国际中文日庆祝活动进一步扩大了中文作为联合国官方语言的影响力,让更多的人接触到和了解了灿烂的中国文化。

随着我国经济实力和国际地位的不断提升,汉语在国际交往中的地位越来越显著,影响力也越来越大。汉语作为了解中国、进入中国的交际工具和文化载体,正日益受到世界上越来越多的国家的重视,并出现了一个汉语学习的热潮。

随着中国经济实力的稳步提升,中国同世界各国交流与合作的机会越来越多,希望学习汉语、了解中国的人也越来越多,这为汉语的国际化推广提供了良好的发展机遇。为了向世界各国提供汉语教学资源和服务,1987年,中国成立"国家对外汉语教学领导小组"(后称"国家汉语国际推广领导小组"),2002年,设立"国家对外汉语教学领导小组办公室"(之后相应改称为"国家汉语国际推广领导小组办公室",简称"国家汉办")。2004年,世界第一所海外孔子学院在韩国首尔建立。2007年,孔子学院总部在北京正式揭牌,并成为传播中国形象的主要平台。截至2021年,我国已在154个国家和地区建立了548所孔子学院和1193个中小学孔子课堂,学员总数达187万人。

第二节 现代汉民族共同语的形成与方言

2018年6月，上海的小学二年级语文书收录的一篇文章《打碗碗花》引发多媒体的频繁报道，原因是该教材将《打碗碗花》原文中的"外婆"一词全部改成了"姥姥"。上海市教委会表示"外婆"一词是方言，"姥姥"一词是普通话，之所以这样改动，是本着推广普通话，推进使用民族规范词语的初衷做出的决定。这一回复引发网友热烈讨论，究竟哪个是普通话用词？哪个是方言用词？这一问题涉及普通话的来源、普通话与方言的关系等，本节就以上问题进行介绍。

一、现代汉语

现代汉语是指现代汉民族使用的语言。现代汉语有广义和狭义两种含义：广义的现代汉语包括现代汉民族共同语以及现代汉语的各种方言；狭义的现代汉语是指现代汉民族共同语，即普通话。

现代汉民族共同语就是现代汉民族共同使用的用于交际的语言。1955年，中国科学院召开了现代汉语规范问题学术会议，会议确定把现代汉民族共同语称为普通话，并确定了普通话的三项标准：现代汉民族共同语是指以北京语音为标准音，以北方话为基础方言，以典范的现代白话文著作为语法规范的普通话。这个定义从语言构成要素的三个方面对普通话做了规定，但这三个方面只是一个粗略的轮廓，有些地方还不是特别明确。

二、现代汉民族共同语

（一）民族共同语

民族共同语是一个民族全体通用的语言。方言是局部地区的人们使用的语言。民族共同语一般是在某一方言的基础上形成的，作为民族共同语基础的方言叫作基础方言。汉民族共同语的发展经历了漫长的过程。据考证，春秋时期，华夏族已有共同语，该共同语即"雅言"，"子所雅言，《诗》《书》、执礼，皆雅言也"中的"雅言"就是共同语。到了汉代，汉民族共同语被称为"通语"（见扬雄《方言》），明代改称为"官话"，辛亥革命以后，被称为"国语"。新中国成立后，则称为"普通话"。

汉语书面语有两种形式，即文言文和白话。古代汉民族共同语的书面语在殷商时期就出现了，先秦时期已经发展成熟。由于口语发展速度较快，书面语逐渐与口语分离，这种脱离了口语的书面语叫作文言或文言文。唐宋时期，一种接近口语的书面语——白话产生了。唐宋以来用白话写成的文学作品很多，如唐代的变文、宋代的语录、宋元的话本，以及宋金元的诸宫调和元曲、明清的小说等。其中明清小说（如《水浒传》《西游记》《金瓶梅》《儒林外史》《红楼梦》等）在中国影响很大，这些古白话作品虽带有各自的地方色彩，但总体来看是用北方方言写成的。这些古白话作品的流传促进了北方方言的推广，北方方言逐渐成为各方言区之间的交际工具。

五四运动之后,国内掀起了"白话文运动"和"国语运动",两个运动互相推动,互相影响,白话文在书面语上逐渐取代了文言文,口语和书面语逐渐一致,形成了现代汉民族共同语。

　　现代汉民族共同语以北京语音为标准音,以北方话为基础方言,以典范的现代白话文著作为语法规范,不是由个人意志所决定的,而是有其历史必然性。一种方言能否成为民族共同语的基础方言,取决于这个方言区的政治、经济、文化乃至人口等。自1153年金迁都北京以来,元、明、清三个朝代都建都北京,北京逐渐成为中国的政治、经济、文化中心。北京话作为通用语言逐渐被传播到全国各地,进而取得"官话"地位。另外,文化的影响对北京话的传播也起到了积极作用。如以北方白话为基础写成的元杂剧、明清小说等在中国流传范围广泛,进一步提高了北方话作为汉民族共同语基础方言的地位。因为语言直接影响到交际的速度与效果,所以也常常受到政府的重视。清政府曾下令,在福建、广东两省设立"正音书院",专门教授官话。五四运动以后,国内掀起了"白话文运动"和"国语运动",白话文逐渐取代了文言文,以北京语音为标准音的"国语"获得了更广阔的使用空间。至此,北京话在全国的基本地位就确定了。

(二)现代汉民族共同语形成过程

　　现代汉民族共同语是逐渐形成的,从五四时期以来,现代汉民族共同语经历了形成、完善规范和发展三个时期。

　　1. 形成期(1919—1949年)

　　文言文作为汉语的书面语形式,一直沿用了几千年。由于口语、书面语的发展速度不均衡,言、文背离的现象越来越严重。20世纪初,在社会历史潮流的推动下,我国一些进步的知识分子提出"我手写我口",主张用口语形式与书面语形式一致的现代汉语取代文言文。但新的白话应该是什么样子,没有一定的标准或模式。

　　在老百姓口语基础上建立起来的现代汉语,在表达20世纪世界范围内出现的新事物、新科学、新思想、新的社会制度时往往力不从心。于是,现代汉语通过大量借用外来词并仿造外语的语法结构增强汉语的表现力,借用范围之广,借用数量之多,影响之深远,前所未有。通过词语的借用、语法结构的仿拟,汉语基本实现了与时代、社会的同步发展,也增强了自身的表现力。但由于缺乏统一的规划,因此在大量使用外来成分的同时,也带来了相当数量的不规范的语言现象。

　　2. 完善规范期(1949—1979年)

　　新中国成立以后,党和政府都十分重视语言文字工作,不仅从认知方面澄清"语言纯洁与健康"的重要性,同时也制定了一系列规范化标准。1951年6月6日《人民日报》发表社论《正确地使用祖国的语言,为语言的纯洁和健康而斗争!》,社论对此前以及当时语言使用中存在的"混乱现象"提出了严厉批评,并提出语言的混乱现象"在政治上是对人民利益的损害,对于祖国的语言也是一种不可容忍的破坏"。同时,《人民日报》还开始连载吕叔湘、朱德熙的《语法修辞讲话》,作为语言使用规范的样本。

新中国成立以后,国家制定了一系列有关文字、语音、词汇规范化的标准并公布实施。1955年10月,在现代汉语规范问题学术会议上,根据汉语的发展规律,经研究讨论,与会者确定了现代汉语的语音、词汇、语法标准,并大力向全国推广。1956年,由人民教育出版社出版的《语法和语法教学——介绍"暂拟汉语教学语法系统"》以及由新知识出版社出版的与暂拟汉语教学语法系统配套的"汉语知识讲话丛书",与其他类似著作共同组成了国内语法的规范标准。

在上述一系列行动之后,现代汉语逐渐走向规范,主要表现为:在语音方面,审定了异读词,制定了《汉语拼音方案》;在词汇、语法方面,基本确定了规范的形式;在文字方面,改繁体字为简体字,规范了异体字。

3. 发展期(1979年至今)

改革开放初期,随着国外新思想、新理论、新事物的大量涌入,汉语经历了一波巨大冲击。最为明显的表现是:产生了许多新词,如"个体户""万元户""下海""一国两制"等;涌入了大量新词,如"迷你裙""BP机""托福"等;港澳台地区的词语也不断进入普通话语汇,如"运作""共识"等。

经过改革开放大浪冲击以后,国家教委和国家语委高度重视语言文字工作,制定了新时期的语言文字工作方针与任务,现代汉语规范化、标准化的步伐加快,现代汉语语音、词汇、语法等各方面逐渐走上规范化的道路。

进入21世纪以来,网络文化的流行给现代汉语带来新活力,同时也带来了一些不规范的语言现象,如汉字拼音缩略语的使用、网络语言的粗俗化等。这就需要语言文字工作者善于去粗取精,在语文教学和语言规范工作中加强对语言使用的正确引导,加强对汉语规范意识的宣传,进而提高全民的语文素质。

三、现代汉语方言

方言有广义、狭义之分。广义的方言既包括地域方言,又包括社会方言。狭义的方言仅指地域方言,是语言的地域变体,俗称地方话,它不是独立于一种语言之外的另一种语言。本书所谈方言指地域方言。

中国地域辽阔,人口众多,在社会、历史、地理和文化等因素的影响下,汉语在发展过程中形成了众多方言。地域方言虽在一定地域内流行,但本身也具备完整的语音、词汇、语法等系统,能够满足本地区使用群体的交际需求。现代汉语方言的差异体现在语音、词汇、语法等各个层面,其中,语音的差异最为明显,词汇次之,语法的差异较小。

现代汉语方言情况复杂,对其进行分区的方案有多种,有十区说、九区说、七区说,其中影响最大的是袁家骅先生在《汉语方言概要》中提出的七大方言:北方方言、吴方言、湘方言、赣方言、客家方言、粤方言、闽方言。在复杂的方言区,还可分别列出若干方言(方言片、方言小片)、方言点等。下面简要介绍七大方言的情况。

(一)北方方言

北方方言是现代汉语的基础方言,以北京话为代表,分布地域最广,使用人口也最多,使人口约占汉族总人口的73%。

北方方言还可以分为四个次方言。

(1)华北-东北方言,使用人口分布在北京、天津两市,河北、河南、山东、辽宁、吉林、黑龙江,以及内蒙古的一部分地区。

(2)西北方言,使用人口分布在山西、陕西、甘肃等省和青海、宁夏、内蒙古的一部分地区。新疆的汉族群众使用的语言也属于西北方言。

(3)西南方言,使用人口分布在四川、重庆、云南、贵州等省市及湖北大部分地区(东南角咸宁地区除外)、广西西北部、湖南西北部等。

(4)江淮方言,使用人口分布在安徽、江苏长江以北地区(徐州、蚌埠一带属华北-东北方言区不在其中)、镇江和镇江以西九江以东的长江南岸沿江一带。

(二)吴方言

吴方言以上海话、苏州话为代表,使用人口分布在上海市,江苏省长江以南镇江以东地区(不包括镇江)、南通的小部分地区,浙江省的大部分地区。吴方言内部存在一些分歧现象。杭州曾做过南宋都城,杭州城区的吴语就带有浓厚的"官话"色彩。吴方言的使用人口约占汉族总人口的7.2%。

(三)湘方言

湘方言以长沙话为代表,使用人口分布在湖南省大部分地区(西北角除外)。湘方言内部存在新湘语和老湘语的差别。新湘语通行于长沙等较大城市,受北方方言影响较大。湘方言的使用人口约占汉族总人口的3.2%。

(四)赣方言

赣方言以南昌话为代表,使用人口分布在江西省大部分地区(东北沿长江地区和南部除外)。赣方言的使用人口约占汉族总人口的3.3%。

(五)客家方言

客家方言以广东梅州话为代表。客家人分布在广东、福建、台湾、江西、广西、湖南、四川等省区,其中以广东东部和北部、福建西部、江西南部和广西东南部为主。客家人从中原迁徙到南方,虽然居住分散,但客家方言仍自成系统,内部差别不大。客家方言使用人口约占汉族总人口的3.6%。

(六)粤方言

粤方言以广州话为代表,当地人叫"白话",使用人口分布在广东中部、西南部和广西东部、南部的100多个县以及香港、澳门特别行政区。粤方言使用人口约占汉族总人口的4%。

(七)闽方言

现代闽方言的使用人口主要分布在福建和海南的大部分地区、广东东部潮汕地区、雷州半岛部分地区、浙江南部温州地区的一部分、广西的少数地区、台湾的大多数汉族人居住的地区、使用人口约占汉族总人口的5.7%。闽方言可以分为闽东、闽南、闽北、闽中、莆仙五个次方言。其中闽东方言的使用人口分布在福建东部闽江下游,以福州话为代表。闽南方言的使用人口分布在闽南二十四县、台湾及广东的潮汕地区、雷州半岛、海南及浙江南部,以厦门话为代表。

第三节 现代汉语的规范化与推广普通话

一、现代汉语的规范化

语言的规范化是指根据语言的发展规律为语言的运用确定语音、词汇、语法各方面的标准,把那些符合语言发展规律的新成分、新用法固定下来,加以推广,使之广泛地为人们的交际服务;对那些不符合语言发展规律的成分和用法,应根据规范的要求,妥善地加以处理。

现代汉语的规范化就是确定现代汉民族共同语一致的、明确的标准,消除语音、词汇、文字、语法等方面的分歧和混乱。"以北京语音为标准音,以北方话为基础方言,以典范的现代白话文著作为语法规范",这就从语音、词汇和语法方面明确了现代汉语规范化的标准,此外,汉字的规范化也是现代汉民族共同语规范化的内容之一。

(一)现代汉语语音、词汇、语法的规范化

以北京语音为现代汉民族共同语的标准音,主要是因为北京是我国的首都。金元以来,北京一直是我国政治、经济、文化中心。以北京语音为标准音是针对北京语音系统的整体而言,这并不是说北京语音中的所有语音成分都能成为普通话的标准音。由于种种原因,北京语音中也存在一些内部分歧,存在不少异读和土音。北京话中有些词语存在两读的情况,如波浪(bōlàng,pōlàng),跳跃(tiàoyuè,tiàoyào),教室(jiàoshì,jiàoshǐ),亚洲(yàzhōu,yǎzhōu),比较(bǐjiào,bǐjiāo);北京土话把"你这个忒(tuī)难啦!"中的"忒(tuī)"读成"忒(tēi)"。这些异读词和土语都是规范化的对象。普通话审音委员会有专门的审音机构,确定第一种读法为规范读音。

尽管现代汉民族共同语以北方方言为基础,但并不是说北方方言中所有的词语都可以进入普通话。北方方言覆盖的范围较广,各地方言在用词方面存在分歧,有些过于土俗的词语,地方色彩浓厚,只在狭小的范围内使用,而普通话又有对应的词语可代替,这样的词语就不应该吸收到普通话中,应该舍弃,如北京话中的"老爷儿"、陕西话中的"婆姨"等。以北方话为基础方言,也不是说其他方言中的用词不可以加入普通话中。为丰富词汇,普通话也要从其他方言中吸收营养,如"尴尬(吴语)""酒楼(粤方言)"等。另外,普通话也要从古语词和外来词中吸收一些需要的词语,如"诞辰""沙发"等。

典范的现代白话文著作是指具有广泛代表性和影响力的现代白话文著作,特别是现代著名作家的优秀白话文作品,它们的语言多是经过字斟句酌、反复推敲的。需要注意的是,在典范的现代白话文著作中,要以其一般用语作为规范,其中带有方言土语成分的、逻辑上有毛病的特殊用例要加以排除。

(二)汉字的规范化

自 20 世纪 50 年代起,我国就着手汉字整理和简化的工作。经过近七十年的努力,汉字规范化工作取得了很大的成绩,比如制定了一些汉字方面的规范和标准,发布了《简化字总表》,整理规范了异体字,规范了印刷字体,更改了地名中的生僻字,统计了一部分计量单位名称用字,公布了《现代汉语常用字表》和《现代汉语通用字表》等。但当前社会上汉字使用不规范现象仍然存在,如广告、招牌随意更改成语用字,滥用繁体字,乱造简化字,影视剧用字不规范,报刊、书籍用字问题还比较突出。这些问题的存在对我国现代化建设和文化教育事业产生了消极影响。

新时期国家推行规范汉字的重点是学校教育教学用字,机关公务用字,新闻出版、广播影视等媒体用字,公共场所标牌、宣传标语、广告等用字。我们所处的新媒体时代背景对当前汉字规范化提出了更高的要求,推行汉字规范化任重而道远。

二、推广普通话

1. 推广普通话工作回顾

新中国成立以来,国家十分重视推广普通话工作。在 1955 年 10 月召开的全国文字改革会议和现代汉语规范问题学术会议上,现代汉民族共同语被定名为"普通话"。同时,这两个会议还确定了普通话的定义和标准:以北京语音为标准音,以北方话为基础方言的现代汉语。1956 年 2 月 6 日,国务院发出《关于推广普通话的指示》,将普通话的定义和标准,增补为"以北京语音为标准音,以北方话为基础方言,以典范的现代白话文著作为语法规范"。1957 年召开的全国普通话推广工作汇报会提出了"大力提倡,重点推行,逐步普及"的普通话推广方针①。1956 年初国务院决定成立"中央推广普通话工作委员会"。1956—1960 年,教育部等单位举办了多期"普通话语音研究班",1978 年改名为"普通话研究班",1980 年改名为"中央普通话进修班"。研究班和进修班共举办了 19 期,为各地培养了推广普通话的骨干 2000 余人。从 1958 年到 1979 年,举办了 5 次"全国普通话教学成绩观摩会",有力地推动了普通话推广工作的开展。

1956—1957 年我国进行了历史上第一次全国汉语方言普查。1955 年 11 月,教育部发布《中华人民共和国教育部关于在中小学和各级师范学校大力推广普通话的指示》,从此学校的推广普通话工作蓬勃开展。与此同时,社会的推广普通话工作也逐步开展起来。20 世纪 80 年代以后,中国进入社会主义建设新时期,国家形势有了很大变化,国家对推广普通话的重点和实施步骤也做了相应调整,重新制定的推广普通话的方针是"大力推行,积极普及,逐步提高"。

---

① "大力提倡"是指要大力宣传国家推广普通话的方针、政策,宣传推广普通话的重要意义。"重点推行"是指推广普通话要抓重点,有先后,有主次。"逐步普及"是指推广普通话是一项长期的艰巨的任务,不能操之过急,应当逐步普及,要根据不同条件、不同对象、不同年龄等,提出不同要求。

1994年国家语委、国家教委、广播电影电视部发布了《国家语委等部门关于开展普通话水平测试工作的决定》，并颁布相关标准。普通话水平测试是普及普通话、提高普通话应用水平的一项重要措施。国务院决定，从1998年开始，每年9月第三周为"全国推广普通话宣传周"。

"大力推广和积极普及普通话"是我国长期以来坚持的基本语言政策。《中华人民共和国宪法》第十九条明确规定："国家推广全国通用的普通话。"推广普通话的作用有三个方面。首先，推广普通话可以进一步消除方言隔阂，减少不同方言区的人交际时的困难，有利于社会交际，也有利于国家统一和安定团结。其次，在蓬勃发展的21世纪，文化教育的普及和提高，科技的进步和发展，传声技术的现代化，计算机语言输入和语言识别问题研究的开展，都对推广普通话提出了新的要求。最后，随着对外开放政策的贯彻执行，国际往来和国际交流越来越多，进一步推广普通话，可以减少交际的困难，促进国际交往。

2. 目标与要求

新中国成立初期，普通话推广的主要要求是各类学校教授普通话和用普通话开展各类教学，以及要求各行业人员学习和使用普通话。改革开放初期，推广普通话成为新时期语言文字工作的首要任务，其目标是进一步扩大普通话的使用范围，使普通话成为教学语言（校园语言）、工作语言、宣传语言、交际语言。

1997年召开的第二次全国语言文字工作会议提出："2010年以前，普通话在全国范围内初步普及，交际中的方言隔阂基本消除，受过中等或中等以上教育的公民具备普通话的应用能力，并在必要的场合自觉地使用普通话，与口语表达关系密切行业的工作人员，其普通话水平达到相应的要求。"

党的十八大以后，我国提出了到2020年的普通话普及目标。《国家中长期语言文字事业改革和发展规划纲要（2012—2020年）》和《国家语言文字事业"十三五"发展规划》指出，到2020年，普通话在全国范围内基本普及，汉字社会应用的规范化程度进一步提高，汉语拼音更好地发挥作用；农村普通话水平显著提高，民族地区国家通用语言文字普及程度大幅度提高。《国家通用语言文字普及攻坚工程实施方案》指出："本工程的总体目标是确保'到2020年，在全国范围内基本普及国家通用语言文字'，具体设定为全国普通话普及率平均达到80%以上。"

按照国家相关部门的要求，我们应做好以下工作：第一，以汉语授课的各级学校使用普通话教学，使普通话成为教学语言；第二，县以上各级以汉语播放的广播台、电视台均须使用普通话，使普通话成为宣传工作的规范语言；第三，全国机关团体、企事业单位进行公务活动时必须使用普通话，使普通话成为工作语言；第四，不同方言区及国内各民族的人员在交往时使用普通话，使普通话成为全国的通用语言。

根据2020年9月第23届全国推广普通话宣传周公布的数据显示，普通话在全国范围内的普及率达80.72%。这对于人口众多、方言复杂的中国来说，无疑是很大的成就。尽管如此，由于东西部之间、城乡之间的发展不平衡，仍需花费很多精力推广普通话。

3. 推广普通话与保护方言

1958年1月10日,周恩来总理在《当前文字改革的任务》中指出:"我们推广普通话,是为的消除方言之间的隔阂,而不是禁止和消灭方言。推广普通话是不是要禁止或者消灭方言?自然不是的。方言是会长期存在的。方言不能用行政命令来禁止,也不能用人为的办法来消灭。……相反地,只会说普通话的人,也要学点各地方言,才能深入各个方言区的劳动群众。"

2001年1月1日实施的《中华人民共和国国家通用语言文字法》第二章第十六条规定:"本章有关规定中,有下列情形的,可以使用方言:(一)国家机关的工作人员执行公务时确需使用的;(二)经国务院广播电视部门或省级广播电视部门批准的播音用语;(三)戏曲、影视等艺术形式中确需使用的;(四)出版、教学、研究中确需使用的。"

以上讲话或文件明确规定了推广普通话中该如何正确对待方言的问题。但近年来,经济的快速发展导致人口的流动频率急剧加快,普通话的推广在某种程度上导致了某些方言消失的现象,从全世界范围来看,某些语言或方言消亡的速度越来越快。怎样保护母语,怎样保护方言已引起各界的关注。

方言与普通话(民族共同语)的关系如下。①方言和普通话都是现代汉语的存在形式,汉民族共同语也是在方言(北方话)的基础上形成的,但是方言是从属于普通话的低级形式,普通话在政治、经济、文化等方面获得了崇高的社会地位。②方言之间、方言和普通话之间在语音、词汇、语法等方面都存在或大或小的差异,但是它们在语音上有很整齐的对应规律,基本词汇和语法构造也大体相同。③随着社会的政治、经济和文化日益发展,普通话的影响力必将日益扩大,汉语方言的影响力将逐渐缩小。

思考题

1. 广义的现代汉语和狭义的现代汉语各指什么?
2. 现代汉民族共同语是怎样形成的?
3. 现代汉语有哪些方言?各自的代表话是什么?
4. 为什么要对现代汉语进行规范?

延伸阅读

1. [美]罗杰瑞:《汉语概说》,张惠英译,语文出版社,1995年版。
2. 邹嘉彦、游汝杰:《汉语与华人社会》,复旦大学出版社,2001年版。
3. 周振鹤、游汝杰:《方言与中国文化》,上海人民出版社,2019年版。
4. 游汝杰:《汉语方言学教程》,上海教育出版社,2016年版。
5. 张寿康:《五四运动与现代汉语的最后形成》,《中国语文》,1979年第4期。

6. 周有光:《语文运动的回顾和展望》,《语文建设》,1989年第2期。

7. 朱正义:《秦汉华夏通语的由来》,《文史哲》,1993年第5期。

附录　普通话水平测试等级标准(试行)

一级

　　甲等　朗读和自由交谈时,语音标准,词汇、语法正确无误,语调自然,表达流畅。测试总失分率在3%以内。

　　乙等　朗读和自由交谈时,语音标准,词汇、语法正确无误,语调自然,表达流畅。偶然有字音、字调失误。测试总失分率在8%以内。

二级

　　甲等　朗读和自由交谈时,声韵调发音基本标准,语调自然,表达流畅。少数难点音(平翘舌音、前后鼻尾音等)有时出现失误。词汇、语法极少有误。测试总失分率在13%以内。

　　乙等　朗读和自由交谈时,个别调值不准,声韵母发音有不到位现象。难点音较多(平翘舌音、前后鼻尾音、边鼻音、fu-hu、z-zh-j、送气不送气、i-u不分,保留浊塞音、浊塞擦音、丢介音、复韵母单音化等),失误较多。方言语调不明显。有使用方言词、方言语法的情况。测试总失分率在20%以内。

三级

　　甲等　朗读和自由交谈时,声韵调发音失误较多,难点音超出常见范围,声调调值多不准。方言语调较明显。词汇、语法有失误。测试者失分率在30%以内。

　　乙等　朗读和自由交谈时,声韵调发音失误较多,方言特征突出。方言语调明显。词汇、语法失误较多。外地人听其谈话有听不懂情况。测试总失分率在40%以内。

第二章 语　音

  我们的日常生活充满了各种各样的语音问题,但我们对此往往习焉不察。比如为什么有些孩子三四岁习得汉语时常常把"姑姑"喊作"嘟嘟",把"哥哥"喊作"嘚嘚"?为什么我们在青岛啤酒瓶子上看到"青岛"的注音形式为"Tsingtao"而非"Qingdao"?"北京大学"的英文名字为什么是"Peking University",而非"Beijing University"?而"西安交通大学"英文名字为"Xi'an Jiaotong University",同样是地名,为什么有的用汉语拼音方案注音,而有的却是用其他注音方式?小学一年级学习汉语拼音时,"y""w"是声母,为什么在《汉语拼音方案》声母表中却不见"y""w"的踪影,那么"y""w"到底是什么?"zài"这一音节中,声调为什么标在字母a上而不标在其他字母上?可能有人对此产生过疑惑,但因为种种原因未能进行深入探讨。在铸牢中华民族共同体意识的背景下,高校学生有必要了解汉语语音背后的原理,在此基础上,能够有意识地对生活中的语音问题进行探究,传播汉语语音知识,同时提高高校少数民族学生学习国家通用语言文字的兴趣,同时提升文化认同感、民族自豪感。

  基于此,笔者力图揭示汉语语音的特点,梳理汉语注音方式的流变,阐明汉语拼音的种种问题,以期为大家解决以上种种疑惑。

第一节　语音概说

  我们生活的世界有各种各样的声音,风声、雨声、雷声、水流声、鸟叫声……这些声音千变万化,各式各样,但这些都不是语音。语音,是指人类通过发音器官发出来的、能够表达一定意义的声音。语音作为人发出的表达一定意义的声音,是语言的物质外壳。语音有三方面的属性:第一,语音和其他声音一样,产生于物体的振动,具有物理属性;第二,语音是由人的发音器官发出的,具有生理属性;第三,语音能够表达一定的意义,语音形式和语义内容之间的联系是由使用该语言的全体社会成员约定而成的,因此,语音也具有社会属性。在语音的物理、生理和社会三种属性中,社会属性是最本质的属性。

一、语音的性质

1.语音的物理属性

  物体振动空气或其他物体,会形成各种不同的声音。声音的不同是由音高、音强、音长、音色四个要素决定的。语音与自然界其他声音一样,也具有音高、音强、音长、音色四种要素。

(1)音高。音高是指声音的高低,它决定于发音体振动的频率。物体振动的频率越高,音高就越高;频率越低,音高就越低。音高有"绝对音高"和"相对音高"之分。绝对音高由发音体的性质决定。一般来说,长、大、粗、厚、松的发音体振动慢、频率低,声音也就低;短、小、细、薄、紧的发音体振动快、频率高,声音也就高。语音的高低和人的声带的长短、厚薄、松紧密切相关。妇女和儿童的声带短而薄,所以说话声音就高一些;成年男子的声带长而厚,所以说话声音就低一些。相对音高由同一发音体本身的松紧程度来控制。同一个人发的声音会有高低之别,这是因为人能够通过喉部肌肉运动控制声带的松紧;声带松,振动慢,声音就低;声带紧,振动快,声音就高。语言学关心的是"相对音高",而不是"绝对音高",因为相对音高在语言中的作用是构成声调和语调。汉语普通话的声调,如普通话里的 mā(妈)、má(麻)、mǎ(马)、mà(骂),主要是由不同的音高构成的。

(2)音强。音强又称音量、音重、音势,是指声音的强弱程度。语音的强弱是由发音时发音体振动幅度的大小决定的,振幅越大则音越强,振幅越小则音越弱。语音的强弱同呼出的气流的大小和发音时用力的程度有关:发音时用力大,气流强,则语音强;用力小,气流弱,则语音弱。语音的强弱变化可以形成重音和轻音。汉语普通话中一些可读轻音的词就是受音强的影响形成的,如"大意"中"意"既可读作第四声,也可读作轻声,读原调和读轻声二者意义不同,词性也不相同。

(3)音长。音长是指声音的长短,决定于发音体振动时间的久暂。振动时间持续长,声音就长,反之则短。如英语中"seat"与"sit"的区别就是由音长决定的。语音的物理属性这一要素在普通话中没有表现,但在方言中有体现,如广州话"三"[saːm]中的[aː]是长音,"心"[sam]中的[a]是短音。另举两例:

街[kaːi]——鸡[kai]   山[saːn]——身[san]

(4)音色。音色又叫音质,是指声音的特色。音色的差别主要取决于音波的波纹的形状。影响音质的因素有三种:发音体、发音方法、共鸣器的形状。

第一,发音体不同,音色不同。例如,胡琴和口琴的声音不同,原因就在于发音体不同,胡琴的发音体是琴弦,而口琴的发音体是簧片。再如普通话中的辅音 b 与 f,辅音 b 的主要发音部位是上唇和下唇,辅音 f 的主要发音部位是上齿和下唇。

第二,发音方法不同,音色不同。例如,同一把小提琴,用弓子拉和用手指弹拨发出的音是不一样的。同样,b 和 p 这两个辅音,主要发音器官都是上唇和下唇,但 b 是送气音,p 是不送气音,二者发音方法不同,因而声音不同。

第三,共鸣器形状不同,音色不同。比如大提琴和小提琴,二者的发音体都是弦,发音方法都是用弓拉,但大提琴的共鸣器大,小提琴的共鸣器小,音色就不一样,大提琴浑厚、低沉,小提琴明亮、悠扬。再比如元音 a 和 i 的共鸣器都是口腔,但发 i 时口腔的开口度要比发 a 时小,因而声音不同。

2.语音的生理属性

语音是由人的发音器官发出来的声音,因而具有生理属性。

图2-1是人的从头部到喉部的纵切面图。发音器官可以分为喉上器官和喉两大部分。喉上器官由口腔、鼻腔和咽腔几个部分组成。

具体而言,人的发音器官可以分为三部分。

(1)动力器官——肺和气管。肺是人的呼吸器官,主要功能是通过气体交换维持血液中的氧气供应,次要功能是发声时产生气流引起声带振动。气管及支气管是连接喉与肺之间的管道。任何声音都是受到外力作用发生振动而产生的,气流是发音的动力,呼气时肺是气流的动力站。气管是气流出入的通道。肺部呼出的气流,通过支气管、气管到达喉头,作用于声带、咽腔、口腔、鼻腔等发音器官,经这些器官的调节进而发出不同的语音。

(2)振动器官——喉头和声带。

①喉头:喉头由甲状软骨、环状软骨和两块杓状软骨组成,上通咽腔,下连气管。喉部是语音的主要声源。喉部纵切面如图2-2所示。

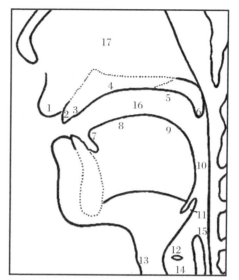

1—上下唇;2—上下齿;3—齿龈;4—硬腭;5—软腭;
6—小舌;7—舌尖;8—舌面;9—舌根;10—咽头;
11—会厌软骨;12—声带;13—喉头;14—气管;
15—食道;16—口腔;17—鼻腔

图2-1 从头部到喉部的纵切面图

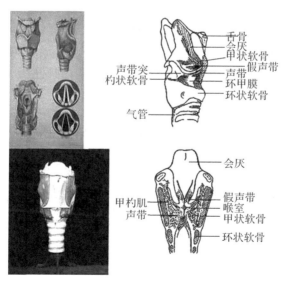

图2-2 喉部纵切面图(侧面和正面)

②声带:从喉部纵切面图可以看到声带。声带位于喉头的中间,是两条有弹性筋肉的带。两条声带之间隔以声门裂,声门裂前方是音声门,后方是气声门。当呼吸时,声门大开。当发声时声门关闭,呼出的气流必须冲开声门而出。声带如图 2-3 所示。

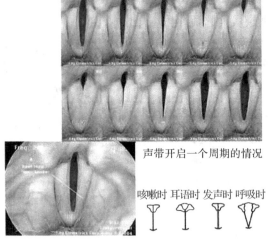

图 2-3 声带

从肺部呼出的气流通过声门,使声带振动发出声音。控制声带松紧的变化就可以发出高低不同的声音。

(3)共鸣器官——口腔、鼻腔等。口腔和鼻腔靠软腭和小舌隔开。软腭和小舌上升使口腔畅通,这时发出的音在口腔中共鸣,叫作口音。软腭和小舌下降,口腔成阻,气流只能从鼻腔呼出,这时发出的音主要在鼻腔中共鸣,叫作鼻音。如果口腔无阻碍,气流同时从鼻腔和口腔呼出,发出的音在口腔和鼻腔中共鸣,就叫作鼻化音(也叫半鼻音或口鼻音)。

口腔、鼻腔和喉腔、咽腔等组成人类发音器官的声腔,是非常灵活、富于变化的共振腔。声带音通过声腔时,由于声腔形状的种种不同变化,产生不同的共振,形成种种不同的声音。

3.语音的社会属性

语音是一种社会现象,因而具备社会性质。语音的社会属性是它的本质属性,这一属性主要表现在以下两个方面。

第一,从语音与语义的关系来看,二者之间并无必然的联系。也就是说,一种语言采用何种语音表达何种意义,或者何种意义用何种语音表达,其间并无本质的、必然的联系,这是由一定范围内的社会成员在长时间的社会生活中约定而成的。在不同的语言中,同一意义可能用不同的语音形式来表达,如"装订成册的著作"这一意义,在汉语中用"shū"这一语音形式,而在英语中用"book[buk]"这一语音形式。

第二,从语音的系统性看,各语言或方言都有自身的语音系统,这也是语音社会性的表现。即便是物理属性和生理属性完全相同的语音单位,在不同的语言或方言中也可能有不同的地位和作用。比如在汉语普通话中送气音和不送气音具有区别意义的作用,如"肚子"和"兔子",而在英语中,送气和不送气不具有区别意义的作用。再如普通话中"n"和"l"是两个不同的音位,而在南京话或重庆话中,这两个却是一个音位。

二、语音单位

在语言的学习过程中,总会接触到音节、音素、元音、辅音、声母、韵母、声调等概念,下面我们将对这几个概念进行解析。

(一)音节

音节是语音结构的基本单位,也是自然感到的最小的语音片段,是语音中最自然的结构单位。一般来说,汉语一个音节用一个汉字来表示,儿化音是例外,如"花儿"。儿化音是用两个汉字记录一个音节。

(二)音素

音素是从音质的角度划分出来的最小的语音单位,它是构成音节的最小单位或最小的语音片段。普通话中的"mā(妈)"和"mì(蜜)"都各是一个音节,两个音节的声母相同,声调相同,但a、i不同,也就是韵母不同,发音也不同,a、i不能再往下切分了,a、i就是最小的语音单位,也就是音素。在《汉语拼音方案》中,有的音素由一个字母表示,有的由两个字母表示,还有的是三个音素用一个字母表示。具体而言,《汉语拼音方案》规定的字母和音素间有如下关系,见表2-1。

表2-1 普通话音素表

书写	音素符号
一个字母表示一个音素	a、o、e、u、b、p、m、f、d、t、n、l、g、k、h、j、q、x、z、c、s、r
一个字母表示几个音素	i(qi 的 i、zi 的 i、zhi 的 i)
两个字母表示一个音素	zh、ch、sh、er、ng
一个字母加一个符号代表一个音素	ê、ü

(三)元音、辅音

元音,又称母音。元音是在发音过程中气流振动声带,在口腔、咽头不受阻碍时形成的音,元音能够独立发音。发元音时,气流在口腔中不受发音器官的阻碍,只受口腔的调节,因而呼出的气流比较通畅,汉语普通话中的"a、o、e、i、u、ü"等都是元音。元音有以下发音特点:第一,发元音时,声带是振动的;第二,发元音时,气流在口腔中不受任何的阻碍,气流畅通;第三,发元音时,发音器官的各个部位均衡紧张;第四,元音声音响亮。发元音时,由于声带的振动得到气流通道上各空腔的共鸣,因此元音的响亮度比较强,容易清楚地传播出去。

辅音是指气流在口腔或咽头受阻碍时形成的音,又叫子音。在独立发音时,辅音声音微弱,不响亮。所以人们在对辅音进行呼读时,往往加上相应的元音。发辅音时有如下特点。第一,发辅音时,声带有的振动,有的不振动。一般来说,发浊辅音时声带振动,发清辅音时声带不振动。第二,发辅音时,气流在口腔或咽头会形成各种阻碍。第三,发辅音时,肌肉是不均衡紧张的,因为发辅音时,气流会在口腔或咽头受到各种阻碍,因此,受阻碍的部位肌肉较为紧张,其余部位则较为松弛。第四,发辅音时,用力较大,气流要冲破阻碍,所以肺部用力较大,气流相较于发元音时而言也较强。第五,辅音的响亮度较弱。

普通话语音系统中共有22个辅音,即b、p、m、f、d、t、n、l、g、k、h、j、q、x、zh、ch、sh、r、z、c、s、ng,有5个浊辅音,即m、n、l、r、ng。22个辅音中21个可以作声母(ng不能作声母)。

(四)声母、韵母、声调

声母是指汉语一个音节开头的辅音。如"声母"一词两个音节的声母分别是sh、m。汉语普通话22个辅音中除了"ng"不能作声母外,其余均可作声母。汉语普通话中有的音节开头的音素不是辅音,如"阿",也就是说该音节的声母为零,语音学上称之为"零声母",此类音节为"零声母音节",如"ōu(欧)""áo(熬)"等。自"零声母"概念提出以后,我们可以说汉语普通话中所有的音节都有声母,所有音节都可分为声母、韵母两部分。韵母是声母后边的部分,如"妈(mā)",a是韵母。声调是音节的音高变化,如"妈(mā)"是高平调。

第二节 汉字注音方式的流变

自古至今,汉字产生了多种注音方式,今天我们最熟悉的是用汉语拼音给汉字注音的方式,如"西安(xi'an)"。然而在日常的生活或学习过程中我们还会见到其他注音方式,如"周大福"的注音是"chow tai fook","北京"的注音是"Peking"。这种注音方式是怎样产生的?主要用在什么场合?本节就讲一讲汉字注音方式的流变。

一、读若和直音法

1."读若"

"读若"又作"读若某同""读与某同""读如",为汉代训诂学家所创术语,并被历代沿用。如"龢,调也,读与'和'同";"雁,鸟也。读若'鴈'"。古代文献中"龢"与"和"、"雁"与"鴈"多通用。

对传注中的"读如",学界意见较为一致,即不但拟音,而且指明假借。例如《周礼·春官·男巫》:"春招弭以除疾病。"郑玄注:"杜子春读'弭'如'弥兵'之'弥'。"《礼记·儒行》:"虽危,起居竟信其志。"郑玄注:"信,读如'屈伸'之'伸',假借字也。"杜、郑即以"弭""信"为"弥""伸"的假借。

2.直音法

直音法是用一个汉字直接标注另一个汉字读音的注音方法。甲音乙,是说甲和乙读音相同。例如,"乐,音洛",表示"乐"的读音为"洛"。"宋,读若送",表示"宋"的读音为"送"。如果一个字记录的词是多义词,还要用词组做语境说明是哪个意义的读音。例如《周礼·天官·大宰》:"六曰主,以利得民。"郑玄注释:"'利'读如'上思利民'之'利'。"

直音与读若相比,是注音方法的一个进步。读若只是指明两个字的读音相似,直音则指明注音字与被注音字同音,看了注音字,立即就能读出被注音字的准确读音。

二、反切法

用两个汉字合起来为一个汉字注音,有时单称"反"或"切",是中国一种传统的注音方法。例如,《广韵》"冬,都宗切"就是用"都宗"为"冬"注音。

用作反切的两个字,前一个字叫反切上字,简称切上字或上字;后一个字叫反切下字,简称切下字或下字。"冬"是被注音字,所以叫被反切字,简称被切字。

反切的基本原则是反切上字与被切字的声母相同,反切下字与被切字的韵母(包括介音)和声调相同,上下拼合就是被切字的读音。如:"唐,徒郎切。"反切上字"徒"与被切字"唐"同为 t 声母(古代同为"定"母);反切下字"郎"与被切字"唐"韵母同为 ang,声调阳平(古代同为"唐"韵、平声)。

三、传教士的拉丁字母拼音方案

唐代时,已有基督教传教士来华传教,明清时期,规模更大。明清时期,传教士来中国除了传教,还带来了西方文化,对西方科技的跨文化传播等活动引发了中西文化交流史上西方人学习汉语的两个高潮:一是明末清初的以利玛窦、金尼阁为代表的天主教传教士来华,一是清末以马礼逊等为代表的新教传教士来华。如同佛教的传播一样,西方传教士来中国后首先要学习语言,然后再开始传教活动,因此学习汉语是传教士到中国后的头等大事。对于传教士而言,汉字不同于他们所使用的拼音文字,因为传教的需要,他们必须找到一种快速有效的认读汉字和学习汉语的方法。结合自身所掌握的母语,他们创造了在汉字旁加注罗马字母注音的方法,这种方法能使自己一看到拼音就能正确读出汉字,这一方法有效地提高了西方人学习汉语的效率。

目前,学界认为最早的传教士拼音方案是《葡汉辞典》中所记录的拼音方案,《葡汉辞典》的主编是意大利人罗明坚。"《葡汉词典》中的罗马字注汉字音,是汉语最早的拉丁字母拼音方案,是利氏及《西儒耳目资》拼音系统的前身,也是后世一切汉语拼音方案的鼻祖。"[①]由于用拉丁字母拼写汉字读音尚处于摸索阶段,罗明坚的拉丁字母在声母和韵母的拼写上尚未定型,存在一些混淆之处,不甚完善。但罗明坚的拼音方案开启了西方人用拉丁字母拼读汉字的先河。

1605 年,利玛窦出版了《西字奇迹》,这是中国第一份用拉丁字母标注汉字读音的出版物。《西字奇迹》原书很早就已散佚,据说梵蒂冈图书馆尚有藏本。后来罗常培根据明末《程氏墨苑》所存《西字奇迹》的 4 篇注音文章统计出 387 个不同音的汉字,并据此整理出了一个汉语拼音方案,该方案包括 26 个声母和 44 个韵母。利氏方案较罗氏方案有了很大改进,他在拼音中

---

① 杨福绵:《罗明坚、利玛窦〈葡汉辞典〉所记录的明代官话》,《中国语言学报》,1995 年第 5 期,第 35-81 页。

标注了声调符号和送气符号。

利玛窦的《西字奇迹》只是几篇文章,还不能称为汉语拼音专著;1626年,金尼阁在利玛窦方案基础上继续完善汉语拼音方案,并以此写成了完整系统地记录明末官话的音系专著,这就是我国第一部汉语拼音专著——《西儒耳目资》。金尼阁很谦虚,明确表明自己是继承了利玛窦的拼音方案。故而后来的语言学家把他们的方案称为"利、金方案"。

此后,仍有不少传教士使用拉丁字母给汉字注音,但这些方案并未在社会上广泛传播,其使用多局限于西方人。传教士标注汉字读音的方案出现了众多版本,但这些都不具有代表性和普遍性,直到后来出现了"威氏拼音",用拉丁字母为汉字注音才算有了较为稳固的版本。

威妥玛,英国人,1841年起在英国驻华使馆任职。1867年出版了一部以北京官话口语为描写内容的汉语官话课本《语言自迩集》,这是一部水平很高的汉语教材,在当时也成为西方人学习北京官话的唯一一本教科书。那时,除了传教的需要,各国公使之间外交也需要掌握官话的读音,所以,威妥玛拼音很快成为当时使馆人员通行的注音工具。威妥玛拼音用21个字母描写声母,增加送气符号(送气符号标注在字母右上角),如 t'。威妥玛拼音在标注汉字声调时采用1、2、3、4表示四声,并将这四个数字标注在注音的右上角,既便捷,又利于学习。

威妥玛拼音起初作为外国使馆人员学习汉语的注音手段,后扩大用途,成为音译中国地名、人名和有关事物名称的通用标准。这种标准一直沿用到1982年,那一年《汉语拼音方案》被确定为拼写中国地名、人名和有关事物的新国际标准。现在一些场合我们还常会见到威妥玛拼音,如:

张裕——Changyu　　茅台——Moutai　　孔子——Confucius
孟子——Mencius　　功夫——Kungfu　　太极——Taichi

威妥玛之后,对中国影响深远的就是邮政式拼音,邮政式拼音是《汉语拼音方案》公布前中国邮电部门使用的中国地名拉丁字母拼音方案。1906年春,"帝国邮电联席会议"在上海举行,会上对中国地名的拉丁字母拼写法进行了统一和规范。会议决定,地名的拼写基本以翟理斯《华英字典》的拼法为依据,即"威妥玛-翟理斯式"拼音。但为了发电报的方便,决定不采用任何附加符号(如送气符号)。邮政式拼音将介音和尾音 u 多数改为 w(如 Ichwan 宜川、Hankow 汉口),又规定东南沿海及两广地名按方言拼写(如 Shiu Kwan 韶关、Pakhoi 北海),还有一些旧来沿用的拼式保留不变(如 Canton 广州)①。1912年中华民国成立后继续使用,它是20世纪上半叶西方人拼写中国地名时最常用的方案。至今在中国一些场合中,我们仍能见到邮政式拼音的影子。例如:

北京——Peking　　清华——Tsinghua　　苏州——Soochow　　香港——Hong Kong
金门——Quemoy　　汕头——Swatow　　厦门——Amoy

---

① 宋均芬:《简评汉字注音的前世今生》,《汉字文化》,2013年第5期,第7-21页。

四、注音字母

注音字母是中国第一套法定的汉字形式的拼音字母,又称国音字母、注音符号、注音字符。

清朝末年,在外国人拼音方案的影响下,在民族危亡、教育救国的背景下,中国人开始尝试自己创建拼音文字,当时称为"切音字",即能拼音的字。1912年,当时的教育部召开临时教育会议,通过"采用注音字母案";1913年北洋政府教育部召开读音统一会,正式制定"注音字母",并在1918年由北洋政府教育部发布。注音字母以章太炎记音字母为基础,从他的方案中选取15个字母(ㄇㄈㄅㄉㄏㄗㄊㄠㄩㄐㄛㄟㄑㄥㄢ),再改造部分汉字得出23个字母,并另造一字母"ㄦ",共计39个。1919年又公布"注音字母音类次序",重新排列字母顺序。1920年审音委员会增加一个字母"ㄜ"(e),共计40个。其中,声母24个,韵母16个。

注音字母的特点是:字母选自古汉字,音节拼字法采用三拼制,主要用来标注汉字读音。1918—1958年在《汉语拼音方案》公布前一直通行,对统一汉字读音、推广国语、普及拼音知识有很大贡献。

五、汉语拼音方案

(一)《汉语拼音方案》的产生和推广

新中国成立以后,我国语言文字工作者和中国文字改革委员会在总结以前注音识字和各种拼音方案的经验的基础上,广泛征求各方面的意见,经过多年研究制定出《汉语拼音方案》。1958年2月11日,第一届全国人民代表大会第五次会议批准公布了《汉语拼音方案》,《汉语拼音方案》使用拉丁字母拼写汉语普通话语音。2000年10月31日第九届全国人民代表大会常务委员会第十八次会议通过了《中华人民共和国国家通用语言文字法》(2001年1月1日起施行),又一次确立了《汉语拼音方案》的法律地位。第十八条规定:"国家通用语言文字以《汉语拼音方案》作为拼写和注音工具。《汉语拼音方案》是中国人名、地名和中文文献罗马字母拼写法的统一规范,并用于汉字不便或不能使用的领域。初等教育应当进行汉语拼音教学。"

2008年9月16日,台湾地区通过"提案",放弃此前使用通用拼音的政策,改用汉语拼音为译音标准,并从2009年1月1日起实施。

目前大部分海外华人地区,如新加坡在汉语教学中均采用汉语拼音。

(二)《汉语拼音方案》的用途

(1)用于给汉字注音和推广普通话。它系统地体现了普通话发音的规则,规律比较简单,发音更规范,对普及识字以及初等教育起了很大的作用。

(2)为少数民族创制文字提供参照,也为汉语与其他语言的比较提供了一个非常重要的途径。

(3)用来译写人名、地名,转写外国人名、地名和部分科技语等。

(4)用于电报、旗语、工业产品代号、盲文及聋哑人"汉语手指字母"以及编制音序检字等。

(5)随着计算机的普及,汉语拼音也是一种常用的中文输入法。

但是,汉语拼音是一种只书写读音的体系,不是一种正式的书写方式,用汉语拼音拼写的文章很难懂,因此,它无法取代汉字,而只是学习或认读汉语的一种辅助工具,主要用于汉字不能或者不方便使用的领域。

(三)《汉语拼音方案》的主要内容

《汉语拼音方案》的主要内容包括字母表、声母表、韵母表、声调符号、隔音符号5个部分。

(四)《汉语拼音方案》的特点

(1)基本符号26个,数量较少,便于使用。

(2)采用拉丁字母,利于国际通行。

(3)字母记录汉语音位,简洁而实用。

六、国际音标

(一)国际音标的产生

国际音标是1886年成立于英国伦敦的国际语音学会为了记录和研究人类的语言而在1888年制定的一套记音符号。至今已经过多次修订,最近的一次修订是在2005年。

(二)国际音标的用途

国际音标严格规定以"一符一音"为原则,即"一个音素一个符号,一个符号一个音素"。这就使得它成为一套比较科学的记音工具,可以比较科学、精确地记录和区分世界上任何语言的语音(目前通行表上的音标计有辅音72个、元音32个,用来标注语音大致够用)。

国际音标在排列上,辅音大致按发音部位和发音方法来确定纵横坐标,元音按舌位高低前后来确定位置,便于分析和掌握。

国际音标在国际通行,便于交流语言研究成果。

(三)国际音标的特点

(1)采用拉丁字母符号及其各种变化形式记录各种音素,在国际间广泛通行。

(2)遵循"一个音素一个符号,一个符号一个音素"的原则,符号与音素之间呈现一对一的关系,不会出现混淆。

(3)可根据需要,用变形或增加符号等方式进行扩充,形成严整缜密的记音符号系统。

第三节 辅音与声母

汉语普通话总共有22个辅音,即b、p、m、f、d、t、n、l、g、k、h、j、q、x、zh、ch、sh、r、z、c、s、ng。有5个浊辅音,即m、n、l、r、ng。22个辅音中21个可以作声母(ng不能作声母)。21个辅音声母的发音如表2-2所示。

表 2-2 21个辅音声母的发音

发音部位	发音方法						
	塞音		塞擦音		擦音		鼻音	边音
	清音		清音		清音	浊音	浊音	浊音
	不送气	送气	不送气	送气				
双唇音	b[p] ㄅ玻	p[pʰ] ㄆ坡					m[m] ㄇ摸	
唇齿音					f[f] ㄈ佛			
舌尖前音			z[ts] ㄗ资	c[tsʰ] ㄘ雌	s[s] ㄙ思			
舌尖中音	d[t] ㄉ得	t[tʰ] ㄊ特					n[n] ㄋ讷	l[l] ㄌ勒
舌尖后音			zh[tʂ] ㄓ知	ch[tʂʰ] ㄔ蚩	sh[ʂ] ㄕ诗	r[ʐ] ㄖ日		
舌面音			j[tɕ] ㄐ基	q[tɕʰ] ㄑ欺	x[ɕ] ㄒ希			
舌根音	g[k] ㄍ哥	k[kʰ] ㄎ科			h[x] ㄏ喝			

一、声母顺序与发音部位

初学汉语拼音时,我们记忆声母时一般按照这样的顺序进行:b、p、m、f;d、t、n、l;g、k、h;j、q、x;zh、ch、sh、r;z、c、s。有规律吗?这是有规律的,我们在学习汉语拼音时是按照发音部位成组进行记忆的。

发辅音时一般表现为发音器官局部紧张,气流在口腔某一部位受到阻碍。发音部位是指发音时发音器官构成阻碍的部位。从发音部位看,普通话21个声母共有以下7种不同的发音部位。

(1)双唇音,即由上下唇形成阻碍而发出的音:b、p、m。
(2)唇齿音,即由上齿和下唇形成阻碍而发出的音:f。
(3)舌尖前音,即由舌尖与上齿背形成阻碍而发出的音:z、c、s。
(4)舌尖中音,即由舌尖与上齿龈形成阻碍而发出的音:d、t、n、l。
(5)舌尖后音,即由舌尖与硬腭前端形成阻碍而发出的音:zh、ch、sh、r。
(6)舌面音,即由舌面与硬腭形成阻碍而发出的音:j、q、x。
(7)舌根音,即由舌根与软腭形成阻碍而发出的音:g、k、h。

汉语普通话中ng不能作声母,按照发音部位进行分类的话,ng属于舌根音。

二、气流强度与发音方法

我们经常会看到一些晚会或综艺节目上有"吹蜡烛比赛"的小游戏,规则一般是在回答主持人提出的问题时,看谁吹灭所有蜡烛用时最短。这与发音时气流强度有关,发音时气流强度大,则容易吹灭蜡烛,发音时气流的强度取决于发音方法。

发音方法是指发音时发音器官阻碍气流和解除阻碍的方法。发音方法可以从以下三个方面来分析:①阻碍的方式,辅音的整个发音过程可分为三个阶段,即成阻阶段、持阻阶段、除阻阶段;②气流的强弱;③声带振动与否。

(一)阻碍的方式

根据阻碍方式的不同,普通话的声母可以分为塞音、擦音、塞擦音、鼻音、边音五种类型。普通话的辅音形成阻碍的部位一般在口腔上下两个发音部位接触或接近的地方。

塞音,又称"爆破音"。发塞音时,上下两个发音部位紧紧抵住,呈闭塞状态,对气流形成阻碍,然后气流骤然冲破封闭阻塞,爆破成音,声音短暂。普通话中塞音有 b、p、d、t、g、k 6 个。发 b、p 音时,双唇紧闭,然后气流猛然冲破双唇的阻碍,爆破成音;发 d、t 音时,则是舌尖抵住上齿龈,形成闭塞状态,然后气流猛然冲破阻碍,爆破成音;发 g、k 音时,是舌根紧靠软腭形成闭塞,然后气流骤然冲破阻碍,发出音来。

发擦音时,上下发音部位不是紧紧闭合,而是接近,形成一条窄缝,然后气流从这条窄缝中挤出,摩擦成声,与塞音相比,擦音可延长。普通话中擦音有 f、h、x、s、sh、r 6 个。发 f 音时,上齿与下唇靠近形成一条窄缝,然后气流由此挤出成声;发 h 音时,舌根与软腭接近形成一条窄缝,气流挤出成音;发 x 音时,舌面与硬腭前部靠近形成一条窄缝,然后气流从窄缝中挤出成音;发 s 音时,舌尖与上齿背靠近,形成一条窄缝,气流挤出成音;发 sh、r 音时,舌尖与硬腭前部接近形成一条窄缝,气流挤出成音。

塞擦音,又叫爆破擦音。发塞擦音时,成阻与持阻阶段呈现出塞音的发音特点,即形成阻碍的部位紧紧闭合,呈闭合状态。除阻阶段呈现擦音发音特点,即气流把阻塞部位冲出一条窄缝,气流由窄缝挤出,摩擦成音。普通话中有 j、q、z、c、zh、ch 6 个塞擦音。其中发 j、q 音时,舌面抵住硬腭前部,形成阻碍,然后气流冲破阻碍形成一条窄缝,气流从窄缝挤出成音;发 z、c 音时,是舌尖与牙齿后部先抵住,然后气流冲破阻碍形成一条窄缝,气流挤出,摩擦成音;发 zh、ch 音时,舌尖与硬腭前部先抵住,后冲破阻碍,形成一条窄缝,气流挤出,摩擦成音。

发鼻音时,口腔中的某一部位完全闭塞,同时软腭下降,打开鼻腔的通路,气流从鼻腔流出,共鸣成音。普通话中有 m、n 2 个鼻音。发 m 音时,双唇紧紧闭合,鼻腔通路打开,气流由此流出;发 n 音时,舌尖抵住上齿龈形成闭塞状态,软腭下降,气流从鼻腔中流出。

发边音时,舌尖与上齿龈接触,堵塞气流,但舌头的两边留有空隙,气流从舌头两边通过,摩擦成音。普通话有 1 个边音,即 l。

（二）气流的强弱

有些声母发音部位和阻碍方式均相同，但在发音过程中气流强弱存在差异。如 d 和 t 都是舌尖中塞音，但发音时把一张纸放在嘴巴处，可明显感觉到发 d 音时的气流较弱，发 t 音时的气流较强。像 d 这样的音就是不送气音，t 这样的音就是送气音。普通话中，送气音与不送气音是成组成对出现的，如 b 与 p、d 与 t、g 与 k、j 与 q、z 与 c、zh 与 ch，总共 6 组，均为塞音或塞擦音。

在吹蜡烛比赛中，有意选择含有送气音的音节，会增加游戏胜出的概率。在一些小品、相声中，编剧也刻意采用送气音来达到"唾沫四溅"的效果。

（三）声带振动与否

发音时声带振动的音是带音，又叫浊音；声带不振动的是不带音，又叫清音。汉语普通话中共有 m、n、ng、l、r 5 个浊音，其余辅音都是清音。

三、声母的本音、呼读音、名称音

从读音上看，每个声母均有本音和呼读音。

本音是指声母本来的读音，也就是按照标准的发音部位、发音方法发出来的音。声母的本音发音不响亮。声母是辅音，辅音发音不响亮，不便于教学和称说。为了教学和称说，于是就在本音后面加上一个元音，因为元音发音是响亮的。

呼读音是指在声母本音后面加上一个元音音素后发出来的比较响亮的音。普通话的声母呼读情况如表 2-3 所示。

表 2-3 普通话的声母呼读情况

声母本音	添加元音	呼读音
b、p、m、f	o	bo、po、mo、fo
d、t、n、l、g、k、h	e	de、te、ne、le、ge、ke、he
j、q、x	i	ji、qi、xi
zh、ch、sh、r	i[ʅ]	zhi、chi、shi、ri
z、c、s	i[ɿ]	zi、ci、si

《汉语拼音方案》字母表中的辅音字母中还有名称音，设计名称音是为了称说响亮，便于记住字母表。名称音的构成一般是在辅音字母后面加上 ê，或者 a、i、ie、iou，也有在辅音字母前面加 ê 或 a 的。用名称音谱曲的《汉语拼音字母歌》对于《汉语拼音方案》的传播起到了推动作用。

汉语拼音字母歌

```
1=C  4/4
3 ·   2  3  1 |  5  6  5  — |  6 ·  5  3  5 |  2  3  2  — |
a     b  c  d    e  f  g       h     i  j  k    l  m  n
a     bê cê dê   e  êf gê      ha    i jie kê   êl êm nê

5     3  5  0 |  1  5  6  0 |  5     6  3  — |  2  3  1  — |
o     p  q       r  s  t       u     v  w       x  y  z
o     pê qiu     ar ês tê      u     vê wa      xi ya zê
```

四、零声母

普通话除21个辅音声母外,还有一个零声母。零声母音节是以元音开头的音节。零声母在国际音标中用[Ø]表示。为什么要设置零声母?设置零声母的原因有两个:一是为了占一个空位,以方便历时语音研究和方言比较研究;二是从实际发音来说,零声母往往不是零,以元音开头的音节前面往往有一个带摩擦的半元音或喉塞音成分。

第四节 元音与韵母

一、元音的分类

普通话的元音包括10个单元音和13个复元音。根据发音特点,单元音可分为舌面元音、舌尖元音、卷舌元音三类。

(一)舌面元音

舌面元音的不同主要是由不同的口形及舌位造成的。舌头的升降伸缩、唇形的圆展以及口腔的开闭都会形成不同的共鸣腔,从而形成各种不同音色的舌面元音。因此,可从以下三方面考察元音。

第一,舌位的前后。舌位的前后是指舌面隆起部分在口腔中所处的前后位置。以此为标准可将单元音分为前元音(如 i、ü)、央元音(如 e[ə])和后元音(如 u、o)。可试读下列元音,体会舌位前后的变化。

ü——u

ê——e

第二,舌位的高低与口腔的开闭。舌位的高低是指舌面隆起接近上腭最顶端的部位在口腔中位置的高低。口腔的开闭即开口度的大小,它随着舌位的高低而自然变化。舌面隆起部分与上腭的距离大,舌位就低,反之舌位就高。以此可将单元音分为高元音(如 i、u、ü)、半高元音(如 e、o)、半低元音(如 ê)和低元音(如 a)。可以试读下列元音,体会开口度大小的变化。

a——ê——i

第三,唇形的圆展。唇形的圆展是指发元音时嘴唇的圆展程度,以此可将舌面元音分为圆唇元音(如 ü、o)和不圆唇元音(如 i、a)。可试读下列元音,体会嘴唇圆展的变化。

o——e

i——ü

普通话舌面元音共有 7 个:a、o、e、i、u、ü、ê。7 个舌面元音可根据上述三方面的发音情况用舌位图表示,如图 2-4 所示。

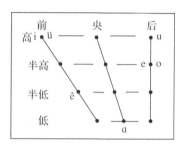

图 2-4 舌面元音舌位图

(二)卷舌元音

卷舌元音是指在发出舌面中、央、不圆唇元音 e[ə]同时加上一个卷舌动作所形成的元音。普通话中只有一个卷舌元音,即 er[ɚ]。

(三)舌尖元音

舌尖元音是指一种特殊的元音,主要靠舌尖的前后活动和唇形的圆展来调节气流以舌尖前后、圆唇不圆唇划分类型。普通话有两个舌尖元音:-i[ɿ]、-i[ʅ],-i[ɿ]为舌尖前、高、不圆唇元音,-i[ʅ]为舌尖后、高、不圆唇元音。普通话的两个舌尖元音都不能单独成音节。

(四)复元音

复元音就是两个或两个以上元音的组合,有 13 个,它们是 ai、ei、ao、ou、ia、ie、ua、uo、üe、iao、iou、uai、uei。复元音的发音是从一个元音快速滑到另一个元音,舌位的前后、口腔的开闭、唇形的圆展都有变化,但都是渐变而非突变,中间存在一串过渡音。试朗读下列字词,感受突变和渐变的差异。

| 阿姨——爱 | 以阿——压 | 吴阿姨——歪 |
| 鱼饵——鱼儿 | 骨癌——怪 | 体液——铁 |

二、韵母的构成

(一) 韵母的结构

韵母可分为韵头、韵腹、韵尾三部分。

韵头,也叫介音,处于声母和韵腹之间,发音轻而短,表示发音的起点,由 i、u、ü 3 个高元音充当,如"jiān(间)"中的"i"、"shuāi(衰)"中的"u"、"xuān(宣)"中的"ü"。

韵腹,是韵母的核心部分,也叫主要元音,由一个音节中开口度较大、发音较响亮的元音充当,是韵母中必不可少的部分,普通话中 10 个单元音及其变体均可充当韵腹。

韵尾,位于韵腹后面,表示发音时舌位滑动的方向和趋势。普通话可以充当韵尾的只有 i 和 u 两个高元音,以及鼻辅音 n 和 ng。

(二) 韵母的分类

韵母可从不同角度进行分类。

1. 按构成元素分类

韵母根据构成元素可分为单元音韵母、复元音韵母、带鼻音韵母。

(1) 单元音韵母,简称单韵母,即由一个元音构成的韵母,共 10 个,分别是 a、o、e、i、u、ü、ê、er、-i[ɿ]、-i[ʅ]。

(2) 复元音韵母,简称复韵母,即由两个或三个元音构成的韵母,共有 13 个。根据响亮度较大的元音所在的位置,又可分为以下三类。

①前响复韵母:ai、ei、ao、ou。

②中响复韵母:iao、iou、uai、uei。

③后响复韵母:ia、ie、ua、uo、üe。

(3) 鼻韵母,又叫带鼻音韵母,即由元音加鼻辅音韵尾构成,共有 16 个。普通话中 n、ng 均可作鼻韵母的韵尾。根据鼻韵尾的不同,又可分为以下两类。

①前鼻韵母,由元音加舌尖中、浊、鼻音韵尾 n 构成,共有 8 个:an、en、in、ün、ian、uan、üan、uen。

②后鼻韵母,由元音加舌根、浊、鼻音韵尾 ng 构成,共有 8 个:ang、eng、ing、ong、iong、iang、uang、ueng。

2. 根据韵母开头的元音发音口形分类

根据传统的音韵学分法,韵母可根据开头元音发音口形分为开口呼、齐齿呼、合口呼、撮口呼四类,简称"四呼"。

开口呼韵母,是指韵母不是 i、u、ü,也不是以 i、u、ü 开头的韵母,总共有 15 个(见表 2-4)。

齐齿呼韵母,是指韵母是 i 或以 i 开头的韵母,总共 9 个(见表 2-4)。

合口呼韵母,是指韵母是 u 或以 u 开头的韵母,总共 10 个(见表 2-4)。

撮口呼韵母,是指韵母是 ü 或以 ü 开头的韵母,总共 5 个(见表 2-4)。

普通话韵母总表如表 2-4 所示。

表 2-4 普通话韵母总表

按结构分	按口型分				按韵尾分
	开口呼	齐齿呼	合口呼	撮口呼	
单元音韵母	-i[ɿ]、-i[ʅ]	i[i]	u[u]	ü[y]	无韵尾韵母
	a[A]				
	o[o]				
	e[ɤ]				
	ê[ɛ]				
	er[ɚ]				
复元音韵母		ia[iA]	ua[uA]		元音韵尾韵母
			uo[uo]		
		ie[iɛ]		üe[yɛ]	
	ai[ai]		uai[uai]		
	ei[ei]		uei[uei]		
	ao[au]	iao[iau]			
	ou[ou]	iou[iou]			
非鼻音韵母	an[an]	ian[iɛn]	uan[uan]	üan[yan]	鼻音韵尾韵母
	en[ən]	in[in]	uen[uən]	ün[yn]	
	ang[aŋ]	iang[iaŋ]	uang[uaŋ]		
	eng[əŋ]	ing[iŋ]	ueng[uəŋ]		
			ong[uŋ]	iong[yŋ]①	

三、韵母的发音

(一)单韵母的发音

1. 舌面单韵母

a[A],舌面、央、低、不圆唇元音。发音时,口大开,舌位低,舌头居中央位置,嘴唇展开,如"马大哈"中的 a。

---

① ong[uŋ]是合口呼韵母,iong[yŋ]是撮口呼韵母,是根据它们的实际读音来确定的。《汉语拼音方案》用"ong、iong"表示[uŋ]、[yŋ],没有采用"ung、üng",是为了使字形清晰,避免手写体 u 和 a 相混。

o[o]，舌面、后、半高、圆唇元音。发音时，口半闭，舌位半高，舌头后缩，双唇拢圆，如"薄膜"中的 o。

e[ɤ]，舌面、后、半高、不圆唇元音。发音时，口半闭，舌位半高，舌头后缩，双唇平展，如"苛刻"中的 e。

i[i]，舌面、前、高、不圆唇元音。发音时，舌头前伸，舌尖抵住下齿背，双唇平展，如"汽笛"中的 i。

u[u]，舌面、后、高、圆唇元音。发音时，舌头后缩，舌面后靠近软腭，双唇拢圆，留一小孔，如"祝福"中的 u。

ü[y]，舌面、前、高、圆唇元音。发音时，舌头前伸，舌尖抵住下齿背，双唇拢圆，如"须臾"中的 ü。

ê[ɛ]，舌面、前、半低、不圆唇元音。发音时，口半开，舌头前伸，舌尖抵住下齿背，舌位半低，双唇展开。ê 作单元音韵母的时候只有叹词"诶"一种情况，ê 的读音更多是出现在复韵母 ie、üe 中。

2. 舌尖单韵母

-i[ɿ]，舌尖、前、不圆唇元音。发音时，舌尖前伸靠近上齿背，气流经过狭窄的通路，但不发生摩擦，双唇平展。i[ɿ]只能与声母 z、c、s 相拼。

-i[ʅ]，舌尖、后、不圆唇元音。发音时，舌尖上翘，靠近硬腭前部，气流经过狭窄的通路，但不发生摩擦，双唇平展。-i[ʅ]只能和声母 zh、ch、sh、r 相拼。

3. 卷舌单韵母

er[ɚ]，卷舌、央、中、不圆唇元音。发音时，口略开，舌面居中，舌位在中，嘴唇展开，声带振动。发央元音[ə]的同时，舌尖向接近硬腭的方向卷起。r 表示卷舌动作，不代表音素。卷舌元音 er 只能自成音节，不和任何声母相拼。

（二）复韵母的发音

复韵母由复元音（或者说由两个或三个元音）构成。复韵母是指发音时舌位、唇形都有变化的元音。复元音的发音过程是一个自然滑动的过程，中间无停顿。由两个元音构成的韵母叫"二合元音"，由三个元音构成的韵母叫"三合元音"。汉语中复韵母总共有 13 个，根据主要元音在韵母中的位置，分为前响、中响、后响三类。

1. 前响复韵母（韵腹＋韵尾）(4 个)

前响复韵母的发音特点是，前一个元音发音清晰响亮，后一个元音无须清晰发出，只表示收音的趋势。

ai[ai]，a 清晰响亮，i 含混模糊。舌位从 a 向 i 滑动升高，口形从开到微合，如"买卖"的韵母。

ei[ei]，由 e 到 i，e 清晰响亮，i 含混模糊，表示舌位滑动方向，如"肥美"的韵母。

ao[au]，由 a 到 u，a 清晰响亮，o（实际读音为[u]）表示舌位滑动的方向，如"牢靠"的韵母。《汉语拼音方案》规定将[au]写作 ao，是为了避免手写体的 u 和 n 相混。

ou[ou]，由 o 到 u，o 清晰响亮，u 表示舌位滑动方向，如"守候"的韵母。

2.中响复元音韵母（韵头＋韵腹＋韵尾）（4个）

中响复韵母有三个代表元音，中间的元音比前后元音的开口度都大，发音最响亮。发音时，首音相对轻短，表示一个起始动作；过渡到中间的元音时发音清晰响亮；尾音轻短模糊，表示滑动方向。

iao[iau]，介音 i 轻短，表示舌位滑动起点；主要元音 a 清晰响亮；o[u]表示舌位滑动方向，如"巧妙"中的韵母。

iou(iu)[iou]，介音 i 轻短，表示舌位滑动起点；主要元音 o 清晰响亮；u 表示舌位滑动方向，如"悠久"中的韵母。iou 与辅音声母相拼时，省写中间的元音字母，声调符号统一标在后一个元音上。

uai[uai]，介音 u 轻短，表示舌位滑动起点；主要元音 a 清晰响亮；i 表示舌位滑动方向，如"外快"中的韵母。

uei(ui)[uei]，介音 u 轻短，表示舌位滑动起点；主要元音 e 清晰响亮；i 表示舌位滑动方向。uei 与辅音声母相拼时，省写中间的元音字母，声调符号统一标在后一个元音上，如"回味"中的韵母。

3.后响复元音韵母（韵头＋韵腹）（5个）

后响复元音韵母中后一个元音比前一个元音开口度大，声音较为响亮。发音时，前音相对较轻，表示一个起始动作，后音的发音清晰响亮。

ia[iA]，由 i 到 a，介音 i 轻短，表示舌位滑动的开始，a 清晰响亮，如"假牙"的韵母。

ie[iɛ]，由 i 到 ê，介音 i 轻短，表示舌位滑动的开始，ê 清晰响亮，如"姐姐"中的韵母。

ua[uA]，由 u 到 a，介音 u 轻短，表示舌位滑动的开始，a 清晰响亮，如"挂画"中的韵母。

uo[uo]，由 u 到 o，介音 u 轻短，表示舌位滑动的起点，o 清晰响亮，如"骆驼"中的韵母。

üe[yɛ]，由 ü 到 ê，介音 ü 轻短，表示舌位滑动的起点，ê 清晰响亮，如"雀跃"中的韵母。

(三)鼻韵母的发音

鼻韵母由一个或两个元音后面带上鼻辅音构成。

1.前鼻音韵母（8个）

前鼻音韵母又叫舌尖中鼻韵母，由元音加舌尖中浊鼻音韵尾 n 构成。发音时，先发单元音或复元音，然后舌尖抵住上齿龈，紧接着软腭下降，气流在鼻腔共鸣，形成前鼻音韵母。

an[an]，由 a 开始，紧接着软腭下降，逐渐增强鼻音色彩，舌尖迅速移到上齿龈，抵住上齿龈作出发 n 的状态，如"反感"中的韵母。

ian[iɛn]，介音 i 轻短，主要元音 a[ɛ]清晰响亮，发完后，紧接着软腭下降，逐渐增强鼻音色彩,舌尖迅速移到上齿龈,抵住上齿龈作出发 n 的状态,如"电线"中的韵母。

uan[uan],介音 u 轻短,主要元音 a 清晰响亮,发完后,紧接着软腭下降,逐渐增强鼻音色彩,舌尖迅速移到上齿龈,抵住上齿龈作出发 n 的状态,如"婉转"中的韵母。

üan[yan],介音 ü 轻短,主要元音 a[a]清晰响亮,发完后,紧接着软腭下降,逐渐增强鼻音色彩,舌尖迅速移到上齿龈,抵住上齿龈作出发 n 的状态,如"圆圈"中的韵母。

en[ən],由 e[ə]开始,紧接着软腭下降,逐渐增强鼻音色彩,舌尖迅速移到上齿龈,抵住上齿龈作出发 n 的状态,如"根本"中的韵母。

in[in],由 i 开始,紧接着软腭下降,逐渐增强鼻音色彩,舌尖迅速移到上齿龈,抵住上齿龈作出发 n 的状态,如"拼音"的韵母。

uen[uən],介音 u 轻短,主要元音 e[ə]清晰响亮,发完后,紧接着软腭下降,逐渐增强鼻音色彩,舌尖迅速移到上齿龈,抵住上齿龈作出发 n 的状态,如"论文"中的韵母。uen 与辅音声母相拼时,省写中间的元音,声调符号标在前面的元音上。

ün[yn],由 ü 开始,紧接着软腭下降,逐渐增强鼻音色彩,舌尖迅速移到上齿龈,抵住上齿龈作出发 n 的状态,如"军训"的韵母。

2. 后鼻音韵母(8 个)

后鼻音韵母又叫舌面后鼻音韵母,由元音加舌面后浊鼻音韵尾 ng[ŋ]构成。发音时先发元音,发好元音后,紧接着舌面后部往软腭移动,抵住软腭,气流从鼻腔通过,形成后鼻音韵母。

ang[aŋ],由 a 开始,发完后,软腭下降,逐渐增强鼻音色彩,舌面后部向后缩,并抵住软腭,最后作出发 ng 的状态,如"帮忙"中的韵母。

iang[iaŋ],介音 i 轻短,主要元音 a 清晰响亮,发完后,软腭下降,增强鼻音色彩,舌面后部向后缩,并抵住软腭,最后作出发 ng 的状态,如"响亮"中的韵母。

uang[uaŋ],介音 u 轻短,主要元音 a 清晰响亮,发完后,软腭下降,增强鼻音色彩,舌面后部向后缩,并抵住软腭,作出发 ng 的状态,如"状况"中的韵母。

eng[əŋ],由 e[ə]开始,发完后,软腭下降,逐渐增强鼻音色彩,舌面后部向后缩,并抵住软腭,最后作出发 ng 的状态,如"风筝"中的韵母。

ing[iŋ],由 i 开始,发完后,软腭下降,逐渐增强鼻音色彩,舌面后部向后缩,并抵住软腭,最后作出发 ng 的状态,如"命令"中的韵母。

ueng[uəŋ],介音 u 轻短,主要元音 e[ə]清晰响亮,发完后,软腭下降,增强鼻音色彩,舌面后部向后缩,并抵住软腭,作出发 ng 的状态,如"嗡嗡"中的韵母。ueng 只能自成音节,不和任何辅音声母相拼。

ong[uŋ],由 o[u]开始,发完后,软腭下降,逐渐增强鼻音色彩,舌面后部向后缩,并抵住软腭,最后作出发 ng 的状态,如"公众"中的韵母。ong 不能自成音节,一定要与辅音声母相拼。

iong[yŋ],由 io(ü)开始,发完后,软腭下降,逐渐增强鼻音色彩,舌面后部向后缩,并抵住软腭,最后作出发 ng 的状态,如"汹涌"中的韵母。

四、韵母和押韵

押韵,也叫压韵,是指诗、词、歌、赋、曲等文学作品常在特定的句子末尾用同"韵"的字。"韵"与"韵母"概念不同,韵是指韵身,即韵腹加韵尾。就是说,押韵的字要求韵腹和韵尾相同即可,不要求韵头也相同。明清以来,北方民间戏曲把"韵"叫作"辙",把押韵叫作"合辙",人们于是把"韵"和"辙"合称"韵辙"。合辙押韵的目的是使文学作品更加富于音乐感,读起来朗朗上口,易唱易记。试看李白的《静夜思》:

床前明月光,疑是地上霜。

举头望明月,低头思故乡。

诗中第一、二、四句最后一个字的韵母虽然不同,但韵腹和韵尾都相同,所以这首诗是押韵的。

明清以来,北方说唱文学的押韵标准是"十三辙"。十三辙即十三韵。宋末,陕西平水人刘渊刊行了《平水韵》。《平水韵》依据唐人用韵情况,把汉字划分成 106 个韵部,每个韵部包含若干字,这成为目前古典诗词爱好者创作中常用的押韵标准。五四运动后,因白话文和国语的推广,已有的韵书无法适应现代韵文的创作。1941 年,国民政府教育部颁布了由黎锦熙等人根据现代语音标准编写的《中华新韵》,共十八韵,《中华新韵》也是目前文学创作者常用的押韵标准之一。2004 年5 月,中华诗词编辑部发表了《中华新韵(十四辙)》。十三辙、十八辙、十四辙表如表 2-5 所示。

表 2-5 十三辙、十八辙、十四辙表

十三辙	十八辙	十四辙	普通话韵母	例字
(一)发花	(1)麻	(1)麻	a、ia、ua	发、达、霞、家、画、瓜
(二)坡梭	(2)波	(2)波	o、uo	坡、摸、多、国
	(3)歌		e	俄、车
(三)乜斜	(4)皆	(3)皆	ê、ie、üe	谍、斜、野、月、缺
(四)姑苏	(10)模	(14)姑	u	图、书
(五)一七	(5)支	(13)支	-i[ɿ]、-i[ʅ]	私、自、志、士
	(7)齐	(12)齐	i	西、医
	(6)儿		er	而、耳
	(11)鱼		ü	雨、区
(六)怀来	(9)开	(4)开	ai、uai	派、来、外、快
(七)灰堆	(8)微	(5)微	ei、uei(ui)	飞、雷、推、回
(八)遥条	(13)豪	(6)毫	ao、iao	高考、笑料
(九)油求	(12)侯	(7)尤	ou、iou(iu)	口头、流油
(十)言前	(14)寒	(8)寒	an、ian、uan、üan	斑斓、先前、转弯、圆圈
(十一)人辰	(15)痕	(9)文	en、in、uen(un)、ün	根深、金银、温顺、均匀
(十二)江阳	(16)唐	(10)唐	ang、iang、uang	方刚、响亮、狂妄
(十三)中东	(17)庚	(11)庚	eng、ing、ueng(weng)	风等、英明、翁瓮
	(18)东		ong、iong	空中、汹涌

第五节　声调

一、什么是声调？

声调是附着在整个音节上，能够区别音节的语音形式，也是区别意义的音高变化格式。因大多数情况下，汉语音节与汉字是一一对应的关系，所以声调有时也被称作字调。如"mā（妈）、má（麻）、mǎ（马）、mà（骂）"四个词，就是靠声调区别意义的。

声调的不同主要是音高的不同造成的，音高决定于发音体在一定时间内颤动次数的多少，次数越多，声音越高，反之声音越低。发音时，声带绷紧，在一定时间内振动的次数越多，声音就越高；声带松弛，在一定时间内振动的次数越少，声音就越低。发音过程中，有意识地控制声带的松紧，可形成不同的音高，从而构成不同的声调。

音高有相对音高和绝对音高之分，声调是指相对音高。一般情况下，因声带状态不同，女性说话时声音比男性高，小孩说话时声音比大人高，每个个体在说话时具体音高也会因语境的不同而不同，但这并不影响人们对"bā（巴）、bá（拔）、bǎ（把）、bà（坝）"的识读和辨别。因为每个人发音时虽然具体音高各不相同，但他们发音时的音高变化形式却是相同的。如"bā（巴）"是一个高平调，"bá（拔）"是一个中升调、"bǎ（把）"是一个降升调，"bà（坝）"是一个全降调，这就是相对音高。

二、调值和调类

早期，人们对声调的认识多局限于描写。唐代释处忠的《元和韵谱》是这样描述声调的，"平声哀而安，上声厉而举，去声清而远，入声直而促"。明代释真空的《玉钥匙歌诀》则扩充为："平声平道莫低昂，上声高呼猛烈强，去声分明哀道远，入声短促急收藏。"明清之际顾炎武在《音论》一书中简短的说明为："平声轻迟，上、去、入之声重疾。"近代语言学家刘半农先生，首先肯定释真空对于古汉语四声的分析，又根据自己的研究所得，做了补充，他说："平声平去，曲折最少，习称为平衡调。上去两声曲折最多，或上升，或下降，或降升，或升降，应为非平衡调。入声最短，称促调。"这些描述虽可以帮助我们大致了解古代四声调值的概貌，但失之空灵，无法一一落实，所以古代音韵学上只讲调类，不讲调值。直到 20 世纪 30 年代初，著名语言学家赵元任先生发明了"五度标记法"以后，才使对调值的描写走上了科学的轨道。至此，我们可从调值和调类两方面认识声调。

（一）调值

调值是指音节的高低升降曲直长短的变化，即声调的实际读法，一般采用赵元任先生创制的"五度标记法"。五度标记法的制作原理是：将人们说话时声带所处的最松弛状态作为最低点，将人们说话时声带所处的最紧张状态作为最高点。画一条竖线，分成四格五个调域，自下而上用 1、2、3、4、5 代表低、半低、中、半高、高五度;在竖线的左侧,从左到右画一条线,把音高随时间而产生的变化描画出来。这条线的高低曲折反映的便是声调的高低变化,也就是声调的调值。

用五度标记法描写调值,可以有三种方法:①符号式(即调号),如普通话的四声,可以分别用"ˉ、ˊ、ˇ、ˋ"来表示;②数字式,如普通话的四声,也可以分别用"55、35、214、51"来表示;③文字描写式,如普通话的四声,还可以分别描写为"高平、高升、降升、全降"。普通话调值五度标记图如图 2-5 所示。

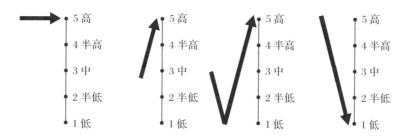

图 2-5　普通话调值五度标记图

3. 调类

调类是指声调的种类,即把调值相同的字归纳在一起所建立的类。一种语言中有几种调值,就有几个调类。汉藏系语言中调类最多的可达 15 个,最少的仅有 2 个。汉语普通话总共四个调类:阴平、阳平、上声、去声。

注意:特定调类与特定调值之间的对应在不同的方言中有不同的表现。汉语不同方言的调类可以相同,但在不同的演化条件和变化轨迹下,每个调类的调值并不一定相同;调值相同的,也不意味着调类相同。

我们可以根据普通话或某一方言的各个调类与古音四声的对应关系给各个调类命名,如阴平、阳平、阴上、阳上、阴去、阳去、阴入、阳入。

三、普通话的声调

普通话的全部字音分属四种基本调值。

(一)阴平(第一声)

调值 55,即音高由 5 度到 5 度,高而平,没有升降和屈折变化,故又叫高平调,汉语拼音方案用"ˉ"表示,如"天、高、飞、风"的声调。

(二)阳平(第二声)

调值 35,即音高由中音 3 度升到高音 5 度,故又叫中升调,汉语拼音方案用"ˊ"表示,如"来、停、台、还"的声调。

(三)上声(第三声)

调值 214,即音高由半低音 2 度降到低音 1 度,再升到半高音 4 度,故又叫降升调,汉语拼音方案用"ˇ"表示,如"好、美、李、尾"的声调。

(四)去声(第四声)

调值 51,即由最高音 5 度下降到低音 1 度,故又叫全降调,汉语拼音方案用"ˋ"表示,如"去、笨、报、叫"的声调。

普通话的四种基本声调的调型可以简单归纳为一平、二升、三曲、四降,拼音方案的调号就反映了这四种调型,通常标记在一个音节中的主要元音上。普通话的声调不包括轻声和变调。普通话声调标记法示例如表 2-6 所示。

表 2-6 普通话声调标记法示例

类型	山	穷	水	尽
调类名称	阴平(第一声)	阳平(第二声)	上声(第三声)	去声(第四声)
调型名称	高平调	中升调	降升调	全降调
调号标记法	shān	qióng	shuǐ	jìn
调值标记法	$[ʂan^{55}]$	$[tɕ^hyŋ^{35}]$	$[ʂuei^{214}]$	$[tɕin^{51}]$
调类点角法	$[\text{˫}ʂan]$	$[\text{˫}tɕ^hyŋ]$	$[\text{˥}ʂuei]$	$[tɕin\text{˥}]$

四、古今调类对比

普通话的调类是从古代汉语的调类发展而来的。在南朝齐梁时期,就有人将古汉语声调分为四类,即平、上、去、入。随着语音的发展,按照声母的清浊分为阴调和阳调两类,声母为清辅音的归阴调,声母为浊辅音的归阳调。

古汉语的调类演变为普通话调类,主要有以下规律。

1. 平分阴阳

普通话的阴平字基本来自古代清声母的平声字,如"汤",阳平字基本来自古代浊声母的平声字,如"时"。

2. 浊上归去

古全浊声母(古浊塞音、塞擦音、擦音声母)的上声字,在普通话中归入去声,如"似"。清声母和次浊声母的上声字,在普通话中仍为上声,如"府"。

3. 入派四声

古入声字在普通话中的分化较为复杂。根据声母的清浊,古清声母入声字分别归入普通话的阴平、阳平、上声、去声四个调类;古全浊声母入声字归入普通话阳平,古次浊声母入声字归入普通话去声。

现代汉语中沿用"平、上、去、入"等古代调类名称,是为了让人们更好地了解古今调类演变的来龙去脉,同时帮助人们掌握普通话或方言与古汉语声调的关系,搞清楚普通话和方言声调的对应规律。

因语言发展的不平衡,古汉语声调系统在向现代汉语声调演变过程中,普通话和各地方言演变速度、演变轨迹呈现出差异。调类方面,普通话中只有阴平、阳平、上声、去声四种调类,没有入声,但在一些方言中,入声有的可以多达十几类,有的至少三类。调值方面,同调类的,在不同方言中调值可能存在差异,如同一个"老"字,在沈阳方言中是降升调,在成都话中是个高降调,而在绍兴话中是个高平调。古今调类比较表如表2-7所示。

表2-7 古今调类比较表

古调类	古清浊声母		普通话调类			
			阴平	阳平	上声	去声
平声	清声母		高天飞诗			
	浊声母	次浊		鹅牛门娘		
		全浊		齐糖床扶		
上声	清声母				古短酒好	
	浊声母	次浊			米有努老	
		全浊				稻弟妇抱
去声	清声母					富去正菜
	浊声母	次浊				岸慢帽用
		全浊				盗病汗树
入声	清声母		哭出鸭瞎	革竹节福	谷北铁尺	不客必武
	浊声母	次浊				绿木日纳
		全浊		白直贼学		

五、四声与平仄

古人把汉语的四声分成的两大类别。"平"指平声,"仄"指上、去、入三声。古诗词中交替使用平仄两大类声调,可使音节在诗句中产生规律性的音高变化,增强抑扬顿挫的节奏感。

普通话中,古入声字已经在普通话中消失,但上声和去声仍在,它们属于仄声;阴平、阳平属于平声。这或许可视为普通话的平仄。

古代诗词、戏曲唱词、对联等都比较注意平仄交替,一般遵循一句中"平仄相间",上下两句"平仄相对"的规律。例如:

好雨知时节,当春乃发生。
仄仄平平仄 平平仄平平
青山横北郭,白水绕孤城。
平平平仄仄 仄仄仄平平

现代格律诗尚未形成,因此现代诗歌不必讲究平仄对仗。但若在诗词创作中巧妙利用汉语声调的特点,恰当调整平仄变化,可以收到抑扬顿挫、悦耳动听的音乐效果。

第六节 音节

一、音节的结构

音节是听觉上最容易觉察、最自然的语音单位。发音时,发音器官紧张放松一次就会形成一个音节。音节由一个或几个音素组成。一般来说,一个汉字就是一个带调音节,有后缀"儿"字的是例外。"儿化音"是两个汉字读一个音节,如"花儿"(huār)。普通话音节有完整的系统,构成普通话音节的有 21 个辅音声母、1 个零声母、39 个韵母,有机地拼合成 418 个音节形式,加上 4 个声调,则可组成 1300 多个音节。普通话音节可分为声母、韵头、韵腹、韵尾、声调五部分。普通话音节结构类型表如表 2-8 所示。

表 2-8 普通话音节结构类型表

例字及注音、音位标音	声母	韵母			声调	说明
		韵头（介音）	韵(韵身)			
			韵腹（主要元音）	韵尾		
				（元音韵尾） （辅音韵尾）		
奥 ào[au⁵¹]	∅		a	u	去声	无辅音声母、韵头
昂 áng[aŋ³⁵]	∅		a	ng	阳平	无辅音声母、韵头
娃 wá[uA³⁵]	∅	u	a		阳平	无辅音声母、韵尾
陨 yǔn[yn²¹⁴]	∅		ü	n	上声	无辅音声母、韵头
缘 yuán[yan³⁵]	∅	ü	a	n	阳平	无辅音声母
阿 ā[A⁵⁵]	∅		a		阴平	无辅音声母、韵头、韵尾
喂 wèi[uei⁵¹]	∅	u	e	i	去声	无辅音声母
捆 kǔn[kuən²¹⁴]	k	u	e	n	上声	五部分俱全
将 jiāng[tɕiaŋ⁵⁵]	j	i	a	ng	阴平	五部分俱全
私 sī[sɿ⁵⁵]	s		-i[ɿ]		阴平	无韵头、韵尾
纸 zhǐ[tʂʅ²¹⁴]	zh		-i[ʅ]		上声	无韵头、韵尾
却 què[tɕʰyɛ⁵¹]	q		ü	e	去声	无韵头
抛 pāo[pʰau⁵⁵]	p		a	u	阴平	无韵头
炯 jiǒng[tɕyŋ²¹⁴]	j		ü	ng	上声	无韵头
同 tóng[tʰuŋ³⁵]	t		u	ng	阳平	无韵头

从表 2-8 可看出,普通话音节结构有如下特点。

(1)一个音节最少有一个音素,至多有四个音素。韵母中的主要元音是韵腹,韵腹之前的元音是韵头,韵腹之后的元音或辅音是韵尾。充当韵头的只有 i、u、ü 三个元音;充当韵腹的有 a、o、e、ê、i、u、ü、-i(前)、-i(后)、er 十个;充当韵尾的只有 i、u(o)、n、ng 四个。

(2)元音在音节中占优势。音节中,元音最多可以有三个,而且可以连续排列作韵头、韵腹、韵尾。

(3)一个音节可以没有声母、韵头、韵尾,但不能没有韵腹和声调。韵腹和声调是汉语音节必不可少的部分。韵腹由元音充当,韵腹位置上的元音是音节中的主元音。

(4)辅音只出现在音节的开头作声母,或出现在音节的末尾作韵尾,在音节末尾出现的辅音只限于 n 和 ng。音节中没有两个辅音相连的复辅音现象。另外,音节不必有辅音。

(5)汉语音节不能没有声调。每个音节中必有声调。轻声是声调的弱化形式。

二、声韵调的配合

普通话声母和韵母的组合有很强的规律性,具体如表 2-9 所示。

表 2-9 普通话声韵配合简表

种类	代表字母	开口呼	齐齿呼	合口呼	撮口呼
双唇音	b、p、m	+	+	只拼 u	—
唇齿音	f	+	—	只拼 u	—
舌尖中音	d、t	+	+	+	—
	n、l				+
舌面音	j、q、x	—	+	—	+
舌根音	g、k、h	+	—	+	—
舌尖后音	zh、ch、sh、r	+	—	+	—
舌尖前音	z、c、s	+	—	+	—
零声母	∅	+	+	+	+

(一)声母、韵母的配合关系

1.从韵母的角度看

(1)开口呼韵母不与舌面音 j、q、x 相拼。

(2)齐齿呼韵母不与唇齿音 f,舌尖前音 z、c、s,舌尖后音 zh、ch、sh、r,舌根音 g、k、h 相拼。

(3)合口呼韵母不与舌面音 j、q、x 相拼,与唇音 b、p、m、f 相拼时只限于韵母 u。

(4)四呼之中撮口呼拼合能力最差。撮口呼韵母只与舌尖中音 n、l 和舌面音 j、q、x 及零声母相拼,不与其他各组声母相拼。

2.从声母的角度看

(1)零声母和舌尖中音 n、l 与四呼均能相拼。

(2)唇齿音、舌根音、舌尖前音、舌尖后音等组声母只能同开口呼、合口呼韵母(唇齿音与合口呼拼,只限 u)相拼,不能同齐齿呼、撮口呼韵母拼;舌面音正相反,只能和齐齿呼、撮口呼韵母相拼,不能和开口呼、合口呼韵母相拼。

(3)双唇音和舌尖中音 d、t,只能和开口呼、齐齿呼、合口呼韵母相拼(双唇音拼合口呼只限 u),不能和撮口呼韵母相拼。

(二)声母、韵母、声调的配合关系

(1)普通话里 m、n、l、r 四个浊声母的字很少有读成阴平调的,只限于口语常用的字,如扔、妈、溜。

(2)普通话里 b、d、g、j、zh、z 这六个不送气的塞音和塞擦音同鼻韵母配合时,基本上没有阳平字。

三、拼音

把声母、韵母和声调拼合起来,读出一个完整的音节的过程就是拼音。

(一)拼音应注意的几个问题

1.声母要读本音

本音即声母的实际读音。拼音时,要读出声母的本音,不能用呼读音来拼读音节。有人把拼音的经验总结为"前音轻短后音重,两音相连碰一碰",这句话基本上道出了拼音的要领。前音(声母)念得轻而短,就基本接近本音;后音(韵母)是发音较为响亮的部分,就应该重念了。

2.声母、韵母之间不要有停顿

拼音时也要注意声母和韵母之间不要有停顿,否则声母部分容易衍生出同部位的元音,进而得出错误的音节读音。如拼 gài(盖)时,g 和 ai 之间如有停顿,就会拼成 g(ē)-ài(割爱)。

3.要念准韵头

对于有韵头的音节,拼音时要注意念准韵头,避免丢失或念错韵头的情况发生。如"分段"的"段(duàn)",如果丢失韵头,就会读成"蛋(dàn)","分段"就成了"分蛋"。再如拼"雪(xuě)"时,如果韵头念不准,就会拼成"写(xiě)"。

(二)拼音的方法

1.双拼法

双拼法即将声母和韵母分成两个部分进行拼读,韵母带上声调与声母相拼。例如:

q——ín——qín(琴)　　　　t——iān——tiān(天)

2.声介合拼法

这种拼法适合有韵头的音节,先把声母和韵头拼合,然后与声母剩下的部分进行拼读。例如:

tu——án——tuán(团)　　　　qi——án——qián(前)

3. 三拼法

这种方法是将音节分成声母、韵头、韵身三部分进行拼读,适用于有韵头的音节。例如:
　　l——u——án——luán(峦)　　sh——u——āng——shuāng(双)

4. 直呼法

直呼法又叫整体认读法,就是按照声母的发音部位和发音方法做好呼读的准备,然后直接读出带声调的韵母。如发 chuáng(床)时,先做好发 ch 的准备,然后直接呼读 uáng,中间没有过渡音,一气呵成。

四、普通话音节的拼写规则

汉语音节的拼写要符合《汉语拼音方案》的规则,主要应该注意以下几点。

(一)隔音规则

作为拼写规则,必须要考虑到音节界限的明确。如果不加音节隔音标记,某些音节在连写时可能发生音节界限的混淆,影响正确拼读。例如:"danu"可能是"耽误",也可能是"大怒";"xian"可能是"西安",也可能是"先"。为了使音节界限明确,《汉语拼音方案》采用隔音字母 y、w 及隔音符号的办法。

1. 使用隔音字母 y、w

《汉语拼音方案》规定零声母音节 i 行、ü 行用 y 做开头,字母 y、w 通常表示半元音,高元音 i、u 开头的音节都带有轻微的摩擦,用 y、w 表示比较符合语音实际,有利于读准这些零声母音节的字[①]。使用 y、w 的原则如下。

(1)韵母表中 i 行零声母音节,i 如果是韵头,一律把 i 改写成 y,例如:
　　ia——ya　　　　ie——ye　　　　iao——yao　　　　iou——you
　　ian——yan　　　iang——yang

i 如果是韵腹,在 i 的前面加 y,这种情况只有三个音节,例如:
　　i——yi　　　　in——yin　　　　ing——ying

(2)韵母表中 u 行零声母音节,u 如果是韵头,一律把 u 改写成 w,例如:
　　ua——wa　　　uo——wo　　　uai——wai　　　uei——wei
　　uan——wan　　uen——wen　　uang——wang　　ueng——weng

u 如果是韵腹,在 u 前面加 w,这种情况只有一个:u——wu。

---

① 小学拼音教学一般把 y、w 当成声母,是为了降低 y、w 拼写规则的难度,是一种变通的教学方法。

(3)韵母表中ü行零声母音节一律在ü前加y,并且去掉ü上的两点。实际上这只有四个音节。

ü——yu　　　　üe——yue　　　　üan——yuan　　　　ün——yun。

2.使用隔音符号

a、o、e开头的零声母音节连接在其他音节后面的时候,如果音节的界限发生混淆,就用隔音符号隔开。但在实际使用中,无论音节界限是否发生混淆,都一律使用隔音符号,例如:pi'ao(皮袄)、xi'an(西安)。

(二)省写规则

(1)ü行韵母与声母j、q、x相拼,ü上两点省略,ü韵母与声母n、l相拼,ü上两点不能省略。例如:

j＋ü→jū(拘)　　　　j＋üan→juān(娟)
q＋ü→qū(屈)　　　　q＋üan→quān(圈)
x＋ü→xū(须)　　　　x＋üan→xuān(轩)
n＋ü→nǔ(女)　　　　n＋üe→nüè(疟)
l＋ü→lǔ(履)　　　　l＋üe→lüè(掠)

声母j、q、x不与合口呼韵母拼合,所以其后ü省略两点后不会被误认为u,省略主要是便于书写;声母n、l既可以与合口呼韵母相拼,也可以与撮口呼韵母相拼,如果省略了ü上两点,就可能发生混淆,所以不能省略。

(2)当iou、uei、uen这3个韵母与辅音声母相拼时,要省写中间的元音o或e。例如:

q＋iou→qiū(秋)　　　　n＋iou→niú(牛)
h＋uei→huì(会)　　　　g＋uei→guì(贵)
h＋uen→hūn(昏)　　　　d＋uen→dūn(吨)

iou、uei、uen在零声母音节中,中间的字母不能省写。如iou——you,uei——wei,uen——wen。作为韵母单独列举时中间的字母不能省写。在音节结构分析过程中,省写的字母要补出来。

(三)标调规则

声调符号ˉ(阴平)、ˊ(阳平)、ˇ(上声)、ˋ(去声)原则上应该标在音节的主要元音(韵腹)上。

(1)如果一个音节只有一个元音,这个元音即音节的韵腹,声调符号就标记在这个元音上。例如:

dà(大)　　　　zhī(知)　　　　tǔ(土)　　　　gè(个)

(2)如果一个音节有两个及以上元音,声调符号标在开口度最大、舌位最低、声音响亮的那个元音上,即韵腹上。

bái(白)　　　　jiā(家)　　　　guó(国)　　　　běi(北)

(3)在韵母iou、uei的省写形式iu、ui中,声调符号标在后面含有省写韵母的音节,如xiū(修)、duì(对),声调标在后面一个元音上,tūn(吞)标在元音u上。

(4)在 i 上标调号时要去掉 i 上的圆点。

dī(堤)　　　　kuí(葵)　　　　tǐ(体)　　　　yìng(映)

(5)轻声不标调号。

bēizi(杯子)　　　láile(来了)

下面的标调口诀,可以帮助记住调号的位置:

a母出现莫放过,没有a母找o、e。

iu、ui两韵标在后,i上标调把点抹。

(四)词语拼写规则

《汉语拼音正词法基本规则》在《汉语拼音方案》的基础上,进一步规定了词、词语和句子的拼写规则,于1996年7月开始实施。内容包括分词连写法、成语拼写法、外来词拼写法、人名地名拼写法、标调法等。为了适应特殊的需要,同时提出一些可供技术处理的变通方式。

1.总原则

拼写普通话基本上以词为书写单位。例如:

rén(人)　　hǎo(好)　　hé(和)　　hán(很)　　dànshì(但是)

fēicháng(非常)　　　diànshìjī(电视机)　　　túshūguǎn(图书馆)

2.拼音分词连写规则

(1)表示一个整体概念的双音节和三音节结构,连写。

wèndá(问答)　　hǎifēng(海风)　　qiūhǎitáng(秋海棠)　　àiniǎozhōu(爱鸟周)

(2)四音节以上表示一个整体概念的名称,按词(或语节)分开写,不能按词(或语节)划分的,全都连写。

huánjìng bǎohù guīhuà(环境保护规划)

Zhōnghuá Rénmín Gònghéguó(中华人民共和国)

yúxīngcǎosù(鱼腥草素)

gǔshēngwùxuéjiā(古生物学家)

(3)为了便于阅读和理解,在某些场合可以用短横。

huán-bǎo(环保)　gōng-guān(公关)　zhōng-xiǎoxué(中小学)

(4)句子开头的字母和诗歌每行开头的字母大写。

老是把自己当作珍珠,

就时时有怕被埋没的痛苦。

Lǎoshì bǎ zìjǐ dàngzuò zhēnzhū,

Jiù shíshí yǒu pà bèi máimò de tòngkǔ.

3. 拼音大写规则

(1)专有名词的第一个字母大写。

Běijīng(北京)　　　　Chángchéng(长城)　　　　Qīngmíng(清明)

(2)由几个词组成的专有名词,每个词的第一个字母大写。

Guójì Shūdiàn(国际书店)　　Guāngmíng Rìbào(光明日报)　　Hépíng Bīnguǎn(和平宾馆)

(3)专有名词和普通名词连写在一起的,第一个字母要大写。

Zhōngguórén(中国人)　　　　Míngshǐ(明史)　　　　Guǎngdōnghuà(广东话)

(4)已经转化为普通名词的,第一个字母小写。

guǎnggān(广柑)　　　　zhōngshānfú(中山服)

chuānxiōng(川芎)　　　　zàngqīngguǒ(藏青果)

4. 人名和地名的拼写规则

(1)汉语人名按姓和名分写,姓和名的开头字母大写。笔名、别名等,按姓名方式写。

Lǐ Huá(李华)　　Méi Lánfāng(梅兰芳)　　Dōngfāng Shuò(东方朔)　　Wáng Mázi(王麻子)

(2)姓名和职务、称呼等分开写;职务、称呼等开头小写。

Wáng bùzhǎng(王部长)　　　　Lǐ xiānsheng(李先生)

(3)"老""小""大""阿"等称呼开头大写。

Xiǎo Liú(小刘)　　Lǎo Qián(老钱)　　Ā Sān(阿三)　　Wú Lǎo(吴老)

(4)已经专名化的称呼,连写,开头大写。

Kǒngzǐ(孔子)　　　　Xīshī(西施)　　　　Bāogōng(包公)

(5)汉语地名按照中国地名委员会文件(84)中地字第17号《中国地名汉语拼音字母拼写规则(汉语地名部分)》的规定拼写。汉语地名中的专名和通名分写,每一分写部分的第一个字母大写。

Běijīng Shì(北京市)　　　　Héběi Shǎng(河北省)　　　　Yālù Jiāng(鸭绿江)

Tài Shān(泰山)　　　　Dòngtíng Hú(洞庭湖)

(6)专名和通名的附加成分,单音节的与其相关部分连写。

Xīliáo He(西辽河)　　　　Jǐngshān Hòujiē(景山后街)

Cháoyángménnèi Nánxiǎojiē(朝阳门内南小街)

(7)自然村镇名称和其他不需区分专名和通名的地名,各音节连写。

Wángcūn(王村)　　　　Jiǔxiānqiáo(酒仙桥)

Zhōukǒudiàn(周口店)　　　　Sāntányìnyuè(三潭印月)

(8)非汉语人名、地名本着"名从主人"的原则,按照罗马字母(拉丁字母)原文书写;非罗马字母文字的人名、地名,按照该文字的罗马字母转写法拼写。为了便于阅读,可以在原文后面注上汉字或汉字的拼音,在一定的场合也可以先用或仅用汉字的拼音。

Ulanhu(乌兰夫)　　　Marx(马克思)　　　Newton(牛顿)
Urümqi(乌鲁木齐)　　Lhasa(拉萨)　　　　Paris(巴黎)

(9)汉语化的音译名词,按汉字译音拼写。

Fēizhōu(非洲)　Nánmái(南美)　Déguó(德国)　Dōngnányà(东南亚)

5.书刊名拼写法

书刊名拼写原则基本上以词为书写单位,适当考虑语义和语音因素,同时要考虑词形长短适度。每个词第一个字母大写,虚词和其他词分写、小写,因设计需要,可以全用大写,可以不标声调符号。中文书刊的汉语拼音名称一律横写。

Chángchéng Liàn(长城恋)

Wǒ de Hòubànshēng(我的后半生)

Xiaoxuesheng Tiandi(小学生天地)

REN DAO ZHONGNIAN(人到中年)

第七节　音变

在语流中,由于受到相邻音节因素的影响,一些音节中的声母、韵母或声调会发生语音的变化,这种现象就叫作语流音变。普通话包括两种类型的音变现象。第一类音变现象与意义的表示无关,是纯粹的语音现象,如上声的变调、"一""不"的变调、"啊"的变调、重叠式形容词等;第二种音变现象与区别意义有一定的联系,如轻声和儿化。

一、变调

变调是指语流中某些音节与相邻音节相互协调而发生的调型、调值上的变化。音节单念时的调值是"本调",音节与其他音节相连发生变化后的调值称为"变调"。变调包括上声的变调、"一"的变调、"不"的变调等。

(一)上声的变调

上声音节在单念或位于其他非上声音节后面时读原调,214调值不变,如"我、推举"。在以下四种情况中,上声音节会变调。

(1)上声+上声,前一个上声变得像阳平,调值由214变为35。例如:

美好　　可以　　所有　　草稿(214+214→35+214)

(2)上声+阴平/阳平/去声,上声音节变为半上,调值由214变为211(或21)。例如:

在阴平前:首都　北京　海滨　眼光(214+55→211+55)

在阳平前:语言　祖国　伟人　保存(214+35→211+35)

在去声前:鼓励　武术　比赛　海浪(214+51→211+51)

(3)上声音节在轻声音节前,要先把轻声音节还原为本调,然后再按照以上两条基本规律进行变调。

①上声和非上声变来的轻声音节相连,第一个上声变半上211。例如:

我的 尾巴 怎么 里头(214+·①[后字本调为阴平/阳平/去声]→211+·)

②上声在由上声变来的轻声音节前,读阳平或半上。例如:

想起 讲起 手脚 想想(214+·[后字本调为上声]→35+·)

耳朵 姐姐 椅子 老子(214+·[后字本调为上声]→211+·)

(4)三个上声相连,变调情况稍微复杂一些,一般可根据词语内部的结构确定上声的变调,具体有三种情况。

①三个上声音节为并列结构,不分轻重主次,前两个上声变为阳平,第三个上声不变。变调形式为:214+214+214→35+35+214。例如:

甲乙丙 水火土 早午晚 稳准狠

②相连的三个上声音节,其内部结构为双单格,其变调形式为:(214+214)+214→35+35+214。例如:

展览馆 洗脸水 选举法

③相连的三个上声音节,其内部结构为单双格,其变调形式为:214+(214+214)→211+35+214。例如:

纸老虎 马导演 老酒鬼 很勇敢

若干个上声音节相连,需要根据词语结构和语义适当分组,再按照以上规律去读。例如:

请你给我买几把小雨伞。

写好草稿请举手。

(二)"一"的变调

"一"的本调是阴平,调值为55。当"一"单念或处于词语的末尾时,不变调,如"初一、十一、表里如一"等。"一"的变调有以下三种情况。

(1)在去声前读阳平,变成35调,变调形式为55+去声→35+去声。例如:

一定 一向 一道 一岁

(2)在非去声前读去声,变成51调,变调形式为55+非去声→51+非去声。例如:

一番 一圈 一庄 一家(阴平字前变去声)

一头 一群 一团 一群(阳平字前变去声)

一举 一两 一起 一碗(上声字前变去声)

(3)用在重叠动词之间、动词和动量词之间读轻声,如"试一试、听一听、说一说、想一想"。

---

① ·表示轻声。

(三)"不"的变调

"不"单念或在句末、非去声前,读本调,即去声51。例如:

我不!

不说(阴平)

不来(阳平)

不好(上声)

在以下两种情况中,"不"发生变调。

(1)在去声前读阳平,变为35调,变调形式为51+去声→35+去声。例如:

不必　不变　不测　不错

(2)肯定否定连用时(即在重叠动词之间或在动补结构中)读轻声。例如:

缺不缺　红不红　买不买　去不去

(三)"七、八"的变调

如果"七、八"之后是去声字,"七、八"可以变调读成阳平,也可以不变,如"七岁、七件、七次、八岁、八件、八次"。其他情况下念本调阴平55。

(四)形容词重叠式的变调

(1)在AA重叠式后一音节儿化时,第二个音节变调为阴平调。例如:

好好儿的　慢慢儿的

(2)ABB重叠式中,如果B不是阴平调时,一般均要变读为阴平调。例如:

亮堂堂　红彤彤　慢腾腾

(3)AABB重叠式中,如果第二个A变为轻声调,且B不是阴平调时,一般BB均要变读为阴平调。例如:

结结实实　漂漂亮亮　马马虎虎

注意:用汉语拼音方案拼写音节时,习惯上是一般不写变调,而标本调。

二、轻声

(一)轻声的性质

轻声是普通话四声的一种特殊音变,是四声在一定条件下读得又短又轻的调子。作为一种语音现象,轻声一定体现在词语和句子中,也就是说,轻声的读音不能独立存在。

音强对轻声起决定作用,音高和音色也起相应变化。

轻声的物理表现如下:①音长变短;②音强变弱;③音高受前字影响不固定。

阴平后的轻声读半低调2度(也有人认为是3度),如"妈妈、开吧";阳平后的轻声读中调3度,如"石头、桃子";上声后的轻声读半高调4度,如"手上、点心";去声后的轻声读低调1度,如"报上、日子"。

清音变浊音,如"哥哥",第二个音节的声母[k]变成[g]了,如果念得特别轻,也可能失去声母,如"五个"。

韵母央化甚至脱落,如"桌子"的"子"念[tsə],"豆腐"的"腐"韵母u脱落了。

注意:轻声在汉语拼音拼写时不标调号。轻声不是一个独立的调类。首先,每个轻声音节都有原调,普通话的四种声调都可以变读为轻声;其次,轻声本身不是一个固定的调值,同一个字在不同声调的字后读轻声时,受前字影响,调值都不同。因此,轻声只是一种音变现象。

(二) 变读轻声的规律

(1) 名词和其他词中的后缀"头、子、们、家、巴、乎、么、溜"等要读轻声。例如:

石·头　剪·子　我·们　姑娘·家　泥·巴　热·乎　要·么　光·溜

(2) 某些重叠形式的名词第二音节要读轻声,动词重叠式的重叠部分以及夹在重叠动词或形容词中间的"一"和"不"都要读轻声。例如:

爸·爸　看·看　听·一听　走·一走　说·不说　好·不好

(3) 同语法意义有关系的某些成分要读轻声。

①趋向动词"来、去、上、下、起、过、回、出、进"等。例如:

穿·上　坐·下　回·来　出·去　提·起　看·出　站起来　搬过来　说·下去
跑·出去　抱·起来　找·回来　拐·进去　冲·上去

②表结构、时态、语气的助词。例如:

吃·的　慢慢·地　走·得快　为·了　觉·着　演·过　走·吧　冷·吗　他·呢
说·呀　看·呐

③某些方位词或语素,主要是"里、边、面、头、上、下"等。例如:

这·里　前·边　里·面　前·头　桌·上　地·下

(4) 一部分双音节合成词后一个语素相同,相同的语素有些读轻声,有些不读轻声。一般来说,读轻声的语素有虚化的趋势,不读轻声的意义比较实在。例如:

老实　壮实　踏实　欢实(读轻声);诚实　证实　落实　果实(不读轻声)
闺女　侄女　孙女　外甥女(读轻声);子女　妇女　处女　舞女(不读轻声)

(5) 一些双音节单纯词(包括动词、名词、形容词),第二音节要读轻声。其中有些是从象声词转过来的。这些轻声没有区别意义作用,属于语言习惯,不读轻声听起来别扭,对语言表达有一定影响,例如,"唠叨、妯娌、牡丹、糊涂、麻利、狐狸、芝麻"等。

(6) 量词"个",例如,"这个、一个"中的"个"即读轻声。

(7) 作宾语的人称代词,例如,"找我、请你、叫他"中的"我、你、他"即读轻声。

(三) 轻声作用

(1) 区分词义。例如:

地方——地·方　冷战——冷·战

(2)区分词义和词性。例如：

地道——地·道　花费——花·费

(3)改变语素的组合性质。例如：

赏钱(动宾词组)——赏·钱(名词)

买卖(联合词组)——买·卖(名词)

三、儿化

(一)儿化的含义

儿化是后缀"儿"同前一个音节的韵母相结合，并使这个韵目带上卷舌音色的一种特殊音变现象，这种卷舌化了的韵母叫作儿化韵。汉字用"儿"表示，汉语拼音用"r"表示。如"花"是一个音节，加"儿"后成为两个汉字"花儿"，但还是一个音节，只是增加了一个卷舌动作，使韵母带上卷舌音"儿"的音色。拼写时，只在原音节上加上"r"即可。例如：花儿 huār、芽儿 yár、味儿 wèir、老头儿 lǎotóur。

需要注意的是，"儿/r"不是一个独立的音节，而是附加在前一个音节上的卷舌音色彩。

(二)儿化韵的发音

儿化是否使韵母产生音变，取决于韵母的最末一个音素发音动作是否与卷舌动作发生冲突(即前一个动作是否妨碍了后一个动作的发生)。若两者发生冲突，妨碍了卷舌动作，儿化时韵母发音就必须有所改变。

普通话中除 er 韵、ê 韵外，其他韵母均可儿化。有些不同的韵母经过儿化之后，发音变得相同了，归纳起来普通话 39 个韵母中只有 26 个儿化韵。

在实际的儿化韵认读中，儿化音与其前面的音节是连在一起发音的，不宜分解开来读(即不可把后面的"儿"字单独、清晰地读出)。但在诗歌、散文等抒情类文体中，有时为了押韵的需要，可单独发儿化韵的音，如"树叶儿，月牙儿"。

儿化韵母的音变往往不是简单地在韵母后加上一个卷舌动作，而是伴随脱落、增音、更换和同化等现象。

$$\text{准}[\text{tʂuən}] \qquad \text{心}[\text{ɕin}] \qquad \text{枝}[\text{tʂʅ}] \qquad \text{瓶}[\text{p'iŋ}]$$

$$+\text{儿} \qquad [\text{tʂuər}] \qquad [\text{ɕiər}] \qquad [\text{tʂɚr}] \qquad [\text{p'ĩər}]$$

(1)以 a、o、ê、e、u(包括 ao、iao 中的 o)结尾的韵母作儿化处理时，其读音变化不太大，卷舌动作与其本身的发音冲突不大，所以儿化时直接带上卷舌音色彩即可。其中，e 的舌位稍稍后移一点，a 的舌位略微升高一点即可。例如：

a→ar[ar]：哪儿 nǎr；　　　　　ia→iar[iar]：叶芽儿 yèyár

ua→uar[uar]：画儿 huàr；　　　o→or[or]：粉末儿 fánmòr

uo→uor[uor]：眼窝儿 yǎnwōr；　e→er[ɚr]：小盒儿 xiǎohér

ie→ier[iɛr]：石阶儿 shíjiēr；　　üe→üer[yɛr]：主角儿 zhǔjuér

u→ur[ur]：泪珠儿 lèizhūr； ao→aor[aur]：小道儿 xiǎodàor
iao→iaor[iaur]：小调儿 xiǎodiàor； ou→our[our]：老头儿 lǎotóur
iou→iour[iour]：小球儿 xiǎoqiúr

（2）i、ü 两个韵母作儿化处理时，因 i、ü 开口度较小，舌高点靠前，i、ü 此时又是韵腹不能丢去，与卷舌动作有冲突。处理的方法是先增加一个舌面中、央、不圆唇元音，再在此基础上卷舌。例如：

i→ier[iər]：锅底儿 guōdǐr； ü→üer[yər]：小曲儿 xiǎoqǔr

（3）i 尾韵作儿化处理时，因 i 的发动作与卷舌有冲突，儿化时韵尾 i 丢失，在主要元音的基础上卷舌。舌位在前的主要元音，由于受卷舌动作的影响，舌位向央、中方向后移。例如：

ai→ar[ar]：大牌儿 dàpáir； uai→uar[uar]：糖块儿 tángkuàir
ei→er[ər]：同辈儿 tóngbèir； uei→uer[uər]：口味儿 kǒuwèir

（4）-n 尾韵作儿化处理时，因为 -n 的发音妨碍了卷舌动作，所以儿化时韵尾 -n 音要丢失，在主要元音基础上卷舌。原来舌位在前的主要元音，儿化后其音的舌位向央、中方向后移；主要元音是妨碍卷舌的 i、ü 时，要增加一个舌面中、央、不圆唇元音，再在此基础上卷舌。例如：

an→ar[ar]：传单儿 chuándānr； ian→iar[iar]：路边儿 lùbiānr
uan→uar[uar]：好玩儿 hǎowánr； üan→üar[yar]：圆圈儿 yuánquānr
en→er[ər]：亏本儿 kuībǎnr； in→ier[iər]：用劲儿 yòngjìnr
uen→uer[uər]：皱纹儿 zhòuwénr； ün→üer[yər]：合群儿 héqúnr

（5）舌尖前元音韵母作儿化处理时，因其发音的开口度小，且舌尖已接近齿背或前硬腭，妨碍了卷舌动作，故儿化时应将其变为舌面中、央、不圆唇元音，再在此基础上进行卷舌。例如：

i[ɿ]→er[ər]：找刺儿 zhǎocìr； i[ʅ]→er[ər]：树枝儿 shùzhīr

（6）-ng 尾韵作儿化处理时，-ng 的发音部位在后，并不妨碍卷舌动作，但由于 -ng 是鼻音，发音时口腔中没有气流通过，所以卷舌时就不能形成卷舌特点。故作儿化处理时要丢弃 -ng 尾，在将主要元音鼻化的基础上卷舌。若主要元音妨碍了卷舌动作的话，就增加一个鼻化的舌面中、央、不圆唇元音，再在此基础上卷舌。例如：

ang→[ãr]：茶缸儿 chágāngr； iang→[iãr]：小羊儿 xiǎoyángr
uang→[uãr]：竹筐儿 zhúkuāngr； eng→[ər]：跳绳儿 tiàoshéngr
ing→[iər]：酒瓶儿 jiǔpíngr； ueng→[uər]：酒瓮儿 jiǔwèngr
ong→[ur]：小洞儿 xiǎodòngr； iong→[yr]：小熊儿 xiǎoxióngr

（三）儿化的作用

在普通话中，儿化具有区别词义、区分词性的功能，例如："顶"作动词，"顶儿"作名词；"一点"是名词指时间，"一点儿"作量词，是"少量、少许"的意思。在具有区别词义和辨别词性作用的语境中，该儿化处理的地方一定要儿化，否则就会产生歧义。但在广播语言中，尤其是政治类、科学类、学术类的节目中，对语言的严谨程度要求较高，要尽量少用儿化；在书面语言或比较正式的语言环境中也不宜多用儿化。

还有一类儿化是表示喜爱、亲切的感情色彩,如脸蛋儿、花儿、小孩儿、电影儿。

表示少、小、轻等状态和性质,也常常用到儿化,如米粒儿、门缝儿、蛋黄儿。

四、叹词"啊"的变调和语气词"啊"的音变

(一)叹词"啊"的变调

叹词"啊"的基本读音是[a],但随表达感情的不同,也要相应发生变调。

(1)当表示惊异和赞叹时,变调为阴平,念 ā。

啊!对于工人,这简直是禁律!(蒋光慈《短裤党》)

啊,啊,多么奇伟,多么雄壮!(茅盾《子夜》一)

(2)当表示追问或难以相信的情感,或要求再说一遍时,变调为阳平调 á。

啊?这种话是他说出来的?

啊?你说什么?

(3)表示惊疑、为难时,变为上声调 ǎ。

"喝点水!"掌柜的对着他耳朵说。"啊?"老车夫睁开了眼。(老舍《骆驼祥子》十)

啊?这可怎么办呢?

(4)当表示应诺、认可,或表示明白过来了,或表示较强烈的惊异赞叹,变为去声调 à。

啊,好吧。

啊,我是王连长,您是团长吗?

啊,原来是你,怪不得看着眼熟哇!

祖国啊,母亲!

(二)语气词"啊"的音变

语气助词"啊"(a)因语言环境的影响而有各种变化,它变化原因有同化增音和异化增音两种。"啊"发生音变,读为 ya、wa、na、nga、ra 等,"啊"字也随之换成"呀、哇、哪"等。详见表 2-10。

表 2-10 "啊"的音变规律表

序号	前接音素	变读读音	用字	例词
1	i[i]、ü[y]	ya[ia]	呀	仔细呀、小鱼呀
	a[a]、o[o]、e[ɤ]、ê[ɛ]	ya[ia]	呀	哪呀、伯伯呀、大鹅呀、快写呀
2	u[u]	wa[ua]	哇	好哇、哭哇、有哇、笑哇
3	n[n]	na[na]	哪	难哪、天哪、小心哪
4	ng[ŋ]	nga[ŋa]	啊	唱啊、行啊、冷啊
5	-i[ɿ]	→[za]	啊	鱿鱼丝啊、好字啊、一次啊
6	-i[ʅ]、er[ɚ]	ra[ʐa]	啊	是啊、吃啊、小二啊

注:前接音素要以实际读音为准,而不是看拼音字母的写法,如"啊"前面的音节为"xiao",其实际读音为"xiau",此时"啊"变读为"哇",而非"呀"。

第八节 现代汉语语音的规范化

中国地域辽阔,方言分歧较大,其中语音的差异较为显著。语音的不同给人们的交际带来了各种各样的障碍,所以统一语音必须以一个地方方言的语音系统作为标准。现代汉民族共同语将北京语音作为语音标准是历史发展的必然结果。作为规范标准的"北京语音"是指北京的语音系统,即北京语音的声韵系统和北京的字音。以北京语音为标准音,似乎是很明确的。不过,"北京语音"所指范围到底有多大呢?林焘先生在《北京官话区的划分》一文中明确指出,"平时所说的北京音系实际是指以北京城区话为核心的语音系统"。"北京城区话实际上只是北京官话区西南角上的一个小小的方言岛","只占北京市总面积的三分之一左右"[1]。准确地说,代表普通话语音系统、语音标准的语言点应该确定为北京城区话,换句话说,普通话是以北京城区话语音系统为语音标准的。即使作为普通话语音标准的北京语音内部也有一些分歧现象。例如异读词,同一个词有不同的读音,却并无区别意义的作用,如"教室"(shì shǐ)等。另外,北京语音中存在许多没有区别意义作用的轻声、儿化音节,还存在一些北京口语的土音成分。这些因素不利于人们学好规范的普通话,不利于兄弟民族和国际友人学习汉语,所以汉语普通话的语音必须有一个统一的规范。

语音规范化,包含了两方面的内容:第一,确立正音标准;第二,推广标准音。

一、现代汉语语音规范的历史回顾

现代汉民族共同语的语音系统是经过加工、整理过程后才成为现代汉民族标准语的语音规范的。从1913年至今,中国人用了一百多年的时间,逐步形成现代汉民族共同语语音规范的国家标准。在确立现代汉民族共同语的语音标准的一百多年中,有三个重要的里程碑,成为现代汉语语音规范形成历程中的重要标志[2]。

(1)第一个里程碑以1913年"读音统一会"为中心。1913年,当时的北洋政府教育部召开了"读音统一会",它的历史贡献是明确提出"核定音素",初步确定了现代汉语标准语的语音系统;会议依照清代李光地、王兰生《音韵阐微》中的常用字,初步审定了6500个汉字的标准读音,这就是"老国音"。"老国音"以北京语音为主,但为了照顾各地,最终确定的是一种"折中南北,牵合古今"的"标准音":平翘、前后鼻、尖团区分,部分音调按照北京话,而部分韵母、入声音调按照南京话。1920年爆发了"京国之争"(即京音和国音)的大辩论。1924年"国语统一筹备会"确定了以北京音为国音标准,即新国音。这一讨论实际上奠定了现代汉民族共同语确定标准音的重要原则——必须确定一个地点的语音系统作为标准音。1922年赵元任先生在哈

---

[1] 林焘:《北京官话区的划分》,《方言》,1987年第3期,第166-172页。
[2] 宋欣桥:《略论现代汉语语音规范的确立与发展:构建普通话语音标准立体框架的设想》,《第八届全国语言文字应用学术研讨会论文集》,上海交通大学出版社,2015年。

佛大学录制"老国音"教学唱片后,他感慨地说,"给四亿、五亿或者六亿人定的国语,竟只有我一个人在说"。

(2)第二个里程碑是1958年中华人民共和国颁布的《汉语拼音方案》。《汉语拼音方案》由时任国务院总理周恩来提出议案,由第一届全国人民代表大会第五次会议正式批准,是中华人民共和国的法定拼音方案。《汉语拼音方案》的制定和推行是中国人民文化生活的一件大事,在我国普通话教育和汉语语音规范化中起到不可低估的作用。《汉语拼音方案》采用世界通用的拉丁字母,因而成为现代信息化社会不可或缺的媒介工具,成为中国与世界沟通的文化桥梁,功劳卓著。

(3)第三个里程碑是1978年商务印书馆正式出版的《现代汉语词典》。这部词典是根据国务院有关推广普通话的指示,由中国社会科学院语言研究所专家学者编写的。它的试印本(1956年至1960年)、试用本(1961年至1966年)和初版(1978年)由著名语言学家吕叔湘、丁声树、李荣先生担任主编。这部中型词典以收录普通话语汇为主。1956年国务院指示,特别提出要另外编辑一部《普通话正音词典》,而这个任务最终由《现代汉语词典》合并完成了。《现代汉语词典》自1978年至2016年修订出版了七个版本,编辑过程中运用和体现了包括普通话语音标准在内的与国家语言文字有关的标准规范,因此,它是在普通话语音标准上公认的极具权威性的辞书。

二、确定正音标准

普通话的语音标准是北京语音,但普通话语音并不完全等同于北京语音,因为北京语音内部还存在一些混杂分歧的情况。一般认为,作为普通话规范标准的北京语音,是指北京话的语音系统,即北京话的声、韵、调系统,而不是说,北京话中的每一个字词的读音都是共同语的标准。因为北京话也是一种方言,存在许多土音成分,这些土音成分不能作为共同语的标准读音。此外,北京语音中还有不少异读词,一个词有不同的读音。异读词太多既不利于交际,也不利于对共同语的学习和推广,因此异读词也是语音规范化的对象。

(一)北京土音的规范

土音是指北京话中的某些口语、旧读、俗读的字音。这些特殊的土音成分,不能作为普通话的语音标准。北京的土音成分主要有两类。

1. 特殊的读音和音变现象

这些特殊的读音和音变现象主要被文化程度较低的人使用。例如:

不言语 bù yuán yi   淋湿了 lún shī le
四个 sè   太好了 tuī hǎo le
论斤买 lin jīn mǎi   明白 míng bei
吵吵 chāo chāo   不知道 bù r dāo

像这种类型的土音,显然是不能进入普通话的。

2. 带土音色彩的轻声和儿化

北京话中的轻声和儿化现象特别多,普通话吸收了一些富有表现力和能够区别词义或词性的轻声和儿化。但有些带有北京土音色彩的轻声和儿化,普通话就没有必要吸收进来。例如"纪念、明天、措施、顽固、职业、牢骚",这些词在北京语音中可以读轻声,也可以不读轻声,读轻声没有辨义或区别词性的作用。又如在北京话中,"今儿、天儿"等一定得儿化,"帮忙(儿)、有事(儿)、写字(儿)"等儿化不儿化皆可,儿化并无辨义或区别词性作用,普通话就不必采用儿化读音。

(二)异读词的规范

北京话里存在着许多一词两读的现象。例如"跃进"可以读 yuè jìn,也可以读 yào jìn,机械可以读 jī xiè,也可读 jī jiè,这种可以两读的词称为异读词。上述各字的第一个读音已被确定为规范的读音。

异读词,从语音的角度来分析,不外有声母不同、韵母不同和声调不同三种(加点为异读字)。

(1)声母不同。例如:

荒谬 miù niù　接触 chù zhù　森林 sēn shēn　秘密 mì bì　商埠 bù fù　步骤 zhòu zòu

(2)韵母不同。例如:

熟练 shú shóu　淡薄 bó báo　琴弦 xián xuán　揩油 kāi kā　飘浮 fú fóu　烙饼 lào luò

(3)声调不同。例如:

复习 fù fú　疾病 jī jí　细菌 jun jùn　混淆 hùn hǔn　伪装 wái wèi　质量 zhì zhǐ

(三)异读词产生的原因

1. 文白异读

文白异读就是读书音和口语音不同。下面是《普通话异读词审音表》中列举的文白异读的例子。

	薄	血	壳	绿	蔓	嚼
读书音(文)	bó	xuè	qiào	lù	màn	jué
口语音(白)	báo	xiá	ké	lù	wàn	jiáo

2. 方音影响

有些方言词的读音被普通话所吸收,与普通话原有读音并存,形成异读。例如,"揩油(kāyóu)"来自吴方言,同普通话的 kāiyóu 读法并存。

3. 讹读影响

有些字被人读错了,而这种错误却流行开了,与正确的读音并存,形成异读。例如,"(商)埠"原读 bù,但被人讹读为 fù。

4. 背离规律

有些词按照语音发展规律应该读某音，但又出现了一个不合规律的读音，两音并存，形成异读。例如，"帆"字是古代浊声母平声字，按规律应该读阳平，但又出现了阴平的读法，造成异读。现在把阴平读法作为"帆"的规范读音了。

新中国成立以来，国家十分重视语音规范化的工作，于 1985 年公布了《普通话异读词审音表》，现在普通话异读词的读音、标音都以 1985 年公布的审音表为标准。

三、推广标准音

语音规范化的首要任务是明确正音标准，但确立正音标准的目的是为了推广标准音，使讲普通话的人的发音符合普通话的语音规范。

中华人民共和国成立以后，国家把推广普通话作为我国长期的、重要的一项语言政策。1956 年 2 月 6 日，国务院发布《关于推广普通话的指示》，在全国推广普通话。1982 年，《中华人民共和国宪法》规定"国家推广全国通用的普通话"，明确了普通话的法律地位。为了使普通话的推广工作逐步走向制度化、规范化、科学化，国家推出了"普通话水平测试"。针对不同地区、不同行业、不同岗位、不同年龄等实际情况，国家语言文字工作委员会拟定了《普通话水平测试等级标准》。普通话测试依据全国统一的标准，通过朗读单字、词语、短文和说话、会话等项目的口头测试，评定职业人员掌握普通话的程度，为人们逐步提高普通话水平提供了较为科学的量化手段。

1986 年，国家确定推广普通话为语言文字工作的首要任务。2000 年 10 月 31 日第九届全国人民代表大会常务委员会第十八次会议通过《中华人民共和国国家通用语言文字法》，第一条指出制定本法的目的是"为推动国家通用语言文字的规范化、标准化及其健康发展，使国家通用语言文字在社会生活中更好地发挥作用，促进各民族、各地区经济文化交流"。

经过多年的努力，我国普通话普及率得到极大提升。"十三五"时期，全国普通话普及率达到 80.72%，实现了国家通用语言文字基本普及的目标。但就我们经济社会发展对语言文字工作的要求来看，普通话的普及程度还有进一步提升的空间，此外，普及率较高地区也存在普及质量不高、发展不充分的问题。2021 年 12 月 28 日，教育部、国家乡村振兴局、国家语委联合印发了《国家通用语言文字普及提升工程和推普助力乡村振兴计划实施方案》（以下简称《实施方案》），《实施方案》将推广普通话、提升普通话质量作为国家语言文字事业"十四五"发展规划的重点任务，并提出全国普通话普及率具体目标是：到 2025 年，全国范围内普通话普及率达到 85%；基础较薄弱的民族地区普通话普及率在现有基础上提高 6～10 个百分点，接近或达到 80% 的基本普及目标。

语言事业是国家综合实力的支撑力量，在国家发展战略中地位重要。"十四五"期间要在全国基本普及国家通用语言，提升全民国家通用语言文字应用能力，强化学校语言教育。加快语言法制化、规范化、信息化建设，全面提高国民语言能力，为构建和谐健康的语言生活，实现中华民族伟大复兴的中国梦做出应有贡献。

思考题

1. 为什么《汉语拼音方案》中能用 26 个字母代表了普通话的 32 个音素？
2. 为什么不用 32 个字母代表 32 个普通话音素？
3. 普通话既然规定以北京语音为标准音，为什么还存在语音规范的问题？普通话的语音规范包括哪些方面的内容？请举例说明。
4. 《汉语拼音方案》规定：齐齿呼与合口呼韵母自成音节时，如果 i 或 u 后面没有别的元音，就要在 i 或 u 的前面加上 y 或 w。为什么不一律规定为把 i 或 u 改为 y 或 w 呢？
5. 为什么《汉语拼音方案》规定撮口呼韵母跟声母 n、l 相拼时，ü 上两点不能省去；跟声母 j、q、x 相拼时，ü 上两点却能省去？这与声韵配合规律有什么关系？

延伸阅读

1. 齐沪扬：《汉语通论》，中央广播电视大学出版社，2005 年版。
2. 邢福义、汪国胜：《现代汉语》，华中师范大学出版社，2003 年版。
3. 黄伯荣、廖序东：《现代汉语》（增订六版），高等教育出版社，2017 年版。

附录一　现代汉语拼音方案

一、字母表

字母表

字母		Aa	Bb	Cc	Dd	Ee	Ff	Gg
名称		ㄚ	ㄅㄝ	ㄘㄝ	ㄉㄝ	ㄜ	ㄝㄈ	ㄍㄝ
		Hh	Ii	Jj	Kk	Ll	Mm	Nn
		ㄏㄚ	ㄧ	ㄐㄧㄝ	ㄎㄝ	ㄝㄌ	ㄝㄇ	ㄋㄝ
		Oo	Pp	Qq	Rr	Ss	Tt	
		ㄛ	ㄆㄝ	ㄑㄧㄡ	ㄚㄦ	ㄝㄙ	ㄊㄝ	
		Uu	Vv	Ww	Xx	Yy	Zz	
		ㄨ	ㄈㄝ	ㄨㄚ	ㄒㄧ	ㄧㄚ	ㄗㄝ	

　　V 只用来拼写外来语、少数民族语言和方言。

　　字母的手写体依照拉丁字母的一般书写习惯。

二、声母表

声母表

b ㄅ玻	p ㄆ坡	m ㄇ摸	f ㄈ佛	d ㄉ得	t ㄊ特	n ㄋ讷	l ㄌ勒
g ㄍ哥	k ㄎ科	h ㄏ喝		j ㄐ基	q ㄑ欺	x ㄒ希	
zh ㄓ知	ch ㄔ蚩	sh ㄕ诗	r ㄖ日	z ㄗ资	c ㄘ雌	s ㄙ思	

在给汉字注音的时候,为了使拼式简短,zh、ch、sh 可以省作 ẑ、ĉ、ŝ。

三、韵母表

韵母表

	i ㄧ 衣	u ㄨ 乌	ü ㄩ 迂
a ㄚ 啊	ia ㄧㄚ 呀	ua ㄨㄚ 蛙	
o ㄛ 喔		uo ㄨㄛ 窝	
e ㄜ 鹅	ie ㄧㄝ 耶		üe ㄩㄝ 约
ai ㄞ 哀		uai ㄨㄞ 歪	
ei ㄟ 欸		uei ㄨㄟ 威	
ao ㄠ 熬	iao ㄧㄠ 腰		
ou ㄡ 欧	iou ㄧㄡ 忧		
an ㄢ 安	ian ㄧㄢ 烟	uan ㄨㄢ 弯	üan ㄩㄢ 冤
en ㄣ 恩	in ㄧㄣ 因	uen ㄨㄣ 温	ün ㄩㄣ 晕
ang ㄤ 昂	iang ㄧㄤ 央	uang ㄨㄤ 汪	
eng ㄥ 亨的韵母	ing ㄧㄥ 英	ueng ㄨㄥ 翁	
ong (ㄨㄥ)轰的韵母	iong ㄩㄥ 雍		

(1)"知、蚩、诗、日、资、雌、思"等七个音节的韵母用 i,即知、蚩、诗、日、资、雌、思等字拼作 zhi、chi、shi、ri、zi、ci、si。

(2)韵母儿写成 er,用作韵尾的时候写成 r。例如:"儿童"拼作 ertong,"花儿"拼作 huar。

(3)韵母ㄝ单用的时候写成 ê。

(4)i 行的韵母,前面没有声母的时候,写成 yi(衣)、ya(呀)、ye(耶)、yao(腰)、you(忧)、yan(烟)、yin(因)、yang(央)、ying(英)、yong(雍)。

u 行的韵母,前面没有声母的时候,写成 wu(乌)、wa(蛙)、wo(窝)、wai(歪)、wei(威)、wan(弯)、wen(温)、wang(汪)、weng(翁)。

ü 行的韵母,前面没有声母的时候,写成 yu(迂)、yue(约)、yuan(冤)、yun(晕),ü 上两点省略。

ü 行的韵母跟声母 j、q、x 拼的时候,写成 ju(居)、qu(区)、xu(虚),ü 上两点也省略;但是跟声母 n、l 拼的时候,仍然写成 nü(女)、lü(吕)。

(5)iou、uei、uen 前面加声母的时候,写成 iu、ui、un,例如 niu(牛)、gui(归)、lun(论)。

(6)在给汉字注音的时候,为了使拼写简短,ng 可以省作 ŋ。

四、声调符号

声调符号

阴平	阳平	上声	去声
-	ˊ	ˇ	ˋ

声调符号标在音节的主要母音上,轻声不标。例如:

妈 mā　　麻 má　　马 mǎ　　骂 mà　　吗 ma
(阴平)　　(阳平)　　(上声)　　(去声)　　(轻声)

五、隔音符号

a、o、e 开头的音节连接在其他音节后面的时候,如果音节的界限发生混淆,用隔音符号(')隔开,例如:pi'ao(皮袄)。

附录二　轻声、儿化必读词

一、必读轻声词表

以下为《普通话水平测试用轻声词语表》列出的轻声词(去掉了含词缀"子""头"的词语以及重叠词),下列 299 条,每个词语最后一个音节均读轻声。

爱人　巴掌　白净　帮手　棒槌　包袱　包涵　本事

比方	扁担	别扭	拨弄	簸箕	补丁	不由得	不在乎
部分	裁缝	财主	苍蝇	差事	柴火	称呼	除了
畜生	窗户	刺猬	凑合	耷拉	答应	打扮	打点
打发	打量	打算	打听	大方	大爷	大夫	耽搁
耽误	道士	灯笼	提防	地道	提防	弟兄	点心
东家	东西	动静	动弹	豆腐	嘟囔	对付	队伍
多么	耳朵	废物	风筝	福气	甘蔗	干事	高粱
膏药	告诉	疙瘩	胳膊	工夫	功夫	姑娘	故事
寡妇	怪物	关系	官司	规矩	闺女	蛤蟆	含糊
行当	合同	和尚	禾陶	红火	厚道	狐狸	胡萝卜
胡琴	糊涂	护士	皇上	活泼	火候	伙计	机灵
脊梁	记号	记性	家伙	架势	嫁妆	见识	将就
交情	叫唤	结实	街坊	姐夫	戒指	精神	咳嗽
客气	口袋	窟窿	快活	阔气	喇叭	喇嘛	懒得
老婆	老实	老爷	累赘	篱笆	力气	厉害	利落
利索	痢疾	连累	凉快	粮食	溜达	萝卜	骆驼
麻烦	麻利	马虎	买卖	忙活	冒失	眉毛	媒人
门道	眯缝	迷糊	苗条	名堂	名字	明白	蘑菇
模糊	木匠	那么	难为	脑袋	能耐	你们	念叨
娘家	奴才	女婿	暖和	疟疾	牌楼	盘算	朋友
脾气	屁股	便宜	漂亮	婆家	铺盖	欺负	亲戚
勤快	清楚	亲家	热闹	人家	人们	认识	扫帚
商量	晌午	上司	哨兵	少爷	什么	生意	牲口
师父	师傅	石匠	石榴	时候	实在	拾掇	使唤
世故	似的	事情	收成	收拾	首饰	舒服	舒坦
疏忽	爽快	思量	算计	岁数	他们	它们	她们
特务	挑剔	跳蚤	铁匠	头发	妥当	唾沫	挖苦
晚上	尾巴	委屈	为了	位置	稳当	我们	稀罕
媳妇	喜欢	下巴	吓唬	先生	乡下	相声	消息
小气	笑话	心思	行李	兄弟	休息	秀才	秀气
学生	学问	衙门	哑巴	胭脂	烟筒	眼睛	秧歌
养活	吆喝	妖精	钥匙	衣服	衣裳	意思	应酬
冤枉	月饼	月亮	云彩	运气	在乎	咱们	早上
怎么	扎实	眨巴	栅栏	张罗	丈夫	帐篷	丈人

招呼　招牌　折腾　这个　这么　芝麻　知识　指甲
主意　转悠　庄稼　壮实　状元　字号　自在　祖宗
嘴巴　作坊　琢磨

二、必读儿化词表

下表为《普通话水平测试用儿化词语表》，共189条。

a—ar：刀把儿　号码儿　戏法儿　在哪儿　找茬儿　打杂儿　板擦儿

ai—air：名牌儿　鞋带儿　壶盖儿　小孩儿　加塞儿

an—anr：快板儿　老伴儿　蒜瓣儿　脸盘儿　脸蛋儿　收摊儿　栅栏儿　包干儿　笔杆儿　门槛儿

ang—angr(鼻化)：药方儿　赶趟儿　香肠儿　瓜瓤儿

ia—iar：掉价儿　一下儿　豆芽儿

ian—ianr：小辫儿　照片儿　扇面儿　差点儿　一点儿　雨点儿　聊天儿　拉链儿　冒尖儿　坎肩儿　牙签儿　露馅儿　心眼儿

iang—iangr(鼻化)：鼻梁儿　透亮儿　花样儿

ua—uar：脑瓜儿　大褂儿　麻花儿　笑话儿　牙刷儿

uai—uair：一块儿

uan—uanr：茶馆儿　饭馆儿　火罐儿　落款儿　打转儿　拐弯儿　好玩儿　大腕儿

uang—uangr(鼻化)：蛋黄儿　打晃儿　天窗儿

üan—üanr：烟卷儿　手绢儿　出圈儿　包圆儿　人缘儿　绕远儿　杂院儿

ei—eir：刀背儿　摸黑儿

en—enr：老本儿　花盆儿　嗓门儿　把门儿　哥们儿　纳闷儿　后跟儿　高跟儿　鞋别针儿　一阵儿　神儿　大婶儿　小人儿书　杏仁儿　刀刃儿

eng—engr(鼻化)：钢镚儿　夹缝儿　脖颈儿　提成儿

ie—ier：半截儿　小鞋儿

üe—üer：旦角儿　主角儿

uei—ueir：跑腿儿　一会儿　耳垂儿　墨水儿　围嘴儿　走味儿

uen—uenr：打盹儿　胖墩儿　砂轮儿　冰棍儿　没准儿　开春儿

ueng—uengr(鼻化)：小瓮儿

-i(前)—ir：瓜子儿　石子儿　没词儿　挑刺儿

-i(后)—ir：墨汁儿　锯齿儿　记事儿

i—ir：针鼻儿　垫底儿　肚脐儿　玩意儿

in—inr：有劲儿　送信儿　脚印儿

ing—ingr(鼻化)：花瓶儿　打鸣儿　图钉儿　门铃儿　眼镜儿　蛋清儿　火星儿　人影儿

ü—ür:毛驴儿　小曲儿　痰盂儿

üen—üenr:合群儿

e—er:模特儿　逗乐儿　唱歌儿　挨个儿　打嗝儿　饭盒儿　在这儿

u—ur:碎步儿　没谱儿　儿媳妇儿　梨核儿　泪珠儿　有数儿

ong—ongr(鼻化):果冻儿　门洞儿　胡同儿　抽空儿　酒盅儿　小葱儿

iong—iongr(鼻化):小熊儿

ao—aor:红包儿　灯泡儿　半道儿　手套儿　跳高儿　叫好儿　口罩儿　绝着儿　口哨儿　蜜枣儿

iao—iaor:鱼漂儿　火苗儿　跑调儿　面条儿　豆角儿　开窍儿

ou—our:衣兜儿　老头儿　年头儿　小偷儿　门口儿　纽扣儿　线轴儿　小丑儿　加油儿

iou—iour:顶牛儿　抓阄儿　棉球儿

uo—uor:火锅儿　做活儿　大伙儿　邮戳儿　小说儿　被窝儿

o—or:耳膜儿　粉末儿

第三章 文字

语言是人与人沟通的重要工具,文字是人类文明传承的重要载体,汉字的使用是中华文明发展数千年却从未中断的重要原因。汉字作为中华民族交流和文明传承的载体,历经从无到有、从不成熟到成熟、从繁复到简化的过程,有其自身的发展规律和生命力。经过几千年的发展演变和使用传播,汉字已成为中华民族共同享有的宝贵财富,对于增强中华文化认同、坚定文化自信意义重大。

从汉字传承发展的过程看,伴随着中华民族的发展进步,特别是伴随着历史上政权更迭、民族融合、疆域变化等,汉字基本上呈现出逐渐统一和通用的趋势。然而近些年,由于种种原因,人们对汉字的使用已有一些乱象出现。一是错字生造。随着电子技术的发展与普及,人们书写的场合减少,导致对汉字的书写掌握能力降低,提笔忘字、写错字的现象频发。二是别字泛滥。用各种电子设备打字,汉字同音字较多,操作不当,又不细心校对,结果常会贻笑大方。三是随意篡改成语。商家为夺人眼球,各种篡改成语现象随之而来,如将"默默无闻"改为"默默无蚊",将"霸王别姬"改为"霸王别饥"等,这不仅会对青少年造成不良影响,更是对千年文化的亵渎。四是乱解汉字现象。一些人热衷于从汉字字形寻找"微言大义",把某些道理或看法附会到现代字形中,对一些汉字的乱解误读在网络上大量传播。五是乱用繁体字。一些人为了标榜自己的文化修养,常常使用繁体字,但又经常会出现因不明了繁简字对应关系而闹出笑话……这一系列问题妨碍了汉字使用的科学性和有效性。汉字与汉语是中华文化的基因,是中国文化软实力的重要载体,凝聚着中华民族的文化认知与文化情感,全社会应珍视和传承这份宝贵财富。因此,有必要在高等教育中加强汉字溯源与规范教育,将汉字学习与文化历史结合起来,让学生了解字词起源的背景与文化,从而准确使用汉语、汉字,科学传播汉字文化,增强对汉字的自信。

第一节 文字的起源

一、文字的性质

文字是记录语言的书写符号系统,是人类最重要的辅助性交际工具,是人类进入文明社会的重要标志之一。

文字的产生源于语言的局限。远古时期,文字还未产生之前,人类传递信息、表达思想的方式只能依靠语言。语言是当时社会交流的最主要的工具,但语言有其局限性,不能"传于异地,留于异时"。清代学者陈澧在《东塾读书记》中说:"声不能传于异地,留于异时,于是乎书之为文字。文字者,所以为意与声之迹也。"语言出口即逝,也不能保存。文字是在语言的基础上产生的,是社会发展到一定程度的产物。人类语言的起源距今至少有上百万年的历史,从人类最早的文字诞生到今天,最多不过五六千年的时间。虽然文字产生的时间比语言产生的时间晚很多,但文字在人类发展过程中有重要作用。

(1)文字克服了语言传递信息在时空上的局限,使转瞬即逝的语言得以"传于异地,留于异时"。如此一来,即便相隔千山万水,人们也能通过文字相互交流信息;即便处于不同时代,我们也能通过文字窥探古人的生活与文明。

(2)文字使人类的文化得以积累。文字产生以前,人类的知识和生产经验主要通过口耳相传的方式传承,但口耳相传的方式容易出现理解的偏差,再加上如果遭遇天灾人祸,知识和经验的传承就会中断。文字的出现为人类历史和文化的传承提供了更好的手段,使人类的历史得以长久流传,人类创新的知识和经验得以积累增加。

(3)文字能够促进思维的发展。文字产生以后,人类不仅可以通过语言来思考,还可以通过文字来思考。文字使思维可以在时空中留住,并且反复多次地被琢磨。这种反复加工的过程,就是对人类大脑的思维能力不断进行训练的过程,有利于不断提高大脑的素质和潜力,从而促进知识和思维能力的良性互动。

二、汉字起源的蠡测

汉字、古埃及文字、苏美尔文字以及中美洲的玛雅文字,都是世界上最古老的文字。这几种文字中,只有汉字得以延续到现在,其他几种文字都在历史发展过程中消失。历史上对汉字起源有过种种传说和猜测,如"结绳说""八卦说""河图洛书说""仓颉造字说"等。其中"仓颉造字说"流传最为广泛,影响也最为深远。

(一)结绳说

"结绳说"最早见于《周易·系辞下》:"上古结绳而治,后世圣人易之以书契,百官以治,万民以察。"结绳这种记事方法如何施行?《周易正义》引《虞郑九家易》:"古者无文字,其有约誓之事,事大,大结其绳,结之多少,随物众寡;各执以相考,亦足以相治也。"郑玄对此也做过类似的注解:"结绳为约,事大,大结其绳;事小,小结其绳。"《庄子·胠箧》也有相关记载:"昔者容成氏、大庭氏、伯皇氏、中央氏、栗陆氏、骊畜氏、轩辕氏、赫胥氏、尊卢氏、祝融氏、伏牺氏、神农氏,当是时也,民结绳而用之。"这种说法大概是符合历史实际的。古代的少数民族也有用结绳的方法记事的,《北史·魏本纪》载魏先世"射猎为业,淳朴为俗,简易为化,不为文字,刻木结绳而已"。《唐会要》"吐蕃"条有"无文字,刻木结绳为约"。近代,我国台湾、云南、贵州等地一些少数民族还使用这种方法来帮助记忆。台湾高山族人,如果一位男子爱上一位女子,就用两条同样长的绳子各打两个结,再把两条绳子的末端合打一个结,赠给女子,这就表示向她求婚。云南傈僳族一名男子供养侄子时,把麻绳涂了墨,供养侄子一个月就打一个结,到新中国成立时他侄子参加工作,他拿出这条绳子,绳子上已有五十一个结,这表示他供养侄子四年多了。可见,在文字产生之前,结绳是非常重要的一种帮助记事的方法。一些人类学家和民俗学家的考察也证明,现在世界上还有一些民族保留此法。但结绳的方式只能传递一些简单的信息,其记事功能较弱,不能像文字一样突破时空的局限。

(二)八卦说

《周易·系辞下》云:"古者庖牺氏之王天下也,仰则观象于天,俯则观法于地,观鸟兽之文与地之宜,近取诸身,远取诸物,于是始作八卦,以通神明之德,以类万物之情。"这段话意在叙述八卦的作者及其根据,但到孔安国伪《尚书序》则演变为:"古者庖牺氏之王天下也,始画八卦,造书契,以代结绳之政,由是文籍生焉。"至此,八卦和文字的创造者都成了伏羲(庖牺)。东汉末许慎综合战国秦汉时期盛传的"仓颉造字说",进一步将汉字的起源衍化为:"古者庖牺氏之王天下也,仰则观象于天,俯则观法于地;视鸟兽之文与地之宜,近取诸身,远取诸物,于是始作易八卦,以垂宪象。及神农氏结绳为治,而统其事,庶业其繁,饰伪萌生。黄帝之史官仓颉,见鸟兽蹄迒之迹,知分理之可相别异也,初造书契。百工以乂,万品以察,盖取诸'夬'。'夬,扬于王庭',言文者,宣教明化于王者朝廷,君子所以施禄及下,居德则忌也。"形成庖牺画八卦、神农氏结绳、仓颉造字的序列。由于这个序列以八卦为首,给人一种印象:八卦是结绳、造字之源。宋代郑樵则直接把卦形与字形相联系,认为某卦形就是某字。"文字便从不便衡,坎离坤,衡卦也,以之为字则必从,故☷必从而后成巛,☲必从而后成火,☶必从而后成巛。"于是出现了文字源于八卦的"八卦说"。后来刘师培和法国人拉克伯里又将其推演为"八卦为象形文字之鼻祖","《说文解字》曰:'象形者,画成其物,随体诘诎。'盖象形之字即古图画,上古之时,未有字形先有图画,故八卦为文字之鼻祖"。并认为八卦之卦形即天地水火之字形,"乾为天,今'天'字草书作ㅈ,象乾卦☰之形。坤为地,古'坤'字或作巛,象坤卦☷之倒形。坎为水,篆文'水'字作巛,象坎卦☵之倒形。离为火,古文'火'字作火,象离卦☲之倒形"等。该说颇为一时所重。现在虽已证实甲骨文、金文中确实有八卦之类的符号①,但八卦尚不能完全与文字等同,卦形是一个特定的意义组合,表达的是一整套认识的过程和结论,文字则相对单纯,代表的是语言中的语素。

(三)河图洛书说

河图洛书说是文字神赐说的典型代表。《周易·系辞上》:"河出图,洛出书,圣人则之。"孔安国亦云:"伏羲氏王天下,龙马出河,遂则其文,以画八卦,谓之河图。"伏羲依据龙马之文画成八卦,而八卦又曾被传说为汉字之源,这样河图就跟汉字的起源有了关系。《河图玉版》:"仓颉

---

① 张政烺:《试释周初青铜器铭文中的易卦》,《考古学报》,1980年第4期,第403-415页。

为帝,南巡狩,登阳虚之山,临于玄扈洛汭之水,灵龟负书,丹甲青文,以授帝。""图""书"出自河洛,充满了神秘色彩。不管河图洛书说的真实性是否可靠,但我们的先辈把"图"与"书"联系起来的看法与今人认为汉字起源于图画的观点确实是契合的。

(四)仓颉造字说

"仓颉造字说"在战国时即已流行。《吕氏春秋·君守》说:"仓颉作书,后稷作稼。"《荀子·解蔽》说:"好书者众矣,而仓颉独传者,一也。"《韩非子·五蠹》:"仓颉之作书也,自环者谓之私,背私者谓之公。"到了秦汉时代,这种传说更加盛行。许慎《说文解字·序》中有:"仓颉之初作书,盖依类象形。"《淮南子·修务训》高诱注说:仓颉"生而见鸟迹,知著书"。《论衡·对作》:"造端更为,前始未有,若仓颉作书,奚仲作车是也。"由于上古文字的使用为巫史所垄断,巫史成为绝地通天的媒介,因而造成文字拜物教的产生。人们进而将文字的产生归结为某一具有神异禀赋的人物的创造,文字的诞生也被赋予神奇怪诞的色彩:"(仓颉)龙颜侈侈,四目灵光,实有睿德,生而能书。于是穷天地之变,仰观奎星圆曲之势,俯察龟文鸟羽山川,指掌而创文字,天为雨粟,鬼为夜哭,龙乃潜藏。"仓颉到底是什么人呢?传说他是黄帝的史官。黄帝是古代中原部落联盟的领袖,由于社会进入较大规模的部落联盟阶段,联盟之间外交事务日益频繁,故迫切需要建立一套各联盟共享的交际符号,于是搜集及整理共享文字的工作便交到史官仓颉的手上了。

仓颉作书的传说透露出两条文化信息。①汉字的起源时代是黄帝时代。②在将原始记事符号收集整理并加工成文字的过程中,史官也就是巫史集团,曾经发挥过独特的作用,原始汉字是由巫史创造的。创与仓、契与颉,从古音看音近,仓颉也许就是"创契"的意思。

(五)书契说

《周易·系辞下》云:"上古结绳而治,后世圣人易之以书契。"从这句话我们可知两点:第一,将文字叫作"书契",可见文字乃是来源于书写和契刻;第二,结绳这类实物记事方法不敷应用,于是进一步采用书写和契刻。契刻记事在典籍中屡见记载。《隋书·突厥传》说:突厥"无文字,刻木为契"。《列子·说符》:"宋人有游于道得人遗契者,归而藏之,密数其齿,告邻人曰:吾富可待矣。"《战国策·齐策》记冯谖赴薛收债,载"券契而行",这里的"契"即与宋人所拾遗契相类。

《释名·释书契》:"契,刻也,刻识其数也。"刻契即在木条或竹条上刻上锯齿,用来记数。我国境内的少数民族在历史上大多用过这种方法,海南的黎族、云南的佤族和哈尼族在20世纪中期仍然保留这种习俗。中世纪丹麦、瑞典、英国北部偏僻农村的人在一种方形木棒上刻上各种纹道、符号,记录一年的年历和重要的宗教节日。

契刻与结绳的性质相近,契刻也是先民普遍采用帮助记忆、传递信息的记事方法,某些契刻符号就是一些数目字、指事字的先驱。

（六）起一成文说

宋代郑樵提出"起一成文说",他认为汉字都是由"一"字演变而来,此观点建立在道家"道生一,一生二,二生三,三生万物"的哲学思想上。在郑樵看来,"一"仿佛一条柔软的绳子,可以变成各种形状的"文字"。从楷书的角度看,"起一成文说"有一定道理,组成楷书字形的各种笔画除点（、）之外,似乎都可与"一"扯上关系。但是毕竟楷书不是汉字最早的形态,汉字的各笔画都各有来历。郑樵这种"起一成文说"完全是附会之说,自然很难使人信服,因此影响不是特别大,流传也不广。

（七）外来说

19世纪末以来兴起这样一种"学说":汉族的人种和文化都起源于外国,是从西方传来的。这种"学说"主张,公元前3000—前2000年,两河流域有一个部族向东迁移不知去向,可能这个部族迁到了黄河流域,因此,黄河流域的古文化当是两河流域的古文化东移的结果,中华民族灿烂的古文明只是巴比伦文化的余波。该"学说"的证据是,古汉字的"山""鱼""鸟""刀"等字和楔形文字相似。这种观点在中国亦有响应者,如曾松友即是一例,在其《中国原始社会之探究》中,曾松友谈道:"铜器时代的中国文化属于东方文化区域,那么殷代的文化自然也和巴比伦、亚述的文化不能分开。……吾国殷代所用的八卦符号和巴比伦、亚述所用的楔形文发生一个很密切的关系,拉恭比锡以为中国的八卦就是巴比伦的楔形文,这虽然说得过火,然而也不是完全没有根据的。你看—与--所形成的☰（父）☵（水）☳（长女）☱（口舌）与巴比伦楔形文➤和➤所形成的（水）（口）（女人）（父亲),其文字的组织不很相同吗?我们虽不能说八卦就是楔形文,但八卦之组织的原理看来与巴比伦的楔形文有密切之关系无疑。"①

汉字西来的论据是极其薄弱的,其背后隐藏的是文字起源的一源论和文化的单纯传播论,这是一种极偏颇的观点。从世界文字的起源和发展来看,文字的发生是多源的,文字是社会需要的产物,处于同一发展阶段的人类都会发明文字。

（八）图画说

现代学者认为,汉字真正起源于原始图画。一些出土文物上刻画的图形,很可能与文字有渊源关系。西安半坡村等地的仰韶文化遗址里都曾发现了刻画在陶器上的记号,如半坡遗址陶器上的记号几乎全部刻在同一陶器上的同一部位,且有规则地反复出现,是具有文字性质的符号。此外,青海马家窑文化遗址、杭州良渚文化遗址、黄河中下游龙山文化遗址出土的文物上也有刻画图形出现。郭沫若在《中国史稿》中认为:"彩陶上的这些刻画记号,可以肯定地说就是中国古文字的起源,或者中国原始文字的孑遗。"②如果把这些刻画图形同古汉字联系起

---

① 曾松友:《中国原始社会之探究》,商务印书馆,1935年版,第98-99页。
② 郭沫若:《中国史稿》（第一册）,人民出版社,1979年版,第65页。

来,汉字的历史有可能推溯至五六千年前。

现在我们能看到的最古老的成批的汉字资料,是距今 3000 多年商代后期的甲骨文,甲骨文中的"图形文字",很明显是在图画的基础上简化而成的。这些图形文字书写逼真,与图画几无区别,如 象、牛、鱼、龟、弓、鼎。

文字一般起源于图画和契刻,萌芽于仰韶文化时期,距今约 6000 年;其形成体系,当在夏代,距今约 4000 年。鲁迅先生说:"文字在人民间萌芽";"在社会里,仓颉也不止一个,有的在刀柄上刻一点图,有的在门户上画一些画,心心相印,口口相传,文字就多起来,史官一采集,便可以敷衍记事了。"①这种说法是可信的。萌芽时期的原始文字是分散的、不成系统的,经过后世的整理和逐渐系统化,文字就逐步成熟了。

三、汉字的性质与特点

汉字是记录汉语的书写符号系统,是中国人民在长期的社会实践中逐渐创造出来的。汉字是各大古老文字体系中唯一传承至今的文字,也是世界上持续使用时间最长的文字。

世界上目前使用的文字主要有拼音文字和表意文字两种类型。拼音文字是用特定的字母直接记录语言中有限的语音单位(音位或音节)的文字。如"书"这个词,在英文中写作"book",当人们掌握了英文字母的发音和拼写规则时,听到这个词的发音大体就能将它写出来,看到这个词的写法一般也能读出它的声音。表意文字用特定的非字母的符号记录语言中的词和语素。汉字是表意文字,如古汉字"木"记录的是汉语中既有读音,又有意义的词"木"。发展到现代汉字,"木"虽然不像树木了,但仍然作为"木"这个词的表意性符号,既代表"木"这个词的意义,也代表"木"的读音,因此,现代汉字是表意文字。

与拼音文字相比较而言,汉字有以下特点。

(1)从文字的次小单位看,汉字记录的是汉语的词或语素,用整个形体表示音节的读音。汉语中,汉字与音节基本是一一对应的关系,古汉语中,汉语词汇以单音节词为主,因此古代汉语中汉字记录的都是一个词,如"人、山、日、月"等都是一个词。现代汉语中,汉字的次小单位记录的大多是双音节词中的语素,如"习、惯、语、言"等。在记录汉语时,汉字用整个字形表示一个音节的读音,不像拼音文字那样,汉字不能通过字形的拆解实现对其音节的切分,即不能说"八"的这一撇代表"b",那一捺代表"a",它是用"八"这个字形整体来表示"bā"这个音节的。

(2)汉字具有分化同音字词的作用。现代汉语约有 400 个音节,带上声调也只有 1300 多个音节,存在大量同音词,这就容易产生歧义,不利于阅读。但汉语有几万个汉字,相同音节可以用不同的字形来书写,这就把同音词区分开了。从这一角度讲,汉字无疑是适应了汉语的需

---

① 鲁迅:《且介亭杂文·门外文谈》,《鲁迅全集》(第六卷),人民文学出版社,2005 年版,第 90、94 页。

要,从而使得表意性质的汉字得以长期保持。

(3)汉字的表意性质使得汉字具有较强的超时空性。几千年来,汉字的字音变化很大,但许多汉字的字义变化却不大,魏晋以来,汉字的形体也大体稳定。汉字虽然在不同方言区往往有不同读音,但字义相差不大。这些特点使得人们阅读不同时代、不同地区的汉字文献时,并没有太大的难度,这就是汉字超时空性的特点造成的。

从书写上看,汉字结构呈方块结构,不实行分词连写,字与字之间没有空格。

四、汉字的作用

汉字作为世界上历史最悠久的文字之一,在古今中外都发挥着重要作用。

(一)汉字扩大了汉语的交际范围,并促进了汉语的发展

汉字产生之前,人们主要通过汉语口语交际,但口语一发即逝,有较大的时空局限性。汉字的产生克服了汉语口语交际时空的局限,从而扩大了汉语的交际范围。

汉字产生以后,汉语除了口语形式,又产生了书面语形式。人们可对书面语进行加工、整理、规范,书面语言的规范性能不断推动汉语朝着更加纯洁和健康的方向发展。

(二)汉字保存并传播了中华民族悠久的文化和文明成果

汉字产生之前,中华民族的生产劳动经验和历史文化主要靠口耳相传。汉字产生以后,我们的祖先创造的光辉灿烂的文化遗产和生产劳动经验得以记载并传播开来。通过汉字,我们可以了解中国几千年来政治、经济、科学、文学、艺术、军事等各方面的知识和经验,在前人的基础上继续前进。因此,汉字在推动中国历史和文化的发展中起到了极其重要的作用。

(三)汉字维护和巩固了民族的团结和国家的统一

我国地域辽阔,人口众多,各地方言分歧很大,若通过口语交际,势必会影响交际的效率。但是汉字是一种表意文字,具有超方言的特点。虽然操各方言的人通过口语不能畅达地交流,但通过书面语,则彼此无障碍,因此,汉字在客观上起到了统一书面语的作用。汉字在中华几千年的历史中,一直是各民族、各地区、各时代联系的不可缺少的桥梁和纽带,对于维护民族团结和国家统一起到了重要作用。

(四)汉字推动了周边国家的文明进程,加强了我国和其他国家的文化交流

汉字不仅记录了中华民族的语言和文化,在很长一段历史时期内,汉字曾被一些邻国所借用,形成了"汉字文化圈",为其他民族的文化发展作出了贡献。中国的先秦时期,朝鲜人就开始使用汉字记录朝鲜语,15世纪中期,朝鲜才产生了汉字笔画式文字——谚文,夹在汉字中使用;秦汉时期,汉字传入越南,产生了"喃字",1945年,越南才用新创制的越南文取代汉字;东汉时,汉字传入日本,8世纪时才产生了汉字加假名的日文。至今,日本和朝鲜还在使用部分汉字。因此,汉字对这些国家的文化遗产的保存,对促进我国同这些国家的交

往和交流起过重要作用。现在,随着中国经济快速发展,中国同世界各国的联系日益紧密,越来越多的人开始学习汉语和汉字,这对于加强我国同其他国家的友好往来、经济合作和文化交流都有着不可估量的作用。

第二节　汉字的形体

汉字的形体又称"字体",是汉字的书写外形,包括汉字书写和印刷的各种体式。

一、现行汉字的前身

现行汉字的形体结构是从古代汉字演变而来的,汉字在历史上出现过甲骨文、金文、篆书、隶书、楷书五种正式字体以及草书、行书等辅助字体。甲骨文、金文、篆书被称为古文字,隶书及以后的字体被称为今文字。

二、现行汉字的字体

现行汉字的常用字体有印刷体和手写体两种。印刷体主要有宋体、仿宋体、楷体和黑体,手写体主要有楷书和行书。

1. 印刷体

印刷体是印制和出版杂志、报纸、书籍时所用的字体。印刷体字迹清楚,结构严谨。

(1)宋体。宋体是为适应印刷术而出现的一种汉字字体,又称古宋体、老宋体、普通体、灯笼体、白体等。宋体字笔画有粗细变化,而且一般是横细竖粗,末端有装饰部分(即"字脚"或"衬线"),点、撇、捺、钩等笔画有尖端,属于衬线字体,常用于书籍、杂志、报纸的正文排版,是最通用的印刷体。

(2)仿宋体。仿宋体又称真宋体,是比较接近宋体雕版印刷的一种形体。它采用了宋体的结构和楷书的笔法,结构匀称,讲究顿笔,字形清秀,有长、方、扁三体。仿宋体常用于表格的题头、诗词的正文、文章的引文、书籍的序言或图片的说明等的排版。

(3)楷体。楷体又称正楷体、大宋体、活体,是用于印刷的楷书字体。楷体和毛笔手写楷体一样,笔画比仿宋体丰满,字形端庄。楷体常用于通俗读物、小学课本和儿童读物等的排版。

(4)黑体。黑体又称方体、方头体、黑头体、粗体、平体。黑体字迹浓黑醒目,笔画从下笔到收笔一样粗,撇、捺等不带尖。黑体常用于文章标题以及文章着重语句的排版。

印刷体除了有字体之分,还有字号的区别。常用的字号从大到小有初号、小初、一号、小一、二号、小二、三号、小三、四号、小四、五号、小五、六号、小六、七号等。印刷常用字体字号如表3-1所示。

表 3-1　印刷常用字体字号表

字号	常用字体			
	宋体	仿宋体	楷体	黑体
初号	宋	宋	宋	宋
小初号	宋	宋	宋	宋
一号	宋	宋	宋	宋
小一号	宋	宋	宋	宋
二号	宋	宋	宋	宋
小二号	宋	宋	宋	宋
三号	宋	宋	宋	宋
小三号	宋	宋	宋	宋
四号	宋	宋	宋	宋
小四号	宋	宋	宋	宋
五号	宋	宋	宋	宋
小五号	宋	宋	宋	宋
六号	宋	宋	宋	宋
小六号	宋	宋	宋	宋
七号	宋	宋	宋	宋

2. 手写体

手写体是用手执笔书写成的字体。手写体形态各异，风格多样，主要用于论文著作的起草和非正式场合的交流。

现行汉字手写体常用楷书和行书，一般正式场合多用楷书，私人场合多用行书。在一些特殊场合，也会用到草书及各类其他字体。楷书是手写汉字的基础。

根据使用书写工具的不同，手写体分为软笔字和硬笔字两类。软笔字主要指毛笔字，硬笔字包括钢笔字、铅笔字、圆珠笔字、尼龙笔字以及其他用硬质笔书写而成的汉字。

三、汉字形体的演变及其特点

（一）汉字形体的演变

汉字是世界上最古老的文字之一，它的产生经历了漫长的过程。汉字在数千年的使用过程中，产生了多种形体。汉字形体的演变是一个渐变的过程，而且这种演变并非一种新的形体产生后，旧的形体就废除了，而是存在一个新旧并存的时期，新体才逐渐取代旧体。旧体也并非就此消失，而是在某些场合仍然被使用。

现代汉字是从古代汉字演变来的，历史上出现过甲骨文、金文、篆书、隶书、草书、行书、楷书七种主要字体，其中，草书和行书属于辅助字体，其他均为正式字体。七种字体各具特色，下面逐一做简单介绍。

1. 甲骨文

甲骨文是指刻写在龟甲兽骨上的文字。甲骨文是目前我国已发现的最早的较为成熟的、成体系的汉字，距今已有3000多年（见图3-1）。甲骨文于1899年由金石学家王懿荣在河南安阳小屯村一带发现。安阳小屯村是商代后期商王盘庚至帝辛的都城，历史上称"殷"。商灭亡后，那里沦为废墟，后人便称之为"殷墟"。因此，甲骨文也被称为"殷墟文字"。

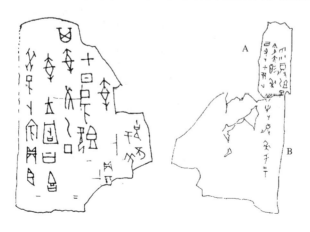

图 3-1　甲骨文

从内容上看，甲骨文多为王室占卜之辞，内容涉及广泛，上至国家大事，下至私人生活，如征伐、祭祀、收成、气候、田猎、病患、生育等。因此，甲骨文又被称作"甲骨卜辞"或"贞卜文字"。

从形体上看，甲骨文图画性质强；结构尚未定型，同一个汉字可以有多种写法；字形大多瘦长，大小不均；笔画细长方折，繁简不一。

目前已发现甲骨文单字约4500个，其中约1700个已识别出来，是研究殷商历史和汉字不可或缺的资料。

2. 金文

金文是指铸刻在青铜器上的文字，也叫铜器铭文。商周是青铜器的时代，青铜器中的礼器以鼎为代表，乐器以钟为代表，因此铸刻在青铜器上的铭文又叫钟鼎文，盛行于殷商至战国时期。

从内容上看，金文多为颂扬祖先与王侯功绩之辞，也有部分是记载重大历史事件的，大都反映了当时的社会生活，是研究先秦历史的重要史料。

从形体上看，金文象形意味有所减弱，字形渐趋匀称、方正、整齐。因金文为熔铸而成，因此笔形多显得肥丰圆转，笔道肥粗，异体字仍然比较多。

金文铭文有长有短。其中，西周晚期铸成的毛公鼎铭文497字、32行，是出土的青铜器铭文最长的一篇。毛公鼎铭文字体结构严谨，瘦劲流畅，行止得当，是金文作品中的佼佼者。此外，大盂鼎、散氏盘上的铭文也是金文中的上乘之作。利簋如图3-2所示，簋如图3-3所示。

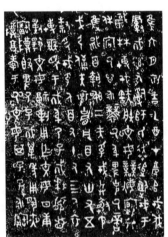

图3-2 利簋　　　　图3-3 簋

3. 篆书

大篆有广义和狭义之分。广义的大篆是指先秦所有的文字，包括甲骨文、金文、籀文和六国文字（如玺印文字、帛书、瓦当文、货币文等）；狭义的大篆专指春秋战国之际的秦国文字，包括籀文和石鼓文。籀文，乃周宣王太史所作《史籀篇》中的文字。石鼓文是刻在鼓形石上的文字(见图3-4)。大篆由金文发展而来,但较之金文线条更加明显,笔画更加均匀,字形结构更加整齐。

图3-4 石鼓文

小篆是指秦始皇统一六国后整理、推行的标准字体,由大篆发展而来。战国时期,七国文字异形,秦始皇兼并六国后,采用李斯的建议,"罢其不与秦文合者",对秦国使用已久的籀文进行省简,统一文字。公元前211年,秦国在大篆的基础上进行改革和整理,实现了统一六国文字的目的,改革、整理后的文字即小篆。推行小篆是汉字发展史上的第一次汉字规范化运动,对汉字标准化起到了重要的作用(见图3-5)。

秦小篆 阳陵虎符　　秦小篆 峄山刻石

图3-5 秦小篆

小篆较之大篆,形体笔画均已省简,字形则趋于规整匀称,偏旁都有固定的形式和位置,异体字也大为减少;字形呈竖长方形,笔画蜿蜒屈曲;象形程度进一步降低,符号化程度增强。小篆通行时间不长,在汉代即被隶书取代,但在历代印章制作中,小篆仍占有一席之地。秦代小篆流传至今的有泰山刻石、琅琊刻石、峄山刻石等,以及数量众多的秦量、秦权、诏版。

小篆是汉字古文字阶段的最后一种形体,它承上启下,既是辨识各种更早古文字的重要阶梯,又是汉字继续发展演变的基础。

4. 隶书

隶书是一种由篆书简化演变而成的新字体。它是在战国晚期秦国文字俗体的基础上逐渐形成的。隶书有秦隶和汉隶两种。秦隶(见图3-6)是在秦代使用的隶书。秦代篆隶并用,小篆主要用于比较正式的场合,秦隶是文书小吏为了书写方便简易快捷以应付繁忙的政务、繁杂的文化,把小篆圆转弧形的笔画变为方折平直的笔画而形成的字体,它是秦朝的一种应急字体和辅助性字体。秦隶基本上摆脱了古文字象形的特点,但还保留着一些篆书的笔法,所以也叫古隶,代表性的有睡虎地秦墓竹简。汉隶(见图3-7)是在秦隶的基础上演变而来的,是汉代通行的字体,字形上横向发展,竖短横宽,波势极大,撇、捺、长横有波磔,很少有篆书的笔法,具有代表性的如居延汉简和敦煌、新疆等地出土的汉简。

图3-6　秦隶　睡虎地秦墓竹简　　　　　图3-7　汉隶　曹全碑

汉字形体由小篆演变为隶书史称"隶变"。隶变是古今文字的分水岭,隶变打破了古文字直观表意的功能,使象形文字不再象形。从商代的甲骨文到秦代的小篆为汉字发展史的第一阶段,即古文字阶段;从隶书开始,汉字形体没有太大变化,汉字也进入了今文字阶段。今文字是指秦以后的文字,包括隶书、草书、行书和楷书。

5. 楷书

楷书兴于汉末,盛行于魏晋,一直沿用至今,字形方正,笔画没有波磔,书写方便。楷书的"楷",是楷模的意思,楷书即标准字体,因此楷书又叫真书、正书。楷书由隶书发展而来,继承了隶书结构匀称明晰的特点,结构上与隶书没有太大的区别,只是将隶书扁方的字形变为正方,将隶书有波磔的笔画变得平直,增加了提、折、斜、钩等笔画,书写更加便利,是汉字的标准字体,至今仍在使用。汉字发展到楷书基本上就定型了。唐代欧阳询楷书见图3-8。

图 3-8　楷书 唐欧阳询《九成宫醴泉铭》

6. 草书

草书的"草",是"潦草"的意思。在历史上,任何书体在使用过程中,书写者都有简便易写的要求,进而使其呈现省简和潦草的趋势。作为一种字体,草书形成于汉代,是为了书写简便,在隶书的基础上演变出来的。其特点是结构简省、笔画连绵。

草书包括章草、今草、狂草三种。章草是早期的草书,因在东汉章帝时盛行而得名,笔画有汉隶的波磔,虽有连笔,但字字独立。今草产生于东汉末,形体连绵,笔画环绕,字体相连,一气呵成,笔形没有波磔,不易辨认。狂草产生于唐代,是在今草的基础上简省的一种字体,字形变化多端,极难辨认,脱离了文字的实用价值,变成了纯粹供人欣赏的书法艺术。具体见图 3-9 至图 3-11。

　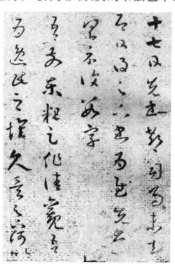　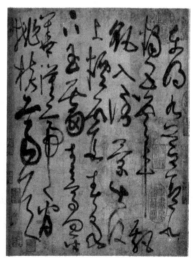

图 3-9　章草 三国吴皇象本《急就篇》　　图 3-10　今草 晋王羲之《十七帖》　　图 3-11　狂草 唐张旭《古诗四帖》

7. 行书

行书产生于东汉末年，一直运用至今，是介于楷书和草书之间的一种字体。它既有楷书的工整，又有草书的连笔，各字独立，易写易认。行书可以分为行楷、行草两类，行楷是与楷书比较接近的行书，行草是与草书比较接近的行书。王羲之《丧乱帖》如图 3-12 所示。

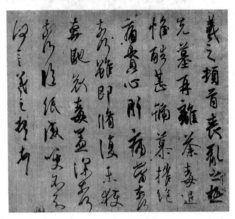

图 3-12　行书 晋王羲之《丧乱帖》

现代汉字的标准字体是楷书，行书是一种主要的辅助字体。在某些特定的场合，各种形体都可能被使用。

综上，汉字形体的演变历程如图 3-13 所示。

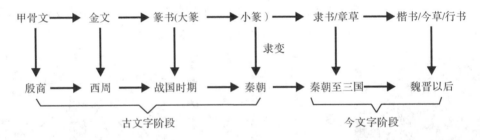

图 3-13　汉字形体的演变历程

（二）汉字形体演变的特点

汉字形体演变的总趋势是简化。从甲骨文、金文到小篆是一次简化，从篆书到隶书是一次简化，从隶书到楷书、行书、草书又是一次简化。

汉字在其发展过程中，笔形逐渐由图画的笔触发展为点、横、竖、撇、折等笔画，整个字形变得越来越简明。同时，异体字减少，繁体字被简体字取代，形体日趋规范和稳定，使用也变得越来越方便。

在汉字形体演变过程中，也存在个别汉字繁化的现象。如"莫"原义为"傍晚"，后来"莫"被假借为表否定的代词，为了与"傍晚"义相区别，就在其表示"傍晚"义时，加上形旁"日"，这样表示傍晚义的"莫"就变成了"暮"。但总体而言，汉字形体的简化仍是主流。

(三)汉字形体演变的原因

汉字是记录汉语的书写符号,是人工制作的符号,在发展过程中要不断适应个人的使用需求与社会的发展需要。因此,个人使用的需求与社会的发展变化是汉字字形变化的根本原因。

第一,个人的需求是字形变化的根本动力。汉字是人用来进行书面交际的工具,是一种个人使用的符号,使用者要求这种符号不断适应自己变化着的需求。使用者对汉字的要求,主要表现在书写、认知与心理需求三方面。在书写方面,书写快捷方便的要求使得字体从图画型转变为笔画型,在字形方面也由繁变简。在认知方面,字形感知,对文字的理解、记忆的要求等使得字形发生一系列的变化,或变繁或变简。在心理方面,因字形不仅是人视觉感知的对象,还是人心理感知的对象,美化、类化、异化等心理也会促使字形发生变化。

第二,社会的变化对字形变化也会产生影响。首先,载体面积、载体形状会对字形产生影响。其次,工具和制作方法会对字形产生影响。再次,书写介质会对字形产生影响。

总之,汉字形体演变的原因是多方面的,有直接的原因,也有间接的原因,这些因素往往综合发挥作用。

第三节 汉字的造字法

汉字的造字法是指汉字的构造方式。汉字是如何被造出来的?古人进行了深入的探索。《汉书·艺文志》提出"六书"是"造字之本"。东汉许慎在《说文解字·序》中对"六书"进行阐发,不但对"六书"进行定义,而且举例说明:

周礼:八岁入小学,保氏教国子,先以六书。一曰指事,指事者,视而可识,察而见意,上下是也;二曰象形,象形者,画成其物,随体诘诎,日月是也;三曰形声,形声者,以事为名,取譬相成,江河是也;四曰会意,会意者,比类合谊,以见指㧑,武信是也;五曰转注,转注者,建类一首,同意相受,考老是也;六曰假借,假借者,本无其字,依声托事,令长是也。

清代的戴震认为象形、指事、会意、形声是造字之法,转注和假借是后来衍生发展的用字方法,故又有"四体二用"的说法。本书即按照象形、指事、会意、形声四种造字法来分析汉字造字的方法。

一、象形

象形就是通过描绘事物形状来表示字义的造字方法,用这种造字法造出的字就是象形字,例如:

以上例字除"瓜"字为金文外,其余均为甲骨文。"日、月、山、口、马、鸟、象"等基本上画出了这些事物的外形;"牛、羊"像事物的特征部分,"牛"像牛角上弯,"羊"像羊角下弯。"瓜"字为使瓜果的形象更为突出,添加了瓜蔓的部分。

象形这种造字法接近图画,一些描摹具体事物的字是用该类造字法造出的。随着汉字形体的不断演变,古汉字中的象形字发展至现代大都失去了原来的象形特征,部分字已经变成硬性规定的记号字了。用象形法造字有其局限,有些复杂的事物、抽象的概念无法用象形的方法表示,因此单靠这种方法造的字较少,但作为独体字,象形字是构成其他汉字的基础。《说文解字》收字9353个,象形字264个,约占2.8%。

二、指事

指事就是用象征性符号或在象形字基础上加指示符号来提示字义的造字方法,用这种方法造的字就是指事字。指事字可以分为两类。一类是纯符号性质的。例如:用四条线表示"四",用向上或向下的长弧线为基准线,上下各加一条短线表示"上"和"下"。另一类是在象形字的基础上添加指事符号。例如:"本"原义为"树根",在"木"的下部加一点或一短横,表示树根所在;而"末"原义为"树梢",是在"木"的上部加一点或短横,表示树梢所在;"朱"的本义是指一种树干为红色的树木,即赤心木,在"木"中间加一点,表示树心;"亦"本义是"腋窝",是"腋"的本字,在人胳膊下加上指示性符号,表示腋窝所在;"刃"本义是刀刃,在刀刃处加一点,表示刀的锋利处所在;"寸"本义是寸口,即中医切脉的部位,在手腕处加一短横,表示寸口所在。

上　下　四　本　末　朱　亦　刃　寸

指事字比象形字还少,尤其是纯符号性的指事字更少,因为用抽象符号来表示字义,局限性很大。《说文解字》里指事字最少,有129个,约占1.4%。

三、会意

会意就是用两个或两个以上的构字部件组合起来表示字义的造字方法,用这种方法造出的字就是会意字。

会意字根据构字部件的不同可分为两种类型。一类是同体会意,就是用相同的形体来造新字。例如:从,即后面的人跟着前面的人,表示跟随;比,两人并排,表示并列;北,两人背靠背,表示相反;步,像双脚一前一后走路,表示步行;林,二木并列,表示树木丛生。

从　比　北　步　林

另一类是异体会意,即用不同的形体来造新字,如"休、取、涉、明、逐、牧、寒"等。

休　取　涉　明　逐　牧　寒

会意字是在象形字的基础上造出来的字,但二者又有一定区别:象形字多为独体字,会意字则是合体字;象形字常表示具体的事物,而会意字多表示抽象又复杂的概念。会意字所表示的字义要从几个象形字组合的关系上表现出来,在一定程度上加强了象形字的表意作用,扩大了象形字的使用率。会意是比较能产的造字方法,后世一直在使用。《说文解字》中会意字有1254个,约占13.4%。

四、形声

形声是用形旁和声旁组合起来分别提示字的意义和读音的造字方法。形旁是形声字的表义成分,声旁是形声字的表音成分。如"铜"字,"钅"是形旁,表示"铜"属于金属,"同"是声旁,表示读"同"音。因为综合运用形旁和声旁相结合的方法弥补了单纯依靠字形来表达字义的缺陷,丰富了汉字记录汉语的手段,具有较强的派生能力,形声造字法后来成为最主要的造字方法。

形声字的形旁大多是象形字,如"草、河、铜、您、们、箱"的形旁"艹、氵、钅、心、亻、竹"等均为象形字。而形声字的声旁既可以是象形字,也可以是指事字、会意字、形声字,如"像、忍、琳、湖"的声旁"象、刃、林、胡"分别为象形字、指事字、会意字、形声字。

汉字中还有一些特殊的形声字,即省形或省声的情况。省形,即把形声字充当形旁的部件省写一部分,这种类型的字也被称作"省形字"。例如:"弑",从杀省,式声,作为形旁的"杀"省写成了"杀";"屦",展也,从履省,喬声,形旁"履"省写了"复"。省声,即把形声字充当声旁的部件省写一部分,这种类型的字也被称作"省声字"。例如:"炊",从火,吹省声,声旁"吹"省写成了"欠";"疫",从疒,役省声,声旁"役"省写成了"殳"。

还有一种亦声字,是会意兼形声字。例如:"琀",送死口中玉也,从玉从含,含亦声;"授",予也,从手从受,受亦声;"旱",从日从干,干亦声。

形声字的出现,虽然较象形字、指事字晚,但它一经产生,就显示出很大的优越性。形声字既有形旁,又有声旁,既能表明汉字所属的义类,又能揭示汉字的读音;既弥补了单纯依靠字形来表达字义的缺陷,又具有较强的孳生新字的能力。例如,以"同"为声旁,可孳生"铜、筒、桐、酮、垌、侗、峒、茼"。同一个形旁加上不同的声旁,可以造出意义有关而读音不同的一批形声字,如形旁"钅",在通用字中就有"铜、铁、针、锣、钢、铅、锅、银、镀、铝、铃、镜"等。直至今天,形声造字法还是我们使用频率最高的一种造字方法。由于形声造字法孳生新字的能力比较强,因此,形声字在汉字中所占比例也最大。《说文解字》9353个字中,形声字有7697个,约占总数的82%。宋代郑樵《通志·六书略》收字24235个,其中谐声字(即形声字)21810个,约占90%。清代《康熙字典》中,形声字约占90%。后起字绝大多数是形声字,例如许多化学元素、医药名词都是用形声造字法造字,例如"氧、硫、嘧啶、噻唑"等。

由古代传承下来的形声字,有些字简化后声旁表音比过去更准确了,如"态(態)、进(進)、偿(償)、递(遞)"等。有些因有特定的符号代替声旁,写起来简单,但表音不清楚了,如"鸡(雞)、艰(艱)、顾(顧)、观(觀)、盘(盤)"等。

下面谈一谈与形声字形旁和声旁有关的几个问题。

(一)形旁和声旁的位置

形声字中形旁和声旁的位置大体有以下六类。

(1)左形右声　　河　晴　财　购　优　征
(2)右形左声　　都　切　致　胡　战　剃
(3)上形下声　　空　芳　宇　爸　翠　箱
(4)下形上声　　勇　盛　基　袋　盒　照
(5)外形内声　　阁　固　匣　囤　赴　廷
(6)内形外声　　闻　问　辩　辨　赢　嬴

另外,形声字中还有一些字比较特殊:有的是左上形、右下声,如"疲、病、厅、房"等;有的是左下形、右上声,如"进、越、赶、爬"等;有的是右上形、左下声,如"翅、匙"等;有的是形或声在一个角上,如"荆",从艸,刑声;"颖",从禾,顷声。

(二)形旁和声旁的作用

形旁的主要作用表现在以下两点。第一,示意功能。形声字的形旁可指示字的意义类属,区别字的意义。具体来说,形声字的形旁与字义大致有以下三种关系:①相同或相近关系,如"爸、爹、爷"与"父","皎、皑、皓、皙"与"白"等;②属种关系,如"鸟"与"鸦、鸠、鹧、鹊","鱼"与"鲤、鲑、鳝、鲸"等;③相关关系,如"氵"与"江、游、波、流"等,"忄"与"愉、恨、恼、怯、慌"等。第二,类化作用。由于形旁具有示意的功能,这使意义相同或相关的形声字在选择义符时就有了共同的意义指向,并在共同意义指向的制约下,产生了选择相同形旁的可能性,因此派生出了形旁的类化功能。例如,在早期甲骨文中,"祭祀"分别作𦙴、㠯,后来分别受类化功能的影响,都加上了义符"示",成为"祭、祀"。这种类化功能发生在形声字大量产生的时期。

声旁的主要作用表现在以下三点。第一,提示字音。形声字中声旁的主要作用是提示字音,如"评、萍、坪、苹"等形声字与声旁"平"同音,"绯、菲、啡、扉"等形声字与声旁"非"同音。第二,示源。当一个派生词从旧词那里继承了一种内在的、传承性的"同源意义"时,主要是通过声音的相近来显现的。如"囱"具有"中空"的内在意义,这种意义传承给由它分化而来的"葱","葱"也具有"中空"的内在意义。"葱"与"囱"的读音显示它们具有同源的关系。第三,纠正方言读音。如有些方言涉及前、后鼻音部分的发音与普通话不同,讲方言的人,学普通话时遇到带前、后鼻音的字,可先记住常用作声旁的字的读音,以此类推其他形声字。如了解了"青"(qīng),然后可推知以"青"字作声旁的形声字基本都带后鼻音,如"请、晴、清、情"等。

(三)形旁和声旁的局限

形旁在表义方面也有局限性,主要表现在以下三点。第一,形旁表义模糊。形旁只表示字的概括、模糊意义,并不表示字的确切含义。同样的形旁,在不同的字中意义相差很远。如从"木"的,有表示树名的(如"桐、樟、榆"等),有表示树的部位的(如"根、枝、梢"等),有表示木制品的(如"椅、桌"等),若仅根据形旁提供的信息,难以准确理解其意义。第二,由于古今观念不同、客观事物的变化,以及字义的引申发展,现代形声字形旁与字义的联系已越来越少,有的甚至看不出什么联系了。如"硕"的形旁是"页",因为古代汉语中"硕"可表"头大"的意义,"页"就是头的意思,而放在现代汉语语境中,已很难看出"头"和"硕"之间的关系。再如"镜"的形旁是"金",因为在古代用铜这种金属制作镜子,所以从"金",而今天的镜子多用玻璃制成,"金"已不能提示意义类别。第三,有些形声字形旁的选择是由于造字时认识的局限而显得不够科学。如"鲸",前人误认为它是一种鱼,而今天人们已经认识到鲸虽然生活在水中,但属于哺乳动物,与一般鱼类不同。再如"虹",古人认为虹是一种动物,因而从虫,而今天我们已经认识到虹是大气中一种光的现象。

形声字在表音方面也有一定的局限性,主要表现在以下三个方面。第一,造字之初,为有些形声字选择声旁时并不是特别严格,声旁和形声字并非是音同关系,存在音近的现象。如"媚"与声旁"眉"声调不同,"把、靶"与声旁"巴"声调不同。第二,由于古今语音的演变,声旁的现代汉字表音不准。如"堵、赌、都、暑、著、煮"的声旁相同,但现在并不同音。第三,由于汉字形体的演变,有些在造字之初表读音的声旁已面目全非。如"鸡、难、戏、观"四个字的繁体字为"雞、難、戲、觀",其左边的构字部件为声旁,汉字简化过程中统一简化为"又"这一符号,起不到标示字音的作用了。

同时形旁、声旁还存在难以辨认的局限。第一,形声字的形旁、声旁配合方式是多种多样的,如上文提到的形声字形旁和声旁的六种组合方式。第二,充当形旁、声旁的汉字没有明确的分工,在表音表意时也没有固定的位置。例如,"门"既可作"闷、们、扪、闽、问、闻"的声旁,又可作"闹、闱、阔、阙"的形旁。第三,为了适应方块汉字的特点,保持汉字内部结构的平衡,作为构字偏旁,形旁、声旁在构成新字时,形体往往要发生一些变化。例如,"衷",从衣,中声;"贼",从戈,则声;"徒",从辵,止声;"在",从土,才声;"夜",从夕,亦省声。

第四节 现代汉字的结构

现代汉字的字形结构是分层次的,可以逐层进行分析。从整字分解出部件,从部件分解出笔画;也可由小到大,由笔画组成部件,部件再组成汉字。现代汉字的结构可以从两个方面来分析:一是结构单位,包括笔画和部件;二是笔顺。

一、结构单位

(一) 笔画

笔画是构成汉字字形的最小单位。对书写过程而言,笔画是有起止的线条,从落笔到收笔的过程所写出的点或线就是一笔或一画。在不同的汉字形体中,笔画的表现形式有所不同。本节所谈的笔画是就印刷宋体字而言的,所说的笔画数、笔画形状、笔画顺序一律以文化部、中国文字改革委员会于1965年1月发布的《印刷通用汉字字形表》和国家语言文字工作委员会、新闻出版署于1988年3月发布的《现代汉语通用字表》提供的字形为准。

笔画的具体形状称笔形。传统的汉字基本笔画有"点、横、竖、撇、捺、提、折、钩"八种,书法界有"永"字八法之说,就因为"永"字大致含有这八种笔形。《印刷通用汉字字形表》《现代汉语通用字表》规定了五种基本笔画:横、竖、撇、点、折。"五种说"把"八种说"中有可能是变形的笔画并入了非变形的笔画,如传统的"捺"归入了"点","提"归入了"横","钩"是楷书的笔势带出来的,附属在其他笔画末端,因此没有被列为独立的形体。五种笔画又称"札"字法。由于"五种说"对笔形的分类更为概括,因此常常用于工具书的排序。

"札"字法的笔形有主笔形、附笔形的区别。主笔形是一般的写法,附笔形是笔画在字的不同位置或不同部件中的变形。例如:横是主笔形,提横是附笔形(如"三、地");竖是主笔形,竖钩是附笔形(如"中、到");点是主笔形,捺是附笔形(如"主、双");撇是主笔形,竖撇是附笔形(如"千、月")。

五种基本笔画中,横、竖、撇、点是单一笔画,折是复合笔画。折笔是两种或两种以上笔画的连接,如"口"字的第二笔横折,"凹"字的第二笔横折折。2001年教育部和国家语言文字工作委员会发布的《GB 13000.1字符集汉字折笔规范》将宋体字折笔归纳为4个大类、25个小类。

每一个规范汉字的笔画数是一定的。笔画数和笔形,对于汉字教学、查字典和索引都是必要的,排列人名时有时也会按照姓氏笔画的多少和笔形的顺序。《印刷通用汉字字形表》和《现代汉语通用字表》统一了字形,也规定了笔画数目。规范汉字笔画数目的文件是2013年6月国务院公布的《通用规范汉字表》。

笔画之间的空间关系有三种类型。

①相离关系,如"二、心、三、川、八"等。

②相接关系,如"人、几、丁、了、上"等。

③相交关系,如"十、七、力、也、车"等。

有一些字,部件所用的笔画完全相同,全凭笔画的空间关系差异来区别,例如"八""人""乂",又如"几"和"九"之间的区别也体现在空间关系上。

大多数汉字是多笔画的,笔画之间的空间关系不止一种。例如,"母"由5笔构成,包含相接、相离、相交三种关系,"夷"由6笔构成,包含相交(第5笔同第1、2、3、4笔相交)、相接两种关系。

(二)部件

1. 部件及部件的组合

部件是由笔画组成的构字基本单位。如"休"中的"亻、木","章"中的"立、日、十"均为构字部件。部件可以从多个方面来分类。

(1)根据笔画的多少,可分成单笔部件与多笔部件。只有一个笔画的部件叫单笔部件,由两个以上笔画构成的部件叫多笔部件。如"亿"字,"亻"是多笔部件,"乙"是单笔部件。

(2)根据能否成字,可分成成字部件与不成字部件。如"都"中的"者"是成字部件,"阝"是不成字部件。

(3)根据能否再次拆分,可分成单纯部件与合成部件。单纯部件是指最小的不可拆分的构字部件,又叫基础部件;合成部件是指由两个或两个以上单纯部件组成的部件。单纯部件总是处于组串的最低层次,因此又被称为末级部件。如"湖"字中的"氵"属于单纯部件(基础部件、末级部件),"胡"属于合成部件,"古"属于单纯部件,"月"也属于单纯部件。

由两个以上部件组成的汉字,部件的组合是有层次的,可以用一级部件称呼大的部件,用二级部件、三级部件等称呼小的部件。如"端"字,由"立"和"耑"组成,这两个就是一级部件;"耑"又由"山"和"而"组成,这是二级部件,也是末级部件。

2. 部件的名称

要确定部件的名称,首先需要确定汉字结构部位的名称。有了汉字结构部位的名称,部件的称说就简便易记了。关于结构部位的名称,可以概括为五组(共八种)。

(1)旁/边:左右结构的字,左边的部位定名为"旁",右边的部位定名为"边"。如"像",单人旁,象字边;"胡",古字旁,月字边。

(2)头/底:上下结构的字,上边的部位定名为"头",下边的部位定名为"底"。如"写",宝盖头,与字底;"笑",竹字头,夭字底。

(3)框/心:全包围结构和三面包围结构的字,外边的部位定名为"框",里边的部位定名为"心"。如"国",大口框,玉字心。

(4)腰:上中下结构的字,中间的部位定名为"腰"。如"衷"是中字腰。

(5)角:字的左上、右上、左下、右下部位定名为"角"。如"鹜",左上角"矛",右上角反文;"赢",左下角"月",右下角"凡"。

学习和使用汉字,常常需要把汉字的构成部件说出来。例如:"尊姓?""姓'张','弓''长''张'。"弄清现代汉字部件的类别,学会汉字部件的拆分和称说,很有实用价值。进行汉字教学时,独体字需要拆分到笔画,合体字则需要分解为部件来称说和识记。在使用汉字信息处理编码方案的形码和音形(形音)码输入方案时,往往需要以部件为输入单位来编码,为此,应该掌握好现代汉字部件规范的名称和拆分法。

3. 部件与偏旁、部首

偏旁与部件不同,偏旁是应用传统文字学分析汉字得到的概念,它是从造字法的角度对合体字进行分析所得到的结构单位。如"法"有"氵"和"去"两个偏旁,"园"有"囗"和"元"两个偏旁。偏旁一般可分为形旁(或意符)和声旁(或音符)两类。形旁表示该字的意义类别,声旁则表示该字的大致读音。例如"钒""铜""锡"的形旁都是"钅",而声旁分别为"凡""同""易"。会意字的两个偏旁都有意义,例如"从""信""刖""涉"。也有些字的偏旁,随着历史的演进,用今天的观点来看,已经既不能表义,也不能表音,如"等"字的"竹"和"寺"、"层"字的"尸"和"云"。

偏旁不等于部件。部件这个概念可大可小:有时部件是对合体字进行一次切分而得出的两个单位,这时的部件相当于偏旁,如"牢"可分成"宀"和"牛"两个构字部件,这两个构字部件同时也是偏旁;有时部件是对合体字进行多次切分而得出的多个单位,这时的部件就要比偏旁小,如"树"可分成"木""又""寸"三个构字部件,这里的"又""寸"并不是"树"的偏旁。

偏旁不等于部首。偏旁是切分汉字而得到的结构成分,部首则是为给汉字分类而专设的部目。部首一般包括两类:一是形旁,例如"语","讠"是部首;二是某些笔画,即独体字的起笔,例如"头"、"丶"就是部首。尽管就具体一个字来说,这个字的形旁,往往就是这个字所属的部首,但偏旁和部首毕竟只是两个有联系却并不等同的概念。

二、笔顺

笔顺是书写汉字时笔画的先后顺序。笔顺是人们在长期的汉字书写实践中归纳总结、约定俗成的。合理安排笔顺,有助于正确、匀称、快速地书写汉字。

1. 笔顺规则

汉字是笔画向右、向下运动构成的二维文字,所以,笔顺规则的总出发点是:书写的起点在左、在上,终点在右、在下,两个相关笔画之间以最短距离为运笔最佳选择。笔顺的基本规则可以概括为以下 10 条。

(1)从左到右,如"川"。

(2)从上到下,如"立"。

(3)先横后竖。横、竖相交及竖笔的笔首与横笔笔身相接的字或部件,绝大多数是先横后竖,如"丰",又如"于"。

(4)先竖后横。多笔横、竖笔画相接或相交,最后一个横笔与竖笔相接时,要先竖后横,如"王"。长竖与短横相接时,要先竖后横,如"非""甘"。

(5)先撇后捺。撇笔与捺笔组合不管是相离、相接,还是相交,书写时都是先撇后捺,如"八""人""义"。

(6)先撇后折。撇笔和折笔组成字或者部件,多数是先撇后折,如"儿"、"几"、"勹"(句字框)、"犭"(狼字旁)等。不过,"刀""方"等字是先折笔、后撇笔。

(7)先外后内。部分独体字,两面或三面包围字,书写时大多数是先外后内,如"寸""勺"。不过,含"辶""廴"的两面包围字和缺口在上的三面包围字,要先内后外,如"进""延""凵""函"。

至于缺口在右的三面包围字,则要先上后内再左下包围,如"区、匠、匡"。

(8)先外后内再封口。全包围结构字都是先写三面,接着写内部,再封口,如"田""园"。

(9)先中间后两边。如"小""办"。不过,"火""脊""爽"等字是先两边后中间。

(10)包在主体内的点和右上角的点最后写。前者如"太""夕",后者如"犬""求"。

2.笔顺的规范

关于笔顺的规范,最早有1965年文化部、中国文字改革委员会发布的《印刷通用汉字字形表》,1988年国家语言文字工作委员会、新闻出版署又发布了《现代汉语通用字表》。这两个字表规定了所收汉字的字形结构、笔画数和笔顺,但没有一笔一笔地列出笔画的顺序,导致人们在书写汉字的过程中分歧百出。到了1997年,国家语言文字工作委员会和新闻出版署联合发布了《现代汉语通用字笔顺规范》,确定了7000个汉字的规范笔顺,并一笔一笔列出了每个字的笔顺。为规范更多汉字的笔顺,国家语言文字工作委员会于1999年发布了《GB 13000.1 字符集汉字笔顺规范》,规定了20902个汉字的笔顺规范,并于2000年1月1日正式实施。

但在实际书写中,不同的人对部分字的笔顺存在分歧写法,还有待于进一步统一。

三、现代汉字的结构模式

现代汉字合体字的结构模式比较多,可以用层次分析法和平面分析法两种不同的方法去分析。

按照层次分析法分析出的合体字①基本结构模式,有三大类。

(1)左右结构:性、姓、胜、棉。

(2)上下结构:盆、草、苗、宝。

(3)内外结构:国、囚、回、因。

此外,还有一些从基本结构变化出来的派生结构,这主要有以下类型。

(4)左中右结构:辨、珩、衔、衍。

(5)上中下结构:菩、衷、苦、章。

(6)品字结构:众、垚、犇、磊。

(7)半包围结构。

①三面包围。上包围:问、风、向、闪;

下包围:凶、函、画、缶;

左包围:区、医、匡、匹。

②两面包围。左上包围:病、扇、房、尼;

左下包围:达、延、赵、赶;

右上包围:包、司、匀、氢。

---

① 由两个或两个以上构字部件构成的字。

第五节　繁简字

　　2016年8月，某相声演员在其个人微博上发布了《××社家谱》，其中的用字情况引起广泛讨论。《××社家谱》用繁体字书写，遗憾的是，出现了好几处错误。如"髮指"误写为"發指"。"发指"的意思为"愤怒到了极点，让人头发都竖起来了"。其中"发"指头发，应该使用"髮"。无独有偶，某一书法家赠送给某著名演员一张条幅，上书"影後"两个大字。这里的"後"应写作"后"，"後"是"后面"的意思，而"后"本表示皇后，后引申为表示地位尊贵的女性，从古至今都是这个形体，并无相对应的繁体字。因此，弄清楚繁简字的来历和对应关系对需要使用繁体字的人来讲还是很重要的，否则一不小心就容易闹出笑话。

一、繁体字简化的历史与方法

（一）繁体字简化的历史

　　中国文字的简化，从其产生的时候就开始了，目的是"示简易之事"。例如，"史籀大篆，或颇省改"，产生了小篆；小篆隶变，产生了隶书；隶书省去波挑，继而产生楷书等。

　　中国文字在其发展过程中经历了一次重要的简化过程，也是中国文字历史上的一次重大事件，即中国文字的形态、结构和书写技法在秦汉时期发生了根本的改变而产生了隶书。这个事件称为"隶变"。隶变在秦代之前就已经开始，郦道元在《水经注·谷水》中曾说"隶自出古，非始于秦"。隶书在秦代厘定，最终在汉代完成。隶变是古文字和今文字的分水岭。"从汉字整个发展过程来讲，按照传统的划分，将篆、隶分作两大发展阶段，前者属于古文字范围，后者属于今文字范围。"[1]今文字在以后约2000年的时间里一直是以繁体字来承载和表现的。隶变之后出现了今文经学、今文博士、今隶、今草等，也出现了正（楷）书。《宣和书谱》："在汉建初有王次仲者，始以隶字作楷法。所谓楷法者，今之正书也。"隶书、楷书又很快简化而衍生出了行书，"行书的出现，是楷隶简化的结果"[2]。由此可见，今文字和繁体字同时产生，今文字是一个体系，包含了隶书、楷书、草书、行书等书体，繁体字是今文字的一种承载形式或状态。

　　从1951年至1959年，中国文字改革委员会先后发布和推行了四批简体字。1964年发布了《简化字总表》，共简化2200多个繁体字，简化后的汉字笔画大大减少，由繁体字的平均每个字15.6画降低到了平均每个字10.3画，效果显著。1977年，中国文字改革委员会又发布了《第二次汉字简化方案（草案）》，该方案中涉及的字被称为"二简字"。其中二简字示例如表3-2所示。

---

[1] 唐兰：《中国文字学》，上海古籍出版社，2005年版，第141页。
[2] 《陈独秀书信集》，新华出版社，1987年版，第202页。

表 3-2 二简字示例

规范简化字	二简字	规范简化字	二简字
餐	歺	停	仃
泰	太	街	亍
蛋	旦	盒	合
帮	邦	舞	午
副	付	萧	肖
原	厡	稳	秘
菜	芅	灌	浂
嚷	吐	酒	氿

但是这个方案中的一些字简化得过于简单,社会各界褒贬不一,造成使用混乱。1986年国务院批准了国家语言文字工作委员会《关于废止〈第二次汉字简化方案(草案)〉和纠正社会用字混乱现象的请示》,从此,"二简字"停止使用。1986年重新公布《简化字总表》并作个别调整,简化字总数为2274个。

(二)繁体字简化的方法

汉字发展的总趋势是由繁到简,甲骨文、金文已经有简化倾向,我们现在使用的简化字就是在历史上已经出现的简化字的基础上整理而成的。汉字简化的方法有以下几种。

(1)局部删除,保留部分特征,即删去繁体字的部分结构部件,保留具有区别性特征的部分。

虧——亏　飛——飞　聲——声　處——处　寶——宝　幣——币
擊——击　開——开　習——习　蟲——虫　麗——丽　醫——医

(2)改换偏旁。

難——难　僅——仅　雞——鸡　趙——赵　這——这　劉——刘
幫——帮　劇——剧　礎——础　態——态　筆——笔　對——对

(3)草书楷化。

書——书　爲——为　東——东　貝——贝　學——学　專——专
鳥——鸟　樂——乐　長——长　堯——尧　揀——拣　馬——马

(4)同音或近音替代。

幾——几　穀——谷　後——后　醜——丑　鬥——斗　闆——板
齣——出　範——范　薑——姜　鬆——松　麵——面　裏——里

(5)另造新字。

塵——尘　蠶——蚕　繭——茧　簾——帘　滅——灭　眾——众
體——体　國——国　陰——阴　陽——阳　叢——丛　蘭——兰

二、需要注意的繁简字对应关系

当前社会上一些爱好繁体字的人偶尔会用错繁体字,这主要是因为他们没有搞清楚繁简字对应关系。因此,在学习过程中,我们要特别关注繁体字和简化字之间的关系。繁体字和简化字有以下两种关系。

(1)有少量简化字是现代新造的,在用繁体字印刷的古书中,这些简化字根本不会出现。例如:

赵(趙)、东(東)、专(專)、办(辦)

(2)有大量简化字是古已有之的,它们跟繁体字的关系有多种情况。

①原本是异体字。例如:

礼——禮("禮"字见《玉篇》)

粮——糧

②原本是古今字。例如:

舍——捨

卷——捲

③古书上曾经借用过。例如:

夸——誇(在"自大"的意义上借用过)

④在古书上原本是意义毫不相干的两个字,现在把笔画较简的字,拉来充当笔画较繁的字的简化字,以简代繁,混为一个了。这种情况最值得注意。这种代用,有的是同音代用,如丑——醜、姜——薑、谷——穀;有的是音近代用,如斗——鬥;还有的虽然并无音同、音近关系,却也"代用",如适(kuò)——適(shì)、腊(xī 干肉)——臘(là 阴历十二月)。

上述②③④三种情况都值得特别注意。

第六节　汉字的标准化

汉字的标准化,是指在汉字使用过程中,国家和政府职能部门要根据文字发展规律和社会语言文字交际的需要,为汉字的应用制定各方面的标准与规范,也就是说,把那些符合文字发展规律以及社会约定俗成的、便于交流使用的汉字经过研究与整理固定下来并加以推广;对那些不符合文字发展规律且不便于交际的汉字,根据规范的要求给予处理,并禁止在社会上使用;对社会上出现的用字不规范现象应制定相应的规范标准,并加以纠正与引导。文字使用者在使用文字时,要根据国家和政府职能部门制定的各种正字标准使用规范汉字。

汉字标准化的主要内容是定量、定形、定音、定序,简称"四定"。2013 年 6 月 5 日,国务院公布了《通用规范汉字表》,该字表整合和优化了已有汉字规范,确定了"规范汉字"在通用层面上的字量、字级和字形规范。《通用规范汉字表》公布后,社会一般应用领域的汉字使用以《通用规范汉字表》为准,原有相关字表停止使用。

一、定量

现代汉字的定量工作是指规定现代汉语用字的数量,以方便对汉字的学习与运用。中国汉字的总量是多少?目前还没有准确的统计数字。从历代字书所收字数看,汉字的字数是逐渐增加的,具体见表3-3。

表3-3 历代文字学著作所收录的汉字数

书名	时代	编者	收字数/个
《说文解字》	东汉	许慎	9353
《字林》	晋	吕忱	12824
《玉篇》	梁	顾野王	22726
《龙龛手鉴》	辽	释行均	26430
《类篇》	宋	司马光等	31319
《字汇》	明	梅膺祚等	33179
《康熙字典》	清	张玉书等	47035
《汉语大字典》	今	徐中舒等	56000
《中华字海》	今	冷玉龙等	87019

《中华字海》收字87019个,但仍然没有收全。字典中收录的字是汉语发展过程中历代累积的,其中有不少异体字、死字。这些汉字是我们研究古代文化的重要资料,但在现今的社会交际中是不会使用的。

为适应语文教学、辞书编纂与计算机信息处理等方面的需要,国家语言文字工作委员会从1986年6月开始研制《现代汉语常用字表》。1988年1月26日国家语言文字工作委员会和国家教育委员会联合颁布了《现代汉语常用字表》,收字3500个。1988年3月25日国家语言文字工作委员会和新闻出版署联合发布了《现代汉语通用字表》,收字7000个,其中包括《现代汉语常用字表》中的3500个字。

2013年,国务院公布的《通用规范汉字表》是《中华人民共和国国家通用语言文字法》的配套规范,收字8105个。《通用规范汉字表》继承了《第一批异体字整理表》(1955年)、《印刷通用汉字字形表》(1965年)、《简化字总表》(1986年)、《现代汉语常用字表》(1988年)、《现代汉语通用字表》(1988年)等字表的具体成果和规范原则,并根据21世纪的语言生活和文字理念,兼顾汉字应用的科学性与社会性,对已有规范进行整合和优化,集分散规范于一体,增强规范的科学性和使用上的便利性,是现代记录汉语的通用规范字集,体现了现代通用汉字更为完备的国家规范性。《通用规范汉字表》根据字的通用程度将8105个汉字划分为三个等级。一级字表收字3500个,是使用频率最高的常用字,主要满足基础教育和文化普及层面的用字需要。二级字表收字3000个,使用频率低于一级字表。一级字表与二级字表合起来共6500个字，主要满足现代汉语出版印刷、辞书编纂和信息处理等方面的用字需要。三级字表收字1605个，是姓氏人名、地名、科学技术术语、中小学语文教材文言文用字中未进入一、二级字表的较通用的字，主要满足信息化时代与大众生活密切相关的专门领域的用字需要。

二、定形

现代汉字的定形工作是指确定有关现代汉语用字的字形标准，这是现代汉字规范化的重要组成部分。定形工作包括异体字整理、汉字简化、字形整理等。

1. 异体字整理

汉字自古以来就存在各种异体字，读音相同、意义相同，仅写法不同的异体字的存在增加了人们学习的负担，同时也给阅读带来了障碍，因此，历代统治者在对文字进行规范时经常会涉及对异体字的整理。整理异体字的主要原则是"从俗从简"。从俗，即选用社会和出版物中比较通行的字形，例如，选"窗"弃"窻"，选"仙"弃"僊"等。从简，即选用笔画相对较少的字形，例如，选"捆"弃"綑"，选"猫"弃"貓"等。当从俗原则和从简原则不一致时，往往选择从俗，如选"霸"弃"覇"。

异体字整理的目的是使汉字由一字多形变为一字一形，字有定形。1955年，文化部和中国文字改革委员会联合公布《第一批异体字整理表》，按照从俗从简的原则，选用810组字，每组确定一个正字，淘汰其余，共淘汰了1055个异体字。后经过多次调整，最终《第一批异体字整理表》实际淘汰异体字1027个。对异体字的整理，减少了汉字字数，确定了汉字字形，减轻了学习者的负担，给人们的学习和使用带来了方便。

2. 汉字简化

简化汉字也是整理、确定汉字字形的工作之一。1956年国务院公布了《汉字简化方案》。1964年经国务院批准，中国文字改革委员会又根据类推简化的原则编成《简化字总表》，共有2235个字。为规范社会用字，经国务院批准，1986年稍作调整后，又重新发表了该表。国家语言文字工作委员会在《关于重新发表〈简化字总表〉的说明》中指出："我们要求社会用字以《简化字总表》为标准；凡是在《简化字总表》中已经被简化了的繁体字，应该用简化字而不用繁体字；凡是不符合《简化字总表》规定的简化字，包括《第二次汉字简化方案（草案）》的简化字和社会上流行的各种简化字，都是不规范的简化字，应当停止使用。"现今社会上还存在一些滥用繁体字、使用二简字等现象，消除这种不规范用字现象，维护简化字的地位，是当前的重要任务。

3. 字形整理

除了繁简字、异体字问题，还存在新旧字形的问题。在以前的出版物中，有些字的结构和轮廓相同，笔画数目和笔形可能存在一些差异，如：

吴——吳 户——戶 俞——兪 既——旣

横线前的为新字形，横线后的为旧字形。1965年，文化部和中国文字改革委员会公布《印刷通用汉字字形表》，规定了新的通用规范印刷体字形，同时宣布废除旧字形。新旧字形之间，主要在笔画上存在一定的差异,对少数字的偏旁部位进行了微调。1988年国家语言文字工作委员会、新闻出版署发布了《现代汉语通用字表》,进一步明确了每个字的字形标准,以及每个字的笔画数、笔顺、结构方式和笔形次序。绝大多数的宋体与楷体的字形基本趋于一致,印刷体和手写楷体的字形也基本一致。至此,汉字的结构更加整齐、匀称。

三、定音

定音是指规范现代汉字的读音,有关规定主要有以下方面。

(1)《汉语拼音方案》确定了普通话的声韵调系统。

(2)普通话审音委员会曾于1957—1962年分三次发表《普通话异读词审音表初稿》。经过修订,1985年12月,国家语言文字工作委员会、国家教育委员会和广播电视部联合发布《普通话异读词审音表》,对839个存在异读的汉字进行了语音规范。

(3)普通话轻声词、儿化词的范围也有待进一步规范。

四、定序

定序就是汉字排列的先后顺序。若干汉字集合在一起,就存在一个排列次序的问题。在社会生活中,字序的应用特别广泛,比如辞书的编纂、索引的编列、人名排序、图书资料编排目录等,都需有既科学又方便的汉字排序法。

汉字的定序,就是规定现代汉语用字的排列顺序。汉字的排列方法主要有两种,即音序法、形序法。

1. 音序法

音序法是按照字音来排列字序的方法。音序法曾经历过声韵排序法(如宋代《广韵》)、注音字母排序法(如1919年《国音字典》)和汉语拼音排序法(如《新华字典》《现代汉语词典》)三个阶段。1958年《汉语拼音方案》公布后,许多字典都用汉语拼音给汉字注音,同时用汉语拼音给汉字排序。如《现代汉语词典》,它首先按照汉语拼音音节表中的音节词序排列字头,如果字的音节相同,再按字头的汉字字形排序。几个多音节词条具有相同的字头时,根据第二字的拼音顺序安排词条的词序。

用音序法排检汉字的优点是查字简单、迅速,缺点在于若遇到不认识的字或读不准的字,还需借助别的查字法。

2. 形序法

形序法是按照字形各方面的特点来排列字序的方法。形序法包括部首法、笔画法、四角号码法等,其中部首法历史最为悠久,使用也最为普遍。

(1)部首法:按照字的部首来排列汉字。部首相同的字按照笔画数多少顺序排列,笔画相同的字按照起笔笔形顺序排列,笔画数、起笔笔形都相同的字按次笔笔形顺序排列。如《汉语大字典》《汉语大词典》等均采用部首法。

(2)笔画法:按照字的笔画数目多少来排列汉字。

(3)四角号码法:把汉字四角的笔形编成数码,再按照每一个字的数码来编排查检汉字。

上述各种序列法各有优缺点,每一种方法各成系统又互为补充。

第七节　正确使用规范汉字

汉字是中国人最重要的辅助性交际工具。只有正确使用规范汉字,才能充分发挥汉字的交际作用。规范汉字,是指经过国家有关部门简化和整理的现代汉语用字。

当前社会上使用的汉字的形体标准,主要以四个"字表"为依据,即《简化字总表》《第一批异体字整理表》《现代汉语通用字表》《第一批异形词整理表》。汉字信息处理的"国标字"标准依据《印刷通用汉字字形表》和国家标准总局颁布实施的 GB 2312-80《信息交换用汉字编码字符集·基本集》。现代汉字字音和字义,则以国家有关部门颁布的文件为依据,其中《普通话异读词审音表》、《现代汉语词典》(第 7 版)和《现代汉语规范词典》(第 3 版)是现代汉字的主要音义规范标准。

以上是现代汉字规范使用的字形、字音、字义等方面的依据,而正确使用汉字,除了要遵守上述标准,还应注意以下几方面问题。

一、不滥用繁体字

国家颁布的《简化字总表》具有法定地位,已经被简化的繁体字,只能在古籍整理出版、文物古迹、书法艺术等方面使用,在其他情况下,原则上必须使用简化字。从社会用字角度看,在以下几种情况下都必须使用简化字。

(1)报刊及各级各类学校教材。

(2)公文、布告、通知、标语、宣传栏、奖旗奖状等。

(3)各类地名、站名。

(4)机关团体、企事业单位的牌匾。

(5)电影、电视片名,制作单位、演职人员姓名表、字幕等。

在古籍整理、文物古迹、书法艺术等领域使用繁体字时,一定要注意繁体字和简化字的对应关系,特别是注意那些简化字和繁体字是一对多关系的。

二、不使用"二简字"

《第二次汉字简化方案(草案)》由于存在不少问题,国家于 1986 年发出通知欲意"废止"。但由于"二简字"中一部分字已经在社会上传开,一些人仍在沿用这些字,在街头广告中也经常会看到"二简字"的身影,如"鸡旦""仃车""九菜"等,在社会用字方面造成了一些不良影响。"二简字"属于不规范的汉字,不应当继续使用。

三、不写异体字

《第一批异体字整理表》公布后,确定的正体字即为规范字,其中的异体字属于不规范字,不应当继续使用,如够(夠)、群(羣)、灾(災)等。

四、纠正错别字

错字,是指写得不成字、规范字典查不到的字,如"染"在"九"的撇笔处多加一点,"丧"在"竖提"处多加一撇等。

别字,又叫"白字",指把甲字写成乙字,如把"刻苦"写成"克苦"等。

产生错别字的原因有两种。一是主观上的不重视。识字时不细心,写字时没把握,也不查词典,粗心、草率。二是汉字本身的复杂性,难认、难写、难记。

思考题

1. 表情包会取代文字吗?
2. 与拼音文字相比,汉字有哪些优缺点?
3. 你认为翻印古籍用简体字好,还是用繁体字好?
4. 收集街面上的不规范用字,并分析其错误原因。
5. 收集正式报刊上的错别字,并向该刊去信指出。
6. 收集老师上课时出现的错别字,用你认为恰当的方式告诉老师。

延伸阅读

1. 张文忠、夏军:《语言文字规范十五讲》,上海大学出版社,2019年版。
2. 高小方:《古代汉语》,江苏教育出版社,2010年版。
3. 党怀兴、王辉:《汉字基础与常见使用问题辨析》,陕西师范大学出版社,2019年版。
4. 李运富、张素凤:《汉字性质综论》,《北京师范大学学报》,2006年第1期。
5. 朱德熙:《论汉语和汉字》,《汉字文化》,1994年第2期。
6. 高家莺、范可育、费锦昌:《现代汉字学》,北京:高等教育出版社,1993年版。
7. 刘翠霞:《汉字是铸牢中华民族共同体意识的文化纽带》,《光明日报》,2020年9月25日。

附录　GB 13000.1字符集汉字折笔规范

折数	序号	名称		笔形	例字
		全称	简称（或俗称）		
1折	5.1	横折竖	横折	ㄱ(⁊)	口见达舆己罗马丑贯/敢 為
	5.2	横折撇	横撇	ㄱ(⁊)	又祭之社登卯/令 了
	5.3	横钩		⌐	买宝皮饭
	5.4	竖折横	竖折	ㄴ(L、一)	山世岵/母互乐/发牙降
	5.5	竖弯横	竖弯		四西尢
	5.6	竖折提	竖提	㇄	长瓜鼠以瓦叫收
	5.7	撇折横	撇折	ㄥ(ㄥ)	公离云红乡亥/车东
	5.8	撇折点	撇点	㇏	女巡
	5.9	撇钩		ノ	乂
	5.10	弯竖钩	弯钩（俗称）	)	犹家
	5.11	捺钩	斜钩（俗称）	╲	代戈
2折	5.12	横折竖折横	横折折	㇅	凹卍
	5.13	横折竖弯横	横折弯		朵
	5.14	横折竖折提	横折提	㇊	计颏鸠
	5.15	横折竖钩	横折钩	ㄋ(ㄋ)	同门却永耍万母仓/也
	5.16	横折捺钩	横斜钩（俗称）		飞风执
	5.17	竖折横折竖	竖折折	㇋	鼎圻亞吳
	5.18	竖折横折撇	竖折撇	ㄣ(ㄣ、ㄋ)	专/奭/矢
	5.19	竖弯横钩	竖弯钩	ㄴ	己匕电心
3折	5.20	横折竖折横折竖	横折折折		凸
	5.21	横折竖折横折撇	横折折撇		及延
	5.22	横折竖弯横钩	横折弯钩	㇈(乙)	几丸/艺亿
	5.23	横折撇折弯竖钩	横撇弯钩（俗称）		阳部
	5.24	竖折横折竖钩	竖折折钩	ㄣ(ㄅ)	马与钙/号弓
4折	5.25	横折竖折横折竖钩	横折折折钩	㇡(㇡)	乃／杨

第四章 语 义

我们已经知道,语言是一种符号系统。符号用一定的形式表达一定的意义。例如,对于交通信号灯这个符号系统,其形式是红、黄、绿三种颜色,其意义分别就是停止、等待、通行。而对于语言这个音义结合的符号系统,其形式就是语音,在本书第二章中已经介绍过;本章我们将介绍其意义,也就是语义。

在语言当中,词是能够独立使用的最小符号,也是我们熟悉的意义载体。人在认识现实世界时,首先对其中的种种现象进行概括、分类等;然后赋予语音,形成音义结合的符号,从而用这些符号或其组合,也就是词和词的组合来命名、叙述。还是拿交通信号灯举例,人们先把道路交通中的行为分为停止、等待、通行三种,而不区分高速、低速、超车等行为,这就类似于语义对现实世界的概括分类;然后选出红、黄、绿三种颜色的灯来代表这些交通行为,这就好比是赋予了语音;那么"红=停止""黄=等待""绿=通行"就成了交通信号灯中的三个符号,这就像语言中的词。

因此,研究语义一般都从词和词汇入手,进而探讨通过一种语言如何认识现实世界,了解用它如何概括、分类、命名和叙述现实世界。本章将从以下几个方面讨论汉语词汇。第一节介绍词和词汇的基本概念,包括语素、词、词组等。第二节分析词义的基本特点,包括其性质及构成。第三节介绍义项和多义词,随后探讨词义的发展,这可以看作是从纵向的、历时(diachronic)①发展的角度分析词义。第四节则从横向的、共时(synchronic)系统的角度,通过义素和语义场介绍词义之间的联系,重点分析同义词、反义词。第五节说明现代汉语词汇的构成。

第一节 词和词汇

一、词和词汇

词(word)是我们比较熟悉的一个语言单位,人们常说"遣词造句""没词儿了"等。本节就从语言学的角度,探讨词的定义和相关性质。一般来说,词是语言中能够独立使用的、音义结合的最小单位。这个定义包含了以下三个要点。

---

① "历时"和"共时"由瑞士语言学家索绪尔提出,是语言研究的两大时间维度。"历时语言学"是从语言的历史发展角度研究语言在一定时间段内的变化;"共时语言学"则是研究语言在一个时间点上的状态,而不讨论它发生哪些变化。

第一，词是"音义结合"的单位。这意味着它作为符号，同时具有语音和意义，所以不具备意义的音素及其组合、不具备语音的意义成分等，都不是词。

第二，词可以"独立使用"。这意味着它在语言中能够"单说""单用"。如"我学习了汉语"这句话中，"我""学习""了""汉语"都可以单独说和用，或和其他成分再次组合，如"我是学生""学习数学""好了""会说汉语"；而"学习"的"习"、"汉语"的"汉""语"等，则不具有这种性质。

第三，词是"最小"的可独立使用的符号。这意味着词不能进一步被分割为更小的可以独立使用的符号。如"学习了"也是可以独立使用的符号，能组成"你学习了法语""学习了一整天"，但是它还能进一步被分割为可以独立使用的"学习""了"，因此"学习了"不是词，而是词组或短语。

以上三个要点之中，第一点是词的符号属性；第二点是将词和语素区别开来；第三点则是将词和词组或短语区别开来。后文将针对第二点和第三点做进一步说明。

还有一个与词相关的概念需要说明，那就是"词汇"。词汇是一种语言或一个特定范围内，所有词语的总和。它不仅包括词，也包括熟语（成语、歇后语、谚语等）。因此我们通常说"汉语的词汇""英语的词汇""词汇表""行业词汇""方言词汇""鲁迅的词汇""《红楼梦》词汇"等，而至于"一个词汇"，或者网络上近年来流行的"可爱是形容一个人最高级的词汇"等说法，严格来说是不准确的。

二、词和语素

上面说到词还可以切分成更小的单位，如"学""习""汉""语"等，这样的单位就是语素。语素是语言中音义结合的最小单位。如语素"学"的语音形式是 xué，意义是"模拟而习得"；语素"语"的语音形式是 yǔ，意义是"人们所说的话"。那么，划分语素的标准是什么，如何确定语素呢？语言学上一般采用替代法，也就是用已知的其他语素代替有待确定的单位。例如，"学习"中的"学"和"习"可以用其他语素分别替代它们：

替代"学"：学生　学校　学科　学问
替代"习"：自习　实习　复习　补习

因此"学""习"各是一个语素。与之相反，"咖啡""蜻蜓"等，其内部成分无法被替代，如组成"×啡""咖×""×蜓""蜻×"，那么它们就合起来构成一个语素。

需要注意的特殊情况有下面两种。一是像"蝴蝶"这样的例子，"蝴"可以被替代，构成"彩蝶/粉蝶"等，而"蝶"却不能被替代而构成"蝴×"，这时"蝴蝶"也只能是一个语素；至于"彩蝶/粉蝶"中的"蝶"，它与"蝴蝶"的意义完全相同，其实是作为"蝴蝶"的简称出现，可以叫作"简称语素"，这是一种比较特殊的情况。二是像"菠菜""啤酒"这样的例子，"菠""啤"可以被替代，构成"芹菜/韭菜""美酒/白酒"等，而"菜"却不能被替代而构成"菠×""啤×"；但与"蝴"不同的是，"菠菜""啤酒"不等于"菜""酒"，"菠""啤"与"蝴"不同，具有区别意义的作用；这时"菠""啤"也被看作语素，叫作"剩余语素"。

下面从语音、意义以及与词的关系三个方面，分别详细介绍语素的性质。

从语音方面看,汉语中有大量的单音节语素,如前面说的"学""习""汉""语""了"等,但也有多音节语素,如"蜻蜓""咖啡""马虎""雷达""奥林匹克"等。在多音节语素中,单个音节不具备任何意义,必须和另外几个音节组合起来,才能形成一个有意义的语素。需要注意的是,这里所说的"单个音节不具备意义",意思是说被替代后,各成分的意义要保持基本一致。所以像"马虎"这样的多音节语素,尽管"马""虎"表面上可以分别被替换为"马车""马蹄"和"老虎""猛虎"等,但它们在这些词中的意思已经和"马虎"的意思无关,所以"马虎"的两个成分都不可替代,仍然是一个语素。在现代汉语中,单音节语素占多数,多音节语素主要是一些联绵词①,如"马虎""蹊跷""徘徊"等,以及外来词的音译,如"咖啡""雷达""尼古丁""奥林匹克"等。

从意义方面看,语言中的意义一般分为词汇意义和语法意义。前者主要描述一定的事物、现象等,后者主要表示语法功能。有的语素具备词汇意义,有的语素则只具备语法意义,如表4-1所示。

表4-1 词汇意义和语法意义

类别	词汇意义	语法意义
人	能制造工具并使用工具进行劳动的高等动物②	名词
马虎	不认真	形容词
了	—	表示完成

具备词汇意义的"人""马虎"可以叫实语素,不具备词汇意义的"了"就是虚语素。

语素是组成词的基本材料,因此我们也重视分析语素与词的关系。首先,从词和语素定义的对比可以发现,语素不强调"独立使用"。所以从这个角度看,有的语素不能独立使用,比如"习""峻""阿""者",只能出现在"习武""学习""峻岭""险峻""阿姨""作者"等组合之中,这叫不成词语素。而有的语素却可以独立使用,比如"学""险""在""了",可以说"学文化""山路真险""在不在家""身体好了",这叫成词语素。

此外,语素在组合中的位置也有不同。有的语素一定要出现在某些单位之前或之后,这是定位语素。如成词语素中的虚语素"了""在"等,必须说"好了/吃了"或者"在学校/在家",以及一些不成词语素,如"阿""子""头",必须说"阿姨/阿公""桌子/裙子""石头/砖头"。还有一些语素,不一定要出现在组合中特定的位置,这就是不定位语素。包括成词语素中的实语素,如"学""人"等,可以说"学习/求学/学了""人际/法人/被人知道",以及部分不成词语素,如"习""峻"等,可以说"学习/习武""峻岭/险峻"。

综上所述,除音节数量之外,可以按照语素的意义、成词与否、定位与否,对语素进行分类。这些分类之间的关系是错综复杂的,可以用下面的方式来说明。

---

① 关于联绵词,详见本节后文"五、词的构造"中的"(一)单纯词"。
② 本章对现代汉语普通话中词的释义,如无特别说明,基本引自《现代汉语词典》(第7版)(中国社会科学院语言研究所词典编辑室编,商务印书馆,2016年版)。

A. 人　书　学　险　多　美
B. 在　也　与　吧　了　被
C. 朋　民　习　坚　式　性
D. 阿　老　子　儿　头　第

这四组语素在以上分类方式中的表现如下：

① $\begin{cases}实语素：AC\\虚语素：BD\end{cases}$　② $\begin{cases}成词语素：AB\\不成词语素：CD\end{cases}$　③ $\begin{cases}定位语素：BD\\不定位语素：AC\end{cases}$

三、词和词组

　　语素组合起来，会形成不同的结果。具体来看，不成词语素的组合，一定是词，如"习武""殊荣"；成词语素和不成词语素的组合，也是词，如"学习""记者"；成词语素的组合，则有可能是词或者词组，前者如"粗心""演讲"，后者如"学了""小花"。

　　那么词和词组应该如何区别呢？词组是由词和词按照一定的语义关系和语法规则构成的、没有句调的语言单位，也叫短语。而词是能够独立使用的最小语言单位。由于词是能独立使用的最小的音义结合单位，因此不能拆分开。如"粗心"不能说"粗的心"，"演讲"不等于"演和讲"；而"学吧"却可以说"学英语吧/学一次吧"，"小花"也就是"小的花"。这种区别词和词组的方法叫扩展法或插入法。这种方法说明，和词组相比，词中语素的结合程度更紧密，词的意义不是语素义的简单相加。有些词可以做一定程度的扩展，如"洗澡""理发"可以说"洗了个澡""理两次发"，它们叫作离合词，合起来是一个词，扩展后可以看成两个词。

　　由于包含不成词语素的组合一定是词，因此区别词和词组时重点要辨析的，是成词语素的组合。其实成词语素组成的词中，语素结合的紧密程度也有不同，可以分为以下几类。

（1）轻声型复合词：含有轻声语素的组合。

动静　买卖　打手　裁缝

（2）连带型复合词：虽然不含轻声语素，但是不能扩展。

粗心（没有"粗的心"，下同）　火车　超人　可爱

（3）凝固型复合词：可以扩展，但扩展后意义发生变化。

演讲（不等于演和讲，下同）　开关　学问　龙头

（4）短语型复合词：可以扩展且扩展后意义不变，但扩展后的用法受限。

推翻（只能拆分为"推得翻/推不翻"）　看见（同前）

铁锅（可以拆分为"铁的锅"，但不能说"铁的一口锅"）　好梦（同前）

（5）离合型复合词：可以扩展且扩展后用法限制不大，但是合用的频率更高。

说话（说一天话/说两句话/说什么话）　吃亏（吃了大亏/吃不了亏/吃几次亏）

（6）词汇型复合词：扩展后使用频率也不低，但它们本身经常合用，而且和它们类似的组合是词。

鸡腿(可以说"鸡的腿""鸡的大腿",但"鸡爪"是词,因为"爪"是不成词语素,所以"鸡腿"也可以看作词) 羊毛(同前,类比"驼毛")

以上从(1)到(6)是渐变的,语素的结合程度逐渐松散,整个组合作为词的典型程度逐渐下降,逐渐接近于词组,(6)和词组的界线已经比较模糊了。

四、词和音节

讨论语素和词组与词的关系,主要是从意义角度去看词的构成和性质。而从语音角度看,汉语中的词可以分为单音节词和多音节词。单音节词一定是一个成词语素,如"天""人""学""好""了"等。多音节词则包含一个以上的音节。不难发现,其中双音节词在现代汉语中占绝大多数,如"马虎""玲珑""学生""美丽""演讲"等。还有一些词包含两个以上的音节,如"办公室""巧克力""冰糖葫芦""生产关系""全国人民代表大会""布宜诺斯艾利斯"等,主要是一些专有名词和音译外来词。

我们回顾一下目前讨论过的语言单位,可以看到:音义结合为语素,它可以有一个或多个音节;语素构成词;词可以构成词组,进而形成句子。而在汉语中,还要注意书写符号,即汉字与这些单位的对应关系。除了儿化音,一个汉字通常对应一个音节。可以举个例子来看这些单位之间的关系,如"我摘了茉莉花儿"这句话,如表4-2所示。

表4-2 对"我摘了茉莉花儿"的分析

汉字	音节	语素	词
我	wǒ	我	我
摘	zhāi	摘	摘
了	le	了	了
茉	mò	茉莉	茉莉花儿
莉	lì		
花	huār	花	
儿		儿	
7个字	6个音节	6个语素	4个词

由此可见,音节、语素、词、汉字之间,并不是一一对应的,它们是不同层面或不同等级的语言单位。

五、词的构造

语素组合成词有不同的方式,形成了词的不同构造。首先可以把词分为单纯词和合成词。前者由一个语素构成,后者则由多个语素构成。

(一)单纯词

单纯词中,既有单音节的"天""人""学""好""了",也有一些多音节的词。这些多音节单纯词主要包括联绵词、叠音词、拟声词和音译外来词等。

1. 联绵词

联绵词由两个音节合起来形成一个语素,表示一个意义,不能分开解释每个音节。不少联绵词在语音上有一定的联系,具体又可以分为下面几类。

(1)双声词,两个音节的声母相同,如:

仿佛　玲珑　参差　吩咐

(2)叠韵词,两个音节的韵母相同,如:

彷徨　蜻蜓　从容　逍遥

(3)非双声叠韵词,两个音节声韵母均不相同,如:

马虎　蝴蝶　牡丹　玛瑙

2. 叠音词

叠音词由不成词语素的音节重叠构成,如"姥姥""太太""猩猩""饽饽""皑皑"等。注意叠音词与"哥哥""姐姐"这样的词不同,前者中被重叠的成分单独出现不具有任何意义,只能重叠形成一个语素;后者中被重叠的成分"哥""姐"等本身就是一个语素。

3. 拟声词

如"咕噜""扑通""哗啦啦""轰隆隆""噼里啪啦""叽里咕噜"等。

4. 音译外来词

如"咖啡""雷达""尼龙""巧克力""尼古丁""奥特曼""奥林匹克""歇斯底里""布尔什维克""布宜诺斯艾利斯"等。

(二)合成词

合成词由两个以上的语素组成,涉及内部构造问题。讨论合成词时,可以根据语素组合为词时,是否承担这个词的基本意义,把语素分为词根和词缀。其中,不承担词的基本意义、只起附加作用的语素是词缀,这主要是定位的不成词语素。词缀包括前缀,如"阿"(阿姨/阿公)、"老"(老虎/老鼠)等,以及后缀,如"子"(桌子/裙子)、"头"(石头/砖头)等。本节"二、词和语素"结尾处举出的四组语素中,D组都是词缀。而承担词的基本意义的语素就是词根。词根主要包括不定位的不成词语素,如"鼠""裙",以及不定位的成词语素,如"砖""学"。定位的成词语素主要是虚语素,也可看作词根,不过它们独立构成虚词,一般不涉及语素组合成词的情况。

可以按照构成合成词的词根和词缀,对其分类如下。

1. 附加式合成词

附加式合成词由词根和词缀构成,下面按照前缀和后缀分别举例。

(1)前缀,包括"第""老""阿"等,如:

第一　第二　老虎　老鹰　老鼠　老师　老乡　老大　老板　阿姨　阿公

(2)后缀,包括"子""儿""头""然""化""于"等,如:

桌子　裙子　花儿　盖儿　石头　看头　毅然　突然　绿化　现代化　勇于　在于

词缀通常没有具体的意义。例如"老虎"的"老"是词缀,"老年"的"老"则是词根,它表示"年龄大"的意义,这两个"老"不是一个语素;"桌子"的"子"是词缀,"长子"的"子"则是词根,它有具体的意义——"儿子",这两个"子"也不是一个语素。除了以上例子,还有一些多音节后缀,如:

圆乎乎　傻乎乎　黑溜溜　光溜溜　喜滋滋　美滋滋　黑不溜秋　灰不溜丢　酸不溜丢

2. 复合式合成词

复合式合成词由词根和词根构成,可以按照词根之间的关系分为下面几类。

(1)并列式,即由两个意义相近或相关的语素构成,两个语素之间地位平等,如:

①智慧　文章　美丽　寒冷　治理　改革　应该　正在
②骨肉　尺寸　眉目　笔墨　方圆　开关　反正　动静
③国家　质量　窗户　人物　好歹　干净　忘记　灯火

以上都是并列式合成词,但是两个语素之间的具体关系略有不同。第①组由两个意义相同或相近的语素构成,它们之间互相说明,整个词的意义也与这两个语素相近。第②组由两个相关的语素构成,合起来组成具有新意义或相关意义的词,如"骨肉"表示至亲,"开关"表示控制电流或流量的设备。这类词中有不少都由两个意义相反的语素构成。第③组则比较特别,两个语素中只有一个的意义在起作用,另一个的意义完全消失,如"国家"仅有"国"的含义,"好歹"仅有"歹"的含义。这种词也叫作偏义词。

(2)偏正式,即前一个语素修饰、限制后一个语素,如:

黑板　电灯　主流　小说　热心　畅销　彻查　公审　火红　笔直

(3)主谓式,即前一个语素表示一定的事物,后一个语素说明前一个语素的情况,也叫作陈述式,如:

地震　日食　月亮　国营　民主　年轻　内秀　胆怯　肉麻　脑残

(4)动宾式,即前一个语素表示某种动作、行为,后一个语素说明该动作行为的对象,也叫作支配式,如:

司机　开幕　动员　挂钩　注意　投资　美容　刺眼　动人　有限

(5)补充式,即后一个语素补充说明前一个语素,如:

①提高　改善　征服　促进　扩大　接近　揭穿　纠正
②车辆　书本　房间　马匹　花朵　纸张　枪支　人口

补充式合成词可以分为以上两类,区别明显。第①组中,前一语素表示动作,后一语素说明动作的结果或趋势。第②组中,前一语素表示事物,后一语素往往是该事物的计量单位。

以上是复合式合成词内部的几种关系。考察这些关系时,要充分认识其中语素的意义和作用,不能只看字面。如"狐疑"的"狐"的意思是"像狐狸一样",修饰后面的"疑",因此它是偏正式而非主谓式。又如"弟妹"表示"弟弟和妹妹"时是并列式,表示"弟弟的媳妇"时则是偏正式。

3. 重叠式合成词

重叠式合成词由词根语素重叠而成,如:

妈妈　哥哥　姐姐　星星　娃娃　仅仅　常常　刚刚　婆婆妈妈　形形色色

它与单纯词中叠音词的区别,在前面已经说过。这里比较特别的是"婆婆妈妈""形形色色"这样的重叠式合成词,它们与"词的重叠"不同。一个单说的词可以通过AABB的重叠实现一定的表达效果,如"漂亮""断续"可以重叠为"漂漂亮亮""断断续续";但是并不存在"婆妈""形色"这样的说法,所以"婆婆妈妈""形形色色"应该看作语素重叠的合成词。

以上讨论的都是两个语素构成的合成词。至于由两个以上语素构成的合成词,其内部的关系是多层次的,如图4-1所示。

图4-1 由两个以上语素构成的合成词的内部关系

六、词的简称

在语言使用中,有时需要把较长的、复杂的词或词组,缩略为较短的简单形式,这就是简称。常见的简称方法有以下几种。

1. 减缩

减缩是指截取原词的一部分,例如:

中国人民解放军—解放军　清华大学—清华

指称几个并列的事物时,也经常采用这种方法,如:

中国、美国、德国—中、美、德　中文、历史、哲学—文史哲

2. 紧缩

紧缩是指选取原词或词组中有代表性的部分,构成简称,如:

①家用电器—家电　劳动模范—劳模　北京大学—北大

②扫除文盲—扫盲　外交部长—外长　军人家属—军属

③人民警察—民警　工厂矿山—厂矿　物理化学—理化

④奥林匹克运动会—奥运会　得克萨斯州—得州

第①组选取原词语各部分的第一个语素,第②组分别选取原词语两部分的前一个和后一个语素,第③组分别选取原词语两部分的后一个和前一个语素,第④组则是外来词开头的音节与其余成分组合。

3. 省略

省略是指省去并列的词中相同的语素,例如:

中学生、小学生——中小学生　　农民、牧民——农牧民

4. 标数概括

标数概括是指抽出原词语中几个部分的共同语素或共同属性,加上数词来概括,例如:

瞿塘峡、巫峡、西陵峡——三峡　　酸、甜、苦、辣、咸——五味

农业现代化、工业现代化、国防现代化、科学技术现代化——四化

除此之外,随着我国与世界各国文化交流的深入,现代汉语中出现了不少带字母或数字的简称,如"B超(B型超声诊断)""B站(bilibili网站)""5G(5th generation mobile communication technology,即第五代移动通信技术)""GDP(gross domestic product,即国内生产总值)"等,也属于简称的一种。

第二节　词义

词义是词的内容,它反映了人们对客观世界的认识。例如"词典"这个词,语音形式是cídiǎn,内容是"收集词汇加以解释供人检查参考的工具书"。词义反映客观世界,但它反映的不是物理上的客观世界,而是人们对客观世界的认识。因此,词汇可以反映现实中并不存在的事物,如"天堂""神仙",因为它们在人们思维中是存在的,在交际中也是必要的。上一节已经说过,语言中的意义包括词汇意义和语法意义。在研究词义问题时,一般主要关注其词汇意义,语法意义将在下一章讨论。

一、词义的性质

词义具有概括性、模糊性和民族性,下面分别说明。

1. 概括性

词所指的往往是整类事物或现象,反映这类事物的共同特征,而舍弃其中每个个体的区别性特征。例如"笔"是指"写字画图用的工具",反映了毛笔、铅笔、钢笔、蜡笔等外形、功能各异的笔的共同特征;又如"车"是指"有轮子的陆上运输工具",其内容包括自行车、摩托车、二轮车、汽车、火车等。词义就是这样通过概括所指称对象的某些核心特征,使之与其他事物区别开来,从而将词与特定的一类事物联系起来。

专有名词也有概括性。如"北京",它的词义包括了北京在空间上的各个不同地区,也包括时间上的各个历史阶段,还包括了它的政治、经济、文化等不同方面,概括了北京的各种特征。

2. 模糊性

词义的模糊性与精确性是相对的。有些词义指称的事物非常明确,如"浊辅音""太阳"。而还有些词,它们所指称的事物是一个大致的范围,边界并不明确。如"上午"这个词,它表示

的时间范围与"中午"的界线就比较模糊。"近"这个词,它表示的距离范围也没有明确的定义,我们无法说出相距多少米以内才算"近"。所以在日常交流中,我们可能会进一步询问:"上午几点?""有多近?"

词义的模糊性反映了一部分事物之间变化的连续性。如从"上午"到"中午",时间是逐渐流逝的,并没有某一个时刻是这两个阶段的明确界线;从"近"到"远"与人们的认识、衡量的具体参照物有关,并没有某一个距离是这两种状态的区分点。但是"上午"的核心时间是明确的,也是大部分人所认同的;"近"的大致范围在语境中通常是明确的,也是对话双方可以大致想象的。

词义的模糊性在语言的应用中有很大作用。有时,模糊的词义有助于礼貌交际。如在外交场合中,说两国关系"出现波折",而不说具体是什么波折,可以避免尴尬。此外,在要求时效性的新闻报道中,当尚未掌握具体信息时,"日前""凌晨""十余""左右"等这类词义的模糊性,能够迅速反映事件的大致状况。最后,在一些公文或法律条文中,词义的模糊性有助于正确表达条款内容,保证其有效性。如"情节严重"可以应对各种具体案件中的情况;"携带凶器"的"凶器"外延模糊,用来行凶的工具都可以算凶器。

3. 民族性

词义还具有民族性。这主要表现在同样的事物在不同语言中可能用不同的词表示,词义的概括范围也不一样。如父亲的兄弟在汉语中称"伯伯""叔叔",母亲的兄弟在汉语中称"舅舅";而在英语中,这些都叫"uncle"。除此之外,词义在不同语言中的引申也不一样。如汉语的"火"是指"物体燃烧时所发的光和焰",引申为"势头猛、流行"(这首歌火了)、"紧急"(十万火急)等;英语的"fire"同样表示火焰,却引申为"射击""激发"等意思。最后,不同语言中,词义的感情色彩也不一样。如汉语的"狗"用于指人时往往含有贬义,有"走狗""狗眼看人低"等说法;而英语的"dog"则组成了不少褒义的俗语,如"lucky dog(幸运儿)""top dog(主要人物)"等。

二、词义的构成

(一)词义的构成

词义通常包括概念义和色彩义。与一定的概念相联系的、词的核心意义就是概念义。而附着在概念义之上,表达一定感情、语体、形象等色彩的,就是色彩义[①]。

(二)概念义

概念义又叫理性义或主要意义。对词的解释主要就是这部分意义,如:

学生:在学校读书的人。

---

① 词还有语境义,主要是指词在特定的上下文或现实情境中,会临时具备特定的含义。语境义和语用有一定的关系,本章暂不展开讨论。

高雅:高尚,不粗俗。

改善:改变原有情况使好一些。

概念义与构成词的语素的意义密切相关。单纯词由一个语素构成,语素的意义就是词的意义。合成词由多个语素构成,词义和各语素义的关系就有不同的情况。

(1)语素义合起来表示词义,如:

①女生　国宝　制药　出兵　观赏　地震

②朋友　光明　奇怪　骄傲　建设　洗澡

第①组中,语素义直接组合起来,构成词义,如"女生"是"女性学生","国宝"是"国家的瑰宝"。第②组中,词的两个语素义相同或相近,构成的词义也就和语素义相同或相近。

(2)词义是语素义的借代或比喻用法,如:

①细软　笔墨　须眉　大兴土木　踏青

②城府　虎穴　骨肉　珠圆玉润　鼠窜

第①组使用借代法,如"细软"指珠宝、首饰、贵重衣物等便于携带的东西;也有的词中只有部分语素使用借代法,如"踏青"的"青"指青草。第②组使用比喻法,如"城府"比喻人的心机;也有的词中只有部分语素使用比喻法,如"鼠窜"的"鼠"指像老鼠一样。

(3)部分语素失落原义。这分为两种情况。一种是部分语素没有意义,这就是本章前面第一节的"五、词的构造"中"(二)合成词"部分所说的偏义词,如"人物""窗户""好歹""忘记"等。还有一种是部分语素的意义模糊,如"斯文"的"斯"是古代汉语"这"的意思,在这里意义模糊。

(三)色彩义

词的色彩义附着在概念义之上,主要表达说话人的感受或语境赋予的色彩,主要包括感情色彩、语体色彩和形象色彩。

1.感情色彩

感情色彩表示说话人对事物的情感倾向、态度和评价等。根据感情色彩,可以把词分为褒义词、贬义词和中性词。褒义词表达对事物的赞许、褒扬,贬义词表达对事物的厌恶、贬斥,中性词则不包含特殊的感情倾向,分别如:

①褒义词:忠诚　漂亮　英雄　功劳　贡献　牺牲

②贬义词:虚伪　肮脏　叛徒　劣迹　勾结　吹捧

③中性词:大型　平行　山脉　土地　进行　解决

有的词概念义相同,但是感情色彩不同,如表4-3所示。

表 4-3 概念义相同、感情色彩不同的词

褒义	中性	贬义
牺牲	死亡	完蛋
成果	结果	后果
鼎力	极力	大肆

有些中性词在特定语境中会被临时赋予感情色彩。如"朋友""水平"是中性词,在"有水平""够朋友"中则是褒义的;"高手""年轻"是中性词,在"偷窃高手""太年轻没有经验"中则有贬义。

2. 语体色彩

有些词只适用于某一种社交场合、文体等特定范围中,这就是语体色彩。语体色彩中最常见的是书面语体和口语语体,分别如:

①书面语体:购买　等待　凝视　眷恋　崇敬　洗涤
②口语语体:干活　脑袋　瞎扯　巴不得　纳闷儿　好玩儿

有的词概念义相同,却有书面语和口语的语体色彩区别,如表 4-4 所示。

表 4-4 概念义相同、语体色彩不同的词

书面	通用	口语
沉湎	迷恋	着迷
嘲讽	讽刺	挖苦
体魄	身体	身子骨

如果详细划分,书面语体中不同的文体、体裁也有各自的风格,如科技语体精确简洁,政务语体严肃固定,文艺语体生动形象等。

3. 形象色彩

表示具体事物的词,包含着对该事物的形象概括。如果强调这种形象感,对其进行专门描述,就使词具有了形象色彩。这种形象色彩包括形态、动态、色彩、声音等,分别如:

形态:云海　松泰　玉带桥　喇叭花　鹅卵石　凤尾竹
动态:垂柳　上钩　牵牛花　穿山甲　碰碰船　摇摇椅

色彩:绿洲　碧空　黄莺　白鹭　墨菊　雪豹
声音:知了　鹧鸪　布谷鸟　乒乓球　恰恰舞

第三节　词义的发展

有时,一个词会具有多个相关联的意义。我们首先介绍这种多义词现象,指出其与词义的发展有关,随后重点讨论词义引申的问题。

一、义项和多义词

1. 义项

义项是词或语素在字典、词典等工具书中的意义单位。一个词在不同的具体语境中,可能会有不同的意义,通过对这些意义的归纳总结,可以得出若干相对固定的义项。如"明白"一词,有如下用法。

①他讲得很明白。
②这份说明书写得十分明白,我能看懂。
③你心里怎么想的,就明白说出来。
④张三是个明白人。
⑤我们都明白这个道理。
⑥小王还不明白我的心思。

以上例句中,①②都表示"内容、意思等使人容易了解;清楚;明确",可归纳为一个义项;③表示"公开的;不含糊的",是一个义项;④表示"聪明;懂道理",是一个义项;⑤⑥都表示"知道;了解",又是一个义项。因此可以说,在这6个例句中,"明白"有4个义项。

义项的划分不是绝对的。比如对于读作 qiǎn 的"浅"这个词①,在《现代汉语词典》和《新华字典》中的解释分别如下。

《现代汉语词典》中的解释:
①从上到下或从外到里的距离小:水～。
②浅显:～易。
③浅薄:功夫～。
④(感情)不深厚:交情～。
⑤(颜色)淡:～红。
⑥(时间)短:年代～。
⑦(程度)轻;不严重:流毒不～。
⑧稍微:～尝辄止。

---

① "浅"还有一个读音 jiān,"浅浅"表示流水声。

《新华字典》①中的解释：

①从表面到底或从外面到里面距离小：这条河很～，这个院子太～。

②不久，时间短：年代～。

③程度不深：～见，阅历～，交情～，这篇文章很～，～近。

④（颜色）淡：～红。

对比可见，《现代汉语词典》的划分更细些，《新华字典》则将"浅显""浅薄""感情不深厚""程度轻""稍微"归为一个义项。义项的具体划分方式是工具书编纂中的问题，这里暂不展开讨论。

2. 多义词

具备多个相关联的义项的词，就是多义词（polyseme），如上面提到的"明白""浅"。又如下面几个词。

(1) 早。

①早晨：从～到晚。

②时间在先的：～期。

③比一定的时间靠前：～熟；～点来。

④问候的话，用于早晨见面时互相打招呼：老师～！

⑤表示事情的发生离现在已有一段时间；早已：他～走了。

(2) 骄傲。

①自以为了不起，看不起别人：～自满。

②自豪：我为祖国～。

③值得自豪的人或事物：古代四大发明是中国的～。

(3) 打击。

①敲打；撞击：～乐器。

②攻击；使受挫折：～群众的积极性；给敌人以毁灭性的～。

多义词是现代汉语中很常见的现象，像"好""打"这样的常用词甚至可以有十几、二十几个义项。与此相对，只有一个固定义项的词叫单义词。科学术语和不少事物的名称都是单义词，如"立春""鼠标""辅音"等。

按照多义词各个义项产生的过程，可以将其分为本义和引申义。本义就是一个词最初的意义。目前在语言学研究中，要确定一个词的本义，主要还是依靠历史文献材料。因此通常所说的本义，事实上就是文献记载中一个词最初的意义。例如：

脸：本义"两颊的上部"。唐·白居易《王昭君二首》："眉销残黛脸销红"（眉毛上消去了画眉的黛青色，脸颊上褪去了红色）②。

---

① 中国社会科学院语言研究所：《新华字典》（第12版），商务印书馆，2020年版。

② 本章对古代汉语词的释义，如无特别说明，基本引自《王力古汉语字典》（王力主编，中华书局，2000年版）。

兵:本义"兵器"。《左传·隐公元年》:"缮甲兵,具卒乘"(修整铠甲和兵器,准备好步兵和兵车)。

浅:本义"水不深"。《诗经·邶风·匏有苦叶》:"浅则揭"(河水浅,就提起衣服渡河)。

可以看到,有些词的本义在现代汉语中依然常用,如"浅",有些词的本义在现代汉语中已经消失或不常用,如"脸""兵"等。这些词的本义有时会以不成词语素的形式保留在构词中,如"短兵相接""秣马厉兵"等。

在本义的基础上发展出来的就是引申义。如前述"浅"除①之外的义项,就是引申义。又如"兵",在本义"兵器"的基础上发展出"拿兵器的人,士兵"这一义项,就属于引申义。再如"高峰",在本义"高的山峰"基础上发展出"事物发展的高点"这一引申义。

此外,在多义词的各个义项中,现在最常用、最主要的意义,叫作基本义。如上述"浅"的义项中,①"从上到下或从外到里的距离小"是最常用的,是它的基本义。又如"脸"这个词在现代汉语中有以下义项。

①头的前部,从额到下巴:洗~。

②某些物体的前部:门~儿。

③情面;面子:不要~。

④脸上的表情:变了~。

这里面很显然第一项是最常用的,就是"脸"的基本义。很容易看到,基本义可能是本义,如"浅";也可能是引申义,如"脸"。

3. 同音词

和多义词容易混淆的一种词是同音词(homonym)。同音词是读音完全相同,但意义并无关联的一组词。如"深/身""销售/消瘦""新意/心意""期中/期终""公式/攻势/工事"等,这些写法不同的同音词叫异形同音词。而"花朵"的"花"和"花钱"的"花","拼起来"的"拼"和"拼命"的"拼",表示"著名专家"的"大家"和表示"所有人"的"大家",这些写法相同的同音词叫同形同音词。

同形同音词很容易和多义词混淆。以"花"huā 的字形字音为例,可以有以下用法。

①一朵花已经盛开。(种子植物的有性繁殖器官,由花瓣、花萼、花托、花蕊组成,有各种颜色,有的很艳丽,有香味)

②白底蓝花被子。(花纹)

③一只是白猫,另一只是花猫。(颜色或种类错杂的)

④眼睛花了。(模糊迷乱)

⑤这次花了三百元。(用;耗费)

在这些用法中,①~④读音相同,意义明显相关,是一个多义词的几个义项;而⑤的意义与它们显然没有关联,只是读音和字形相同,和①~④的那个"花"属于同形同音词;①~④的"花"与⑤的"花"之间的关系,本质上和"销售/消瘦"是一样的。

在词典等工具书中,往往用"花¹""花²"来表示①～④和⑤这组同音词,在"花¹"下面设多个义项来表示①～④等。如《现代汉语词典》(第7版)中的解释如图4-2所示。

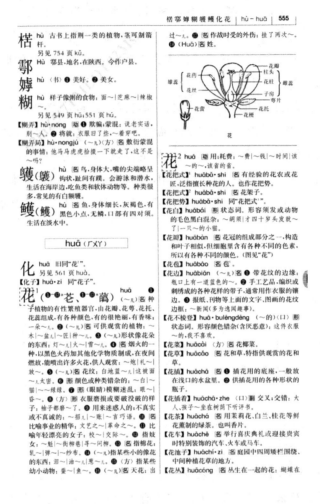

图4-2 《现代汉语词典》(第7版)中对"花"的解释

可以用表4-5说明同音词和多义词的区别。

表4-5 同音词和多义词的区别

比较类型	同音词	多义词
语音	相同	相同
数量	多个词	一个词
意义	无关	有关
字形	相同或相异	相同
本质	多词偶然一音	一词发展出多义
例子	销售/消瘦;花¹/花²	花¹

同音词有时会给语言交流带来不便。如口头说"期 zhōng 考试"时,很难分辨是"期中"还是"期终(期末)";口头说"有 zhì 病的效果"时,也容易混淆"治病"和"致病"。但现代汉语中的同音词并不在少数,据一些材料统计,同音词大约占据了现代汉语词汇总量的十分之一①。那么,同音词产生的原因是什么呢?这主要是由于现代汉语的音节数量有限,只有1200多个。而词的数量却有数以万计,并且还可以不断产生新词。即使用不同的书写形式来区分,常用汉字也只有6000多个,仍然无法与词的数量匹配。语音、文字形式与词汇之间的数量差异,是造成大批同音词出现的主要原因。

尽管同音词有时容易造成歧义或误解,但是一定程度上巧用同音词,也能达到特殊的表达效果。具体来看,首先,不少歇后语都用到了同音词,如:

外甥打灯笼——照舅(旧)

和尚的房子——庙(妙)啊

孔夫子搬家——尽是书(输)

此外,同音词也能产生一语双关的巧妙作用,如唐代刘禹锡的《竹枝词》有"东边日出西边雨,道是无晴(情)却有晴(情)",既是说天气的变化,也是形容青年男女情感的微妙。还有,现在有些广告、宣传语也利用了同音词,为的是朗朗上口,易于传诵,比如:"人类失去联想,世界将会怎样?"利用电脑品牌"联想"和人的思维能力"联想"这组同音词,强调了该产品的重要性,创造了经典的广告语。

二、词义的引申

前面介绍的多义词之所以会产生多个义项,是由于词义在语言交际应用中不断发展变化造成的。词义发展的方式中,最主要的一种就是引申②。

引申(extension)是基于人思维的联想而产生的词义发展。例如前面所说的"兵"本来表示兵器,从这个意思联想到拿着兵器的人,也就是士兵,这就是一次词义引申。下面重点讨论词义引申的类型、原因、趋势和结果。这涉及词义的历时变化,因此会举一些古代汉语的例子来说明问题③。

(一)引申的类型

按照引申的次数,可以分为直接引申和间接引申。直接引申是直接从本义上产生的引申发展,如前述"兵"从本义"兵器"引申为"士兵",又如"月"本义为"月亮",引申为"月亮圆缺变化的一个周期,也就是一个月的时间"。而间接引申则是在引申义的基础上再次引申发展。例如

---

① 根据北京大学中文系现代汉语教研室编的《现代汉语》(增订本)(商务印书馆,2012年版)统计。
② 蒋绍愚在《古汉语词汇纲要》(商务印书馆,2005年版)中指出,引申之外,词义发展的方式还有相因生义、虚化、语法影响、减缩、社会原因等。其中的"相因生义"部分相当于本节(二)引申的原因"中的"3.语言的系统性"。其他几种词义发展的方式主要涉及语法意义,本章不展开讨论。
③ 部分例子引自《古汉语词汇纲要》,以及《古代汉语》(修订版)(郭锡良、唐作藩、何九盈、蒋绍愚、田瑞娟编著,商务印书馆,2010年版)。

下面两个词。

(1)裁：①裁剪衣服→②删减→③决断。

①十三能织素,十四学裁衣。(《玉台新咏·古诗为焦仲卿妻作》)

②剪截浮词谓之裁。(《文心雕龙·镕裁》)

③臣愿悉言所闻,唯大王裁其罪。(《韩非子·初见秦》)

(2)绝：①把丝弄断→②弄断其他东西→③断绝抽象的事物。

①伯牙破琴绝弦。(《吕氏春秋·本味》)

②绝头刳腹。(《韩非子·内储说上》)

③必绝其谋。(《战国策·秦策》)

以上两例从①到②是直接引申,从②到③则是间接引申。

直接引申和间接引申组合起来,使词义引申呈现出各种各样的形态。如下面的"节"可以看作"放射式引申","脚"可以看作"链条式引申","信"则属于复杂式引申。

(1)节：放射式引申。放射式引申如图4-3所示。

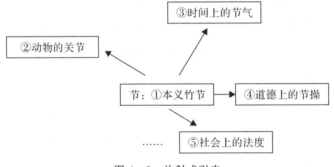

图4-3 放射式引申

①竹,外有节理。(《史记·龟策列传》)

②彼节者有间,而刀刃者无厚。(《庄子·养生主》)

③夫阴阳四时、八位、十二度、二十四节各有教令。(《史记·太史公自序》)

④时穷节乃见。(宋·文天祥《正气歌》)

⑤礼不逾节。(《礼记·曲礼》)

(2)脚：链条式引申。链条式引申如图4-4所示。

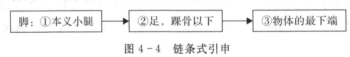

图4-4 链条式引申

①羊起而触之,折其脚。(《墨子·明鬼》)

②脚著谢公屐。(唐·李白《梦游天姥吟留别》)

③山脚系吾缆。(宋·张耒《宿樊溪》)

(3)信：复杂式引申。复杂式引申如图 4-5 所示。

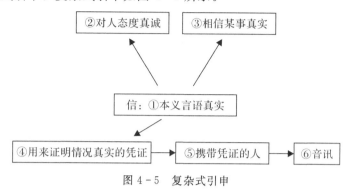

图 4-5　复杂式引申

①信言不美，美言不信。(《老子》)
②与朋友交而不信乎？(《论语·学而》)
③足食足兵，民信之矣。(《论语·颜渊》)
④用为符信，上书自陈。(《史记·外戚世家》)
⑤超等屯渭南，遣信求割河以西请和。(《三国志·魏书·武帝纪》)
⑥近有平阴信，遥怜舍弟存。(唐·杜甫《得弟消息二首》)

(二)引申的原因

词义引申是语言应用中自然产生的词义发展变化现象。具体来看，词义引申的原因可以从社会发展、人类思维、语言内部规律三个方面来概括。

1. 社会发展及其产生的交际需要

语言反映人类的思维，与社会生活息息相关。一旦社会生活中的客观事物发生变化，人们传递信息的交际需要也就发生变化，那么词义也会发生相应的变化。如"车"，最初是指有轮子、有轿厢的交通工具，这从甲骨文字形就能看出来，車 車 車。

随着社会的发展，在古人的生产生活中，车的作用日益凸显，围绕车的活动也不断增加，如贵族有专门驾车的人、制车修车的工匠，车不仅用于一般的外出，也用于狩猎、战争、运送物资等。因此"车"就逐渐产生了下面这些引申义。

①驾车的人。《左传·哀公十四年》："叔孙氏之车子鉏商获麟。"
②车工。《墨子·节用》："凡天下群百工，轮、车、鞼、鞄、陶、冶、梓、匠，使各从事其所能。"
③乘车。《战国策·秦策》："寡人欲车通三川，以窥周室。"

由此可见，社会发展带来事物本身的变化，新的交际需求也就迫使词义引申发展。

2. 人类思维的联想

这是词义发展最重要的原因。说到一种事物，就想到与之在某方面相关的另一事物，这是人类基本的联想能力。正是因为这种能力，词所指称的对象才能逐步发生变化，词义的引申才会发生。一般将这种联想分为两类：一类是隐喻(metaphor)，以事物的相似性为基础；另一类是转喻(metonym),以事物的相关性为基础①。

(1)隐喻。隐喻反映的是不同现象之间的相似关系。这是在不同的意义领域之间建立起相似关系。常见的相似关系有外观相似和结构相似两种。

外观相似的例子,如前面举过的"花"从"花朵"的本义引申出"错杂的花纹",可以说"这条花裙子",这是一种色彩上的外观相似,花朵和花纹都具有丰富的色彩。又如"碟"原本指"一种盛食物的器皿",现在可以用"碟"来指"光碟"等,这是一种形状上的外观相似,都是扁圆形。

结构相似的例子,如前面举过的"高峰"本义是"高的山峰",引申为"事物发展的高点",这是因为山的走势有高低起伏,事物的发展也有高低变化,"山势"和"事物发展"这两个意义领域在结构上相似。又如"入门"这个词的本义是"进门"(而未进入屋子深处),引申出"学习的初步阶段"(还不是深造阶段)的意义,这是因为进入房屋需要一定的过程,学习则可以分为若干阶段,这两个不同意义领域的内在结构相似。

(2)转喻。转喻反映的是两类不同现象之间的相关关系,它们经常出现在同一个场景中,或者同一个意义领域之内,造成这种相关关系在人们的心目中固定化,因而可以用指称甲类现象的词去指称乙类现象。词义引申中的转喻很多,下面列举一些常见的类型。

①工具—劳动者:如"兵"从"兵器"引申为"士兵",又如"笔杆子"引申为"写作者"。

②特点—事物:如"坏"从"不好"引申为"不好的想法",就可以说"使坏""一肚子坏"。

③部分—整体:如"裙钗"本义为女性的服装,引申为"女性"。

④地名—产品:如"茅台"本义为"茅台镇",引申为此地出产的"茅台酒"。

⑤地点—机构:如"白宫"本义为"美国总统府",引申为"美国政府"。

⑥器官—动作:如"脸"从"面部"引申为"面部的表情",就可以说"变了脸";又如"手脚"从手和足引申为"举动",就可以说"做手脚""慌了手脚"。

3.语言的系统性

一种语言的词汇是一个系统。如果一个词的意义变化了,就有可能造成与其相关的词也发生意义变化。这就是语言系统性引发的词义变化。例如"熟"有这样的词义引申过程:

①食物烹饪好→②植物成熟→③熟悉

则与其本义相反的"生"也就从"食物没有烹饪好"发生了下面的引申:

①食物没有烹饪好→②植物不成熟→③不熟悉、陌生

类似的还有"快"从"迅速"引申为"刀刃锋利",在北方的一些方言中,与之意义相反的"慢"

---

① 其实在语义演变中,认知上的隐喻和转喻并不是彼此割裂的。有学者曾经详细阐述二者的关系,指出"隐喻必然是由转喻引发的"。也就是说,隐喻都具有转喻的认知基础。吴福祥也曾提到隐喻和转喻的关系:"一个现象是隐喻还是转喻,可以取决于观察的角度","隐喻是对语义(概念)变化结果的概括,而转喻则是对语义(概念)变化过程的揭示,换言之,对于一个概念变化的现象,隐喻是从静态的'结果'这一角度来阐释的,而转喻是从动态的'过程'这一角度来观察。"参见吴福祥:《汉语方所词语"後"的语义演变》,《中国语文》,2007年第6期,第494-506页。

从速度慢引申出了"刀刃钝"的意思。像这样相关的一组词,它们的词义彼此影响而发生的这种引申发展,也叫"相因生义"。

(三)引申的方向

词义引申在词汇系统中大量存在,形式多样。但是词义引申有一定的方向性,必然从某一类意义发展到另一类。可以从下面两个方面说明词义引申的一些方向。

1. 从具体到抽象

词义引申通常是从比较具体的事物、对象及其特征,引申为比较抽象的意义。前面举的"高峰""入门""手脚"等,都是如此。又如古代汉语中的"道"。

道:①道路→②途径、方法→③规律、道理

①周道如砥,其直如矢。(《诗经·小雅·大东》)

②交邻国,有道乎?(《孟子·梁惠王下》)

③臣之所好者道也,进乎技矣。(《庄子·养生主》)

以上都是从具体到抽象的引申。

2. 从个别到一般

词义引申往往从某些个别的事物、对象及其特征,引申为范围更大、更广泛的一般性对象或特征。如前面举的"绝"从"把丝弄断"引申为"弄断其他东西","脚"从"人的足"引申为"物体的下部"等,都是如此。又如"雌""雄",本义是雌鸟和雄鸟。

雄,鸟父也。雌,鸟母也。(《说文解字·隹部》)

具曰予圣,谁知乌之雌雄。(《诗经·小雅·正月》)

后来将其引申为雌性和雄性动物。

双兔傍地走,安能辨我是雄雌?(《乐府诗集·木兰诗》)

有孕妇痛急欲产,诸女伴张裙为幄,罗守之,但闻儿啼,不暇问雌雄。(清·蒲松龄《聊斋志异·金和尚》)

除此之外,词义的变化还有从实词到虚词的方向性。但这就不只是词汇意义的引申,还涉及语法意义和一些和语法有关的演变,包括虚化、语法化等,在这里就不讨论了。

(四)引申的结果

词义引申除了造成词义本身的变化,还会导致语音、书写形式演变等结果。下面分别说明。

1. 词义本身的变化

词义本身的变化可以概括为下面几种。

(1)扩大。引申后,新的词义比旧的词义涵盖范围更广、更一般化,如前面举的"雌""雄",以及"唱"。

唱:①领唱、带头唱→②歌唱

①唱和有应,善恶相象。(《荀子·乐论》)

②仍唱胡歌饮都市。(唐·杜甫《悲陈陶》)

在"唱"表示本义的时期,它是指"带头歌唱",区别于"跟着歌唱",这两个意义分别用"唱""和"两个词表示。而"唱"的引申义则包括了各种形式的"歌唱",不区别"带头""跟着"等特征,词义包含了原来的"唱""和"等,范围扩大了。

洗:①洗脚→②洗涤

①洗,洒足也。(《说文解字·水部》)

②洗脸、洗头。

在"洗"表示本义的时期,它是指"洗涤足部",区别于"洗涤头发""洗涤身体""洗涤手部"等意义,这些意义分别用"沐""浴""盥"这几个词表示。而"洗"的引申义则包括了各种形式的"洗涤",不区别"足部""头发""身体""手部"等特定对象,词义包括了原来的"洗""沐""浴""盥"等,词义扩大了。

(2)缩小。引申后,新的词义比旧的词义涵盖范围更小,表达旧的词义的下位概念。

宫:①房屋→②帝王的房屋

①上古穴居而野处,后世圣人易之以宫室。(《周易·系辞下》)

②阿房宫、未央宫、大明宫。

在"宫"表示本义的时期,它是指"各种各样的房屋",包括帝王、百姓居住的房屋。其引申义则专指王宫,加上了"帝王居住"的限制性特征,词义范围缩小了。

谷:①粮食的总称→②专指粟这种粮食作物

①其始播百谷。(《诗经·豳风·七月》)

②谷草、谷穗。

在"谷"表示本义的时期,它是指"所有种类的粮食作物",包括稻、麦、黍、稷、粟等,传统上叫"五谷"。其引申义则专指"粟"这种作物,也就是小米,词义范围缩小了。

(3)转移。引申后,不是词义的范围发生改变,而是变化为另外一方面的意思。这又可以分为两种。第一种是词义变为同一大类下的另一小类事物。

涕:①眼泪→②鼻涕

①寤寐无为,涕泗滂沱。(《诗经·陈风·泽陂》)

②目泪下落,鼻涕长一尺。(汉·王褒《僮约》)

这里"涕"从"眼泪"引申为"鼻涕",从脸上流出的一类液体演变为另一类。

走:①奔跑→②行走

①君子力如牛,不与牛争力;走如马,不与马争走。(《荀子·尧问》)

②走路、四处走走。

这里"走"从"快速奔跑"引申为"行走",从一类移动方式演变为另一类。以上这种词义转移,也叫作"易位"。

第二种词义转移,是词义演变为另一个大类的事物。如前面举的"兵"从"兵器"演变为"士兵","月"从"月亮"引申为"一个月","高峰"从"高的山峰"引申为"事物发展的高点"等,都属于这种词义转移。

2.语音和书写形式的变化

除词义本身的变化之外,在汉语中词义引申还会造成读音或字形的演变。

臭:①一般的气味→②不好的气味

①同心之言,其臭如兰。(《周易·系辞上》)

②恶臭、口臭。

从①到②,其读音也从 xiù 演变为 chòu。

解:①分解剖开动物→②解开、解除→③懈怠、松懈

①庖丁为文惠君解牛。(《庄子·养生主》)

②子墨子解带为城。(《墨子·公输》)

③三日不怠,三月不解。(《礼记·杂记下》)

这里的③语音改变,读作 xiè,后来写法也变为"懈",就是我们现在说的"松懈""懈怠"。

汉语中,这样的词义变化伴随语音演变,叫作音变构词。这会产生出一组读音相近、意义相关的词,如"解""懈",叫作同源词①。这涉及汉语的语音、词汇乃至语法的历时发展,所以同源词、音变构词及其相关问题一直是汉语学界关心的重难点。

第四节 词义的联系

在一个词汇系统中,不同的词义之间存在各种各样的联系。我们首先通过义素分析法来分解词义,建立语义场,随后重点分析同义词、反义词等词义联系的现象。

一、义素和语义场

(一)义素

义素(plereme)是构成词义的最小单位。在分析词义时,往往将一个意义分解开,通过大的类别将其与其他类事物相区别,再用一定的特征将其与同类事物相区别。如"毛笔""铅笔"的类别都是"书写绘画工具",它们各自的特征分别是"用动物毛做笔头""用石墨做笔芯"。其中"书写绘画工具"将这两个事物与其他工具、其他事物区别开来,而"用动物毛做笔头""用石墨做笔芯"则将它们互相区别。因此这些内容都属于词义的区别特征,就是词义的"义素"。一组相关的词义中,共同的特征叫作共同义素,有别的特征叫作区别义素。

利用义素来分析词义,能够有效地展示一组词义之间的联系和区别。例如,分析"女人"

---

① 更多的同源词现象,可参看王力:《同源字典》,中华书局,2014 年版。

"男人""女孩""男孩"这四个词的词义,可以用义素分析法,找出其区别义素和共同义素。首先这四个词义可以分析为:

女人:[人][成年][女性]

男人:[人][成年][男性]

女孩:[人][未成年][女性]

男孩:[人][未成年][男性]

那么[人]是四个词的共同义素;对"女人""男人"来说,[成年]是共同义素,[女性][男性]是区别义素;但是对于"女人""女孩"来说,[女性]是共同义素,[成年][未成年]则是区别义素;同理,对"女孩""男孩"和"男人""男孩"也可以做这种分析。

接下来,可以进一步简化义素的表达。在对以上这组词义的分析中,用了[人][女性][男性][成年][未成年]五个义素。其实对立的义素可以归并为一个,用"+""-"符号来区分,"+"相当于"是",表示具有这种特征,"-"相当于"非",表示不具备这种特征。则对上面四个词义的分析可以简化为:

女人:[+人][+成年][-男性]

男人:[+人][+成年][+男性]

女孩:[+人][-成年][-男性]

男孩:[+人][-成年][+男性]

义素不适合二分的,也可以多分,用数字、字母等其他符号来表示。

(二)语义场

既有共同义素,又有区别义素的一组相关语义类聚起来,就构成语义场(semantic field)。建立语义场时,通常要进行一些相关词语的对比。如表4-6所示,下面的词构成一个"书写工具"语义场。

表4-6 "书写工具"语义场

词	共同义素	区别义素		
	书写绘画工具	石墨做笔芯	动物毛做笔头	金属做笔头
铅笔	+	+	-	-
毛笔	+	-	+	-
钢笔	+	-	-	+

当然,义素的"共同"和"区别"是相对的。"铅笔"和"毛笔"相比,"书写绘画工具"是共同义素;但是和"直尺"比,在"文具"语义场中,"书写绘画工具"则是区别义素。

语义场具有层次性。有的语素在范围较大的语义场中是区别义素,而在范围较小的语义场中则是共同义素。以上述"文具"等词为例说明这个问题。"文具"是一个相对较大的语义场,其中有书写工具、书写载体、测量工具等区别义素,而在以"书写工具"为共同义素的这一相对较小的语义场中,则有"石墨做笔芯""动物毛做笔头"等区别义素。那么根据意义范围的大小和共同义素、区别义素的相对关系,可以把意义范围较大的词称为上位词,意义范围被上位词包括的词就是下位词。例如:在"文具"和"笔""纸""尺"这组词中,"文具"是上位词,"笔""纸""尺"是下位词;而在"笔"和"铅笔""毛笔""钢笔"这组词中,"笔"则是上位词,"铅笔""毛笔""钢笔"是下位词。

上下位词的例子还有很多。除上述"文具—笔—铅笔、毛笔、钢笔……"之外,又如:

不少表示事物的词都存在这样的上下位关系。有些表动作或形状的词,也有上下位关系,如:

最后需要注意的是,有些语义场的各项,可能缺乏共同的上位词。如祖辈亲属中的"爷爷""奶奶""姥姥""姥爷",同辈亲属中父亲的兄弟"叔叔""伯伯"等。

按照语义场内部成员之间的关系,可以将其分为不同的类型。

1. 类属义场

类属义场的成员属于同一个大类,如"笔""纸""尺子"都属于文具,"桌子""柜子""床"都属于家具,"羊""牛""马"都属于牲畜,"炒""炸""煮"都属于烹调方式。可以看到,不少类属义场的成员都不能穷尽列举,所以有时会列举有代表性的成员来概括整个类,如"笔墨纸砚""花草树木"等。

2. 顺序义场

顺序义场的成员必然按照一定的次序排列,如"小学—初中—高中　大学""初审—复审—终审""初唐—盛唐—中唐—晚唐"等。其中有些顺序义场,其成员可以不断周而复始地出现,这叫作"循环义场",如"春—夏—秋—冬"以及干支纪年"甲子—乙丑—……—癸亥"等。

3. 关系义场

关系义场通常有两个成员,二者处于特定关系的两端,互相对立依存,如"父母-子女""丈夫-妻子""教师-学生""上司-下属"等。也就是说,如果 AB 是关系义场的两个成员,那么就可以同时说"甲是乙的 A,乙是甲的 B",如"张三是李四的上司,李四是张三的下属"。

方位和动作行为也可以组成关系义场。方位如"上-下""南-北""左-右"等,可以说"书在笔记本上面,笔记本在书下面"等。行为动作如"买-卖""输-赢""来-去""嫁-娶"等,可以说"张三向李四买了一本书,李四卖给了张三一本书"等。

语义场的类型中,最受关注的,是同义义场和反义义场,这涉及同义词和反义词问题,下面具体说明。

二、同义词

(一)同义义场和同义词

基本相同或相关的语义构成同义义场,其中的词就是同义词(synonym)。

同义词可以分为两种。第一种是意义完全相同的同义词,叫作等义词。

土豆——马铃薯　维生素——维他命　元音——母音

它们在语言表达中基本可以互换。等义词的产生往往与历史、语用等因素有关,理论上属于语言中的冗余成分,因此数量不多。

第二种同义词的意义比较接近。

请求——恳求——要求　充满——充斥

它们在意义或用法上略有不同。如"请求、恳求、要求"都表示希望他人满足自己的条件或愿望,但是"要求"一般用于平级之间或上级对下级,"请求"则通常是弱势方面对更强势的一方提出,"恳求"则更加恳切一些。"充满、充斥"都表示事物填满、布满,但是"充满"不带感情色彩,"充斥"则是贬义的,如"不让劣质商品充斥市场"。

多义词有几个义项,判定其同义词时需要以义项为标准,要明确一组词在哪个义项上构成同义词。如"骄傲"表示"自大"这一义项时,与"自满"是同义词;而表示"引以为傲"时,则与"自豪"是同义词。

(二)同义词的区别

以上第二种同义词虽然核心意义相同,但是有一些细微的区别。明确这些区别,有助于在日常语言交际中准确用词,精确表达。同义词的区别主要体现在以下方面。

1. 概念义

(1)程度轻重有别。

损坏——毁坏　优良——优异　希望——渴望　失望——绝望

以上各组中,前者词义的程度明显轻于后者。如"损坏"仅指"使失去原有功能",而"毁坏"则表示"破坏、严重的损坏",所以一般说"损坏工具""吃糖损坏牙齿",但往往说"毁坏文物古迹""毁坏他人名誉"等。

(2)范围大小有别。

战斗——战役——战争　边境——边疆　品质——性质

以上各组中,前词的范围小于后词。具体来看,"战斗"指一次武装冲突,如"今天上午这场战斗";"战役"是一系列战斗的总和,如"淮海战役";而"战争"则是若干战役的组合,如"抗日战争"。又如"边境"指紧靠国界的长条领土,如"边境线";"边疆"则是靠近国界的大片领土,如"大力开发边疆地区"。再如"品质"指人思想、行为上的性质、本质,而"性质"则指一般事物的主要特点。

(3)集体和个体的不同。

人——人类　书——书籍　词——词汇　树——森林

以上各组中,前者都指个体,后者都表示该个体的集合。

(4)搭配对象有别。

吸收——吸取　修改——修订　交换——交流　执行——履行

以上各组词有共同的核心义素,但需要搭配不同的对象。具体来看,"吸收"主要用于具体的事物,如"吸收养分""吸收存款",不常用于抽象的事物,如"吸收新知识";而"吸取"只能用于抽象的事物,如"吸取教训""吸取精华"。又如"修改"既可以指具体的文字语言,也可以指设计、作品、事物等不合适的地方,如"修改作文""修改情节""修改雕塑",而"修订"主要针对具体的文字,如"修订文字""修订方案"。

(5)重点有别。

清脆——清亮　聪明——聪敏　英俊——英武

以上各组词义的重点不同。"清脆"指声音清楚悦耳,"清亮"则强调声音清楚响亮。"聪明"表示智力发达,"聪敏"则强调反应敏捷。"英俊"着重表示俊秀、俊美,"英武"则着重表示威武。

2．色彩义

(1)感情色彩有别。

成果——结果——后果　理想——幻想——空想　果断——武断　行为——行径

以上前两组分别为褒义、中性和贬义。"果断"有褒义,而"武断"一定是贬义的。"行为"是中性的,但"行径"则是贬义的。

(2)语体色彩有别。

吝啬——抠门儿　母亲——妈妈　头部——脑袋　思考——琢磨

以上各组前者为书面语,后者为口语。

3．语法意义

以上两点探讨的是概念义和色彩义,都属于词汇意义。我们知道,词还有语法意义,有些同义词的区别就在于语法意义的不同。如"忽然"和"突然",都表示变化很快。但是"忽然"只能用在动作或性状的变化之前,如"忽然跳起来""忽然清晰了起来";而"突然"除了有以上用法,还可以用在"十分突然""突然的消息",这是"忽然"所没有的用法。因此"忽然"是副词,"突然"是形容词,二者的词性不同,语法意义有别。又如"充足"和"充分",都表示事物很多、够用。但是"充足"只能用来修饰、描述事物的性状,如"粮草充足""充足的人力";而"充分"除了以上用法,如"准备充分""充分的理由",还可以用来修饰动作或事件,如"充分发挥优势""充分了解局面",而"充足"则没有这种用法。因此二者的语法意义也不同。

(三)同义词的作用

以上介绍了同义词的区别。在日常语言交际中,合理运用同义词,能够达到准确、生动的表达效果。同义词的作用可以从以下几个方面说明。

1. 有利于概念义的表达

(1)表意更加准确。利用词义范围、重点不同的同义词,能够准确地说明事物的特征。如"简约而不简单""复杂而不烦琐",既能说明事物的基本特征,又能突出其重点特征。

(2)换用避免重复。用一组意义接近的同义词,表达同一个意义,在形式上避免重复,可增加语言的变化,使表达更丰富,如"我为母校骄傲,母校为我自豪",又如"称人才思敏捷,说倚马可待,赞人精力旺盛,道龙马精神",用"称——赞""说——道"两组同义词换用,语言表达灵活多变。

(3)连用增强气势。通过连用同义词来加强力量,强调要表达的内容,如"历尽坎坷,饱尝风霜""多么坚韧、多么结实的枝干"。

2. 可以表达不同的色彩义

(1)表达不同的感情色彩。例如,因为工作死亡一般不说中性的"死",而说褒义的"牺牲""殉职"以表示敬意。又如,批判犯罪分子的行为,则可以选用贬义的"行径",表达谴责的态度。

(2)适应不同的语体风格。例如,公文、训令中经常出现"以此为准,严格执行",意思是"按照这个标准好好去做",这里的说法符合公文、训令的语体色彩。又如,老舍先生《龙须沟》中的一段对话:

赵老:西边的新厕所昨儿交工,今天没事……

大妈:真没想到啊!共产党给咱们修茅房……

运用了"厕所"和"茅房"这组语体色彩不同的同义词,后者口语色彩很强,体现出赵老和大妈的不同身份。

三、反义词

(一)反义义场和反义词

意义相反或相对的两个词,其语义构成反义义场,这两个词是反义词(antonym),例如:

大——小　高——低　活——死　必然——偶然　深刻——肤浅　完整——残缺

反义义场可以分为两种。第一种是互补反义义场,其中的两个反义词 A 和 B 之间是非此即彼的关系,"不 A"就是 B,"不 B"就是 A,两者之间不允许存在中间状态,不存在"不 A 不 B"的情况。互补反义义场可以用图 4-6 表示。

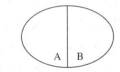

图 4-6　互补反义义场

如上面举的"活——死"①"必然——偶然""完整——残缺"以及以下例子。

正——反　有——无　对——错　合法——非法　有限——无限　国内——国外

这样的反义词可以叫作绝对反义词。

还有一种是极性反义义场，其中的两个反义词 A 和 B 表达的是一组连续状态的两个极端，所以"不 A"未必就是 B，"不 B"也不一定是 A，因为两者之间存在着中间状态，可以有"不 A 不 B"的情况。极性反义义场可以用图 4-7 表示。

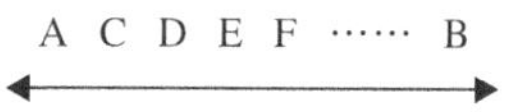

图 4-7　极性反义义场

如上面举的"大——小""高——低""深刻——肤浅"以及以下例子。

黑——白　好——坏　胖——瘦　严寒——酷暑　复杂——简单　朋友——敌人

这样的反义词可以叫作相对反义词。

有的反义词可能会分属两类反义义场。例如"东——西"，既可以看成是绝对反义词，其词义构成没有中间状态的互补反义义场，如"山西省在陕西省的东边，陕西省在山西省的西边"；也可以看成是相对反义词，其词义构成有中间状态的极性反义义场，如"河北省在陕西省的东边，陕西省在山西省的西边，山西省在河北省和陕西省的中间"，这时"东——中——西"构成一组连续的状态。"左——右""上——下""前——后""南——北"等都是如此。

多义词有几个义项，每个义项都可能有自己的反义词，这时一个词就会处于若干个不同的反义义场中。如"正"表示"端正"时，反义词是"歪"，表示"正面"时，反义词是"反"，表示"位置在中间时"，反义词是"偏"。

即使是词的一个义项，也可能有不止一个反义词。如"脆弱"的反义词可以是"坚强""刚毅""坚固""稳固"，构成"性格脆弱/坚强/刚毅""基础脆弱/坚固/稳固"等说法。

（二）反义词的构成条件

在语言中，表达相反意义的说法很多，但只有符合一定的语法、语义、语用等条件，才能构成反义词。下面具体分析构成反义词的条件。

1. 语义条件

构成反义词的两个词，必须属于同一个意义范畴，也就是说，具有相同的上位概念或者上位词。如"高——低"都形容从地面向上的垂直距离"高度"，"大——小"都形容尺寸，"快——慢"都形容速度，"严寒——酷暑"都形容气候，"开头——结尾"都是指一个发展过程中的某一阶段。反之，"高——浅"则不是一对反义词，尽管它们分别表示某种距离的长和短，但"高"是指从地面向上的垂直距离长，"浅"则指从地面向下的垂直距离短；"大——窄"分别表示体积或面积多和横向距离少，也不能构成反义词。

2. 语法条件

构成反义词的两个词，必须属于同一级语法单位，这个单位一般是词，而且词性相同。例

---

① 尽管我们可以说"不死不活""半死不活"，但这只是一种语言表达手段，反映的客观状态还是"活"的，生理上并不存在一种"死""活"之间的状态。

如:反义词"长——短""美——丑""胖——瘦""穷——富"都是词,而且是形容词;"买——卖""来——去""进——退"都是动词;"天——地""优点——缺点""开头——结尾"都是名词。与之相对,"白"和"不白"虽然意义相反,但是前者是词,后者是词组,不构成反义词;"乱"和"井井有条"虽然意义相反,但前者是单纯词,后者是熟语、成语,不构成反义词。又如"美好"和"短处",虽然意义上有相反的部分,但是前者是形容词,后者是名词,也不能构成反义词。

3. 语用条件

有些反义词的构成,还与社会心理和民族习惯有关系。如"冬——夏""春——秋"互为反义词,这与我国古代天文历法有关。中国历法最早只分春秋二季,后来才从中再分出冬夏二季,所以有史书《春秋》,整个一年也叫"春秋",因此表示四季的反义词也有了特定的组合方式,"春秋""冬夏"也成了一种固定的说法。

除这些条件之外,有些不算反义词的词,在特定的语境中也能构成反义表达,如下面例子中的"光明——困难""光明——痛苦"。

谁要是只看见光明一面,不看见困难一面,谁就会不能很好地为实现党的任务而斗争。(毛泽东《论联合政府》)

巨星能给天下光明,它的陨落也给人类带来痛苦。

这些并不是真正的反义词,只能算"反义表达"或"临时反义词"。

(三)反义词的不平衡性

互为反义词的两个词,有时具有不平衡性。这意味着,尽管反义词在反义义场中是对立的,但它们的使用频率、排列顺序等并不相同。

①音高—— *①音低 强度—— *弱度 这孩子有多大了—— *这孩子有多小了 高低 强弱 大小

②天地 男女 雌雄 阴阳 长幼 彼此

以上第①组中,尽管"高——低""强——弱""大——小"是反义词,但又只能说"音高",无论这个音高有多低;只能说"强度",哪怕这个强度是弱的;问孩子年龄大小只能说"多大",哪怕孩子很小。也就是说,表示"高度""强度""年龄"这样的上位概念和维度时,只用前者而不用后者。同时在并列时,其顺序也是固定的,不能互换。语言学上,可以说"高""强""大"这样在一对反义词中能用来表示上位概念维度的词,是无标的(unmarked);反之,"低""弱""小"这样的词是有标的(marked)②。至于以上第②组,也是由反义词构成的表达,主要特点在于并列时先后不能互换,有排列顺序的区别。

反义词不平衡性的产生,与人类的思维方式和语言表达、特定的文化背景都有一定关系。具体来看,汉语反义词不平衡性的产生是由于以下原因。

---

① 语言学研究中,星号 * 用来表示不符合语言规则的说法。
② 关于标记和不平衡性的问题,可参看沈家煊:《不对称和标记论》,商务印书馆,2015年版。

(1)在反义词不平衡现象中,有标和无标主要是思维模式的体现。用无标表示主要的、常用的、众多的,用有标表示次要的、不常用的、少的,这是人类语言的共同特性。因此以上第①组反义词的不平衡性往往是跨语言的。

(2)汉语中有不少不平衡的反义词,体现了中国古代漫长的封建社会中的制度、观念、哲学思想等。宗法制度下,男女有尊卑、长幼有先后;传统思维中,往往敬对方、谦自己;传统哲学的阴阳思想也对部分反义词产生了影响。以上第②组反义词中,常常体现出汉语的这一特点。

在过去的一些语言表达中,"男——女"这对反义词和一定的职业、特征搭配时往往有不平衡现象。如强调"女司机""女警察"等,因为单独提到"司机""警察"时往往默认是男性;强调"男护士""男幼师"等,因为单独提到"护士""幼师"时往往默认是女性。这和传统的性别观念、社会现象有一定的关系。随着社会经济的发展和男女平等观念的推进,人们对这种表达方式也展开了思考和讨论。

(四)反义词的作用

反义词在语言表达中发挥着特定的作用。通过反义词对立的词义,可以表达鲜明的对比、罗列广泛的对象等,获得生动、鲜明的表达效果。

(1)运用反义词突出矛盾和对比,可以形成鲜明的对照,使语言表达更有力。

业精于勤,荒于嬉。(唐·韩愈《进学解》)

为了忘却的记念(鲁迅作品题目)

有的人活着,他已经死了。(臧克家《有的人》)

人可以不崇高,但不能无耻。(《南方日报》2008年7月10日报道题目)

虚心使人进步,骄傲使人落后。

未正人先正己,人己一样。责己宽责人严,怎算得国家栋梁?(京剧《赤桑镇》)

(2)连用一系列反义词,可以加强语气,强调语义。

这是最好的时世,这是最坏的时世;这是智慧的年代,这是愚昧的年代;这是信仰的时代,这是怀疑的时代;这是光明的时节,这是黑暗的时节;这是希望之春,这是失望之冬;我们面前什么都有,我们面前什么都无;我们都在直登天堂,我们都在直下地狱。(狄更斯《双城记》)

(3)通过列举反义词,来代表一系列全部现象,正反对举、以概其全。

不怪天,不怪地,只怪自己不争气。

来也不是,去也不是,该怎么办呢?

以上从义素和语义场入手,讨论了一个共时词汇系统中词义的联系。其中,上位词和下位词可以看作一种纵向的联系,体现了词义之间的大类与小类关系,而同义词和反义词则可以看作一种横向的联系,体现了词义之间的相同与相反关系。

第五节　现代汉语词汇的构成

现代汉语的词汇是一个庞大的系统,包含多种成分,既有常用的词,也在不断产生新词。同时,现代汉语也从古代汉语、方言、行业用语、外来语等当中吸收了许多内容。

本节介绍现代汉语词汇的构成。现代汉语的词汇可以分为基本词汇和一般词汇。最常用、最基础的一部分是基本词汇,基本词汇以外的就是一般词汇。

一、基本词汇及其特点

基本词汇是词汇系统中最主要的部分,被广泛理解和使用。它的历史相对比较久,应用频率高、范围广,也是产生新词的基础。

表示自然界和人体器官的:天、地、水、火、雨、雪、头、心、手、脚等;

表示生产生活资料的:车、船、门、窗、刀、笔、布、米、灯、饭、菜等;

表示基本动作行为的:吃、喝、走、跑、飞、想、看、听、喜欢、学习、明白等;

表示常见性质状态的:大、小、好、坏、美、丑、甜、苦、高兴、漂亮、生气等;

表示数量的:一、二、个、十、百、千、万、斤、两、尺、寸、元等;

表示指称和代替的:你、我、他、这、那、什么、哪里、怎么等;

表示程度、范围、关联、语气等语法功能的:很、都、和、把、被、最、因为等。

基本词汇有下面三个特点。

1. 稳固性

基本词汇在千百年的历史中长期存在,较为稳定地服务于社会生活。因为它们所指的事物和概念相对都是比较稳定的,如"天、地、水、火、大、小、上、下"等,从甲骨文开始就存在,今后也会长期使用下去。

但是基本词汇的稳定并不意味着一成不变。古代汉语中的有些基本词汇,在现代汉语中已经不常用,如"之""也""欲"等。此外,古代汉语基本词汇多为单音节,在现代汉语中往往变成双音节。这种双音节化是汉语词汇发展的一个大致规律。具体来看,部分古代汉语单音节基本词汇,成为现代汉语中的构词语素,是组成双音节基本词汇的材料,例如:

眉-眉毛　发-头发　师-老师

还有的古代汉语单音节基本词汇,被新的双音节词替代,例如:

目-眼睛　日-太阳　易-交换

由此可见,基本词汇在稳固中有一定的变化,在变化中基本保持稳固。

2. 常用性

这是说基本词汇的使用范围广、频率高。这些词汇是各个阶层、行业、地区都会使用的。而且它们的使用频率也很高,不像古语词、方言词、行业语和术语等,只在一定场合使用,其他条件下不可用。基本词汇的使用不受场合的限制,我们日常交际的各个场合也都无法脱离基本词汇。

3. 能产性

这是说基本词汇能够作为语素,构成大量新词,具有很强的构词能力。例如"天"可以构成"天才""天赋""天价""天体""白天""春天""今天""航天""破天荒""全天候""冰天雪地""地久天长"等大量的词。当然,基本词汇中的代词和虚词,如"你""我""这""那"和"才""都""着""了"等,构词能力不强。

前面说了,古代汉语中有的基本词汇,在现代汉语中被新的双音节词替代,如"目""日""易"等。但是这些词在现代汉语中往往成为不成词语素,还具有很强的构词能力,如"目"可以组成"目前""目标""条目""耳目","日"可以组成"日历""日出""落日""假日","易"可以组成"易位""交易""贸易""移风易俗"等。这也可以看作基本词汇能产性的一种体现。

基本词汇之外的就是一般词汇,不过两者之间的界限不是截然分明的。有些词在历史上曾经是基本词汇,随着社会的发展变成一般词汇。如"卜"在甲骨文时代,是重要的活动,占卜贯穿于社会生活的方方面面,应当属于基本词汇;但是随着社会的发展,现在已经不常出现这个活动,"卜"就属于一般词汇了。反之,有些词原来属于一般词汇,随着社会和语言的发展,也可能成为基本词汇。如"太阳"这个词最早表示"旺盛的阳气",属于一般词汇;后来用"太阳"表示原来的"日",并且应用普遍,它就属于基本词汇了。

二、一般词汇

基本词汇之外的词构成一般词汇。一般词汇不像基本词汇那么稳定、常用,还具有能产性。但是一般词汇和基本词汇仍然有着密切的关系。基本词汇因其能产性,构成大量新词,扩充一般词汇;而有的一般词汇在语言发展中,变得更常用,逐渐进入了基本词汇的行列。

现代汉语的一般词汇主要有古语词、方言词、行业语和术语,以及外来词等。

(一) 古语词

古语词可以分为历史词和文言词两种。历史词主要描述一些历史上存在的事物或现象,现在用于叙述历史事实或与历史相关的文艺创作。

衮:古代君王等的礼服。

妾:旧时男子在正妻以外娶的女子。

宗庙:帝王或诸侯祭祀祖宗的处所。

宰相:我国古代辅助君主掌管国事的最高官员的通称。

有的历史词在如今的国际交流等特定场合中仍然使用,如"亲王""公主""酋长""公爵"等。

而至于文言词,它所表示的事物或现象在现代依然存在,但是现在已经用其他的词来表示。文言词在古代汉语尤其是其书面语中使用,但是在现代汉语中已经不常用。

首:头。

恭:恭敬地。

羞赧:因害羞而红了脸的样子。

黔首:古代称老百姓。

还有一些古语词是代词和虚词,如"此""之""其""何""甚""而已"等。

古语词在现代汉语中虽然不是常用词汇,但也具有不可替代的作用。首先,古语词能够传达正式、庄重的态度和情感。

在补塘先生一生中,有过一个重大的变化,即从主张革命转向主张立宪。这中间的原因和过程如何,是史学界所关心的,盼望予以介绍。(1979年中国社会科学院近代史研究所致杨绛信,摘自杨绛《回忆我的父亲》前言)

此外,古语词还具有精炼生动的表达效果。

一个人的记忆,是由于诸多细胞的相互联络,诸多经验的积累、延续和创造;人类的文化也是这样,由于诸多个体及其独具的心流相互沟通、继承和发展。个人之于人类,正如细胞之于个人,正如局部之于整体,正如一个音符之于一曲悠久的音乐。(史铁生《病隙碎笔》)

(二)方言词

现代汉语普通话从各个方言中吸收了一些词。这些词表达了独特的意义,并被普通话所接受,构成了普通话中的方言词。

西南官话:搞、晓得、名堂

吴方言:尴尬、货色、瘪三、煞有介事

湘方言:过硬、里手

粤方言:看好、靓丽、老公

对于方言词,应该注意使用的语体和场合。一般来说,公文、科技文等不使用方言词;而文艺创作中,根据具体的创作需要适当使用方言词,可以使语言更加生动,表达效果更加丰富,如老舍先生作品中的北京方言词。

我是好意这么跟他说,好叫他消消气;喝,哪知道他跟我瞪了眼,好像我和日本人串通一气似的!我不敢再言语了,他气哼哼地扯起妞子就出去了!您瞧,我招了谁啦?(老舍《四世同堂》)

(三)行业语和术语

行业语主要是指某个行业所用的专门词语。

工业用语:车工　抛光　浇铸　砂轮　厂房　车间

商业用语:利润　赤字　库存　旺季　明细　批发

戏曲用语:青衣　花旦　倒仓　文场　亮相　龙套

术语则是各学科的专门用语。

数学:平方　矩阵　数列　导数　微分　半径

金融学:期货　期权　利率　银根　债券　信托

语言学：辅音　义素　虚词　宾语　人称　复句

行业语和术语有自己的适用范围。但是有的行业语和术语在一般的语言交际中也被吸收和利用，具有了一般的意义，大大丰富了现代汉语的词汇。

尖兵：①军事用语，行军时派出的担任警戒任务的分队。②比喻工作上走在前面开创道路的人。

攻坚：①军事用语，攻打敌人的坚固防御工事。②比喻努力解决某项任务中最困难的问题。

结晶：①化学用语，物质从液态（溶液或熔化状态）或气态形成晶体，也指晶体。②比喻珍贵的成果。

洗牌：①游戏用语，玩牌时，每轮开始前把牌原来的顺序打乱，重新加以整理。②比喻打乱旧局面、旧秩序，重新整合。

（四）外来词

外来词也叫借词，是受到外族语言的影响，在外语词的基础上产生的本语言使用的词，比如巧克力、蜜月、基因、CD等。下面分析外来词引入汉语的方式、外来词的历史及其作用。

1. 引入方式

外来词引入汉语的方式主要包括音译、半音译半意译、音译兼意译、借形等。

(1)音译。这是指按照外语词的发音，用读音相近的汉字对译过来。所用的汉字和原词只有读音上的联系，意义上完全无关。

巧克力 chocolate　沙发 sofa　咖啡 coffee

爵士 jazz　法兰西 France　奥林匹克 Olympic

(2)半音译半意译。完全翻译外语词的含义，叫作意译。但是意译一般不算做典型的外来词，因为其读音和意义都符合汉语中该字词的音义，可以说只是用汉语表达了外来的概念。

马力 horsepower　蜜月 honeymoon

智能手机 smartphone　个人电脑 personal computer

更多的词采取半音译半意译的方式，也就是把一个外语词的一部分音译，剩下的部分意译，组合在一起。

马克思主义 Marxism　冰激凌 ice cream

还有的半音译半意译词，是在部分或全部音译外语词的基础上，加一个汉语的语素，说明该词的具体内容或分类。

啤酒 beer　卡片 card　芭蕾舞 ballet

大巴/中巴（巴＝bus）　打的/面的（的＝taxi）

(3)音译兼意译。选用读音与外语词相近的汉字来翻译，同时这些汉字也与该外语词有一定的关联。这是一种非常巧妙的翻译方式。

基因 gene　维他命 vitamin　雪纺 chiffon

乌托邦 utopia　引得 index　可口可乐 Coca Cola

(4)借形。借形包括两种。一种是直接引入外文字母或数字组合成词。

CD(compact disc 激光唱片)　WTO(World Trade Organization)　B超(B型超声诊断)　3D(3-dimension 三维)　5G(5th Generation Mobile Communication Technology 第五代移动通信技术)　T恤(T-shirt，"恤"是对 shirt 的音译)

另一种是借用日语中的汉字词。日语往往用汉字词来意译一些欧美外来词，汉语又借回来使用。

物理　革命　经济　主观　干部　具体

日语中的这些词，很多都是汉语中本来就有的。如"革命"一词最早见于《周易·革卦》："天地革而四时成，汤武革命，顺乎天而应乎人。"在这里表示变革天命，日语借去表示社会等方面的深刻变化，也就是 revolution。后来汉语再次以这个意义借回来使用，如"辛亥革命""新民主主义革命"。这些日语借形词的意义，有的与其最初在汉语中的含义有一定关系，如前述"革命"。又如"物理"本来表示事物的道理、事理，《鹖冠子·王铁》有："愿闻其人情物理。"日语用这个词表示物理学 physics，汉语就以这个意义借回来使用。但是有的词则不同，现在通行的意义与最初的意义没什么联系。如"具体"本来表示"各方面都具备"，《孟子·公孙丑上》说："子夏、子游、子张皆有圣人之一体；冉牛、闵子、颜渊则具体而微。"日语用这个词表示细节明确、不抽象模糊，汉语也以这个意义借回来使用。

2.历史

汉语中的外来词，从历史上看，其实数量不少。先秦至汉代的典籍中的"猃狁""单于""阏氏""胭脂"应该就是游牧民族词语的音译。丝绸之路开通后，更是从西域带来了大量外来词，以名物为主，如"琉璃""狮子""葡萄""石榴""苜蓿"等。东汉以来佛教传入中国，就从梵语中引入了大量的外来词，如"佛""菩萨""罗汉""袈裟"等。此后随着中外交流的发展，外来词不断扩充，如来自蒙古语的"站""戈壁""胡同"，来自藏语的"喇嘛""糌粑"，来自维吾尔语的"冬不拉"等。总体来看，汉唐等历史上民族交流繁盛的时期，融入汉语的外来词非常丰富。

近代也是汉语外来词大发展的时期。从晚清到五四运动前后，国人开眼看世界，大量西方事物和概念传入中国，与之相应的外来词也进入汉语。这一时期的外来词，一方面有不少日语借词，如前述"物理""经济""革命"等，另一方面有很多最初采用音译，后来使用意译或其他翻译方式的外来词，如"德律风"(telephone 电话)、"梵婀玲"(violin 小提琴)等。新文化运动期间，陈独秀在《新青年》第六卷第一号发表《本志罪案之答辩书》，大力提倡"德先生"与"赛先生"，这里的"德先生""赛先生"就是"德莫克拉西""赛因斯"，是对"democracy 民主"和"science 科学"的音译。

外来词进入汉语的最近一次高峰，就是改革开放至今。这一时期出现很多新兴外来词，如前述"基因""CD"等。互联网的发展也促进了一些外来词的应用，如"粉丝 fans"、"卡哇伊"(日语"可爱")、"因特网 internet"、"E-mail 电子邮件"、"宅男"、"达人"等，可以看到这些外来词通过音译、半音译半意译、借形等多种方式被引入。

3. 作用与对策

外来词是不同文化、不同语言相互交流的产物。它在日常生活中广泛使用,折射出特定的社会发展轨迹,反映着社会交流和文化交融,体现了汉语词汇的发展和变化。因此,这些外来词毫无疑问便于指称新事物,为日常交流提供了方便,也在很大程度上丰富了汉语的表达风格和效果。

对于这些外来词,一方面要抱着开放包容的心态,了解其成因及具体内容,另一方面要适当吸收和规范外来词。在具体使用中,应该注意选用认可度高的词,避免滥用而影响交流。对于经过一段时间语言交际的检验后,使用频率高、符合多数汉语使用者习惯的外来词,应及时收入工具书,建立词条加以引导;对于多个说法并存的外来词,如"维生素/维他命""出租车/的士"等,应该在一定程度上加以规范。目前《现代汉语词典》等工具书已经收录了大量外来词,如实反映其使用状况。

思考题

1. 语素、词和词汇的定义分别是什么?
2. 如何区分词和词组?
3. 举例说明词义引申的原因。
4. 反义词的不平衡性表现在哪些方面?
5. 汉语引入外来词的方式有哪些?举例说明如何规范外来词。

延伸阅读

1. 北京大学中文系现代汉语教研室:《现代汉语》(增订本),商务印书馆,2012年版。
2. 郭锡良、唐作藩、何九盈、蒋绍愚、田瑞娟:《古代汉语》(修订版),商务印书馆,2010年版。
3. 黄伯荣、廖旭东:《现代汉语》(增订六版),高等教育出版社,2017年版。
4. 蒋绍愚:《古汉语词汇纲要》,商务印书馆,2005年版。
5. 吕叔湘:《现代汉语八百词》,商务印书馆,1999年版。

第五章 语　法

　　语言是音义结合的符号系统,语音、词汇、语法是其三大要素。前面两章,我们已经介绍了语言的形式——语音,以及语言意义的载体——词汇,本章就讨论语法(grammar)。

　　语法是一种语言组词造句的规则。我们平时使用自己的母语,张口就说,可能感受不到语法的存在。但其实,这些语法规则是切实存在的,只是因为我们过于熟悉,所以意识不到罢了。语言学家艾弗拉姆·诺姆·乔姆斯基(Avram Noam Chomsky)曾经用这样一个"合乎语法但没有意义"的例子来说明语法的存在:

　　Colourless green ideas sleep furiously.(无色的绿色的思想愤怒地睡觉。)

　　在这个句子中,形容词的用法、名词的单复数、动词的搭配、副词的用法、语序等,都完全符合英语的语法规则,但是它的意义完全说不通。乔姆斯基借此说明,语法是一套切实存在、相对独立于语义的规则体系。我们也可以反过来,用不合乎语法的例子来证明语法的存在。下面是一些非汉语母语者在初学时写的句子。

　　①今天我见面了老师。
　　②这件事我也以前不清楚。
　　③我祝你光明的未来。

　　乍看之下,似乎能明白作者想要表达的意思,但是这些句子又不符合我们汉语母语者的"语感"。这正是因为其中有不符合语法的部分。以上①中的"见面"一般不带宾语,应该说"我和老师见面了";②的语序有问题,"也"应该放在"以前"之后,说"我以前也不清楚";至于③,则应该加上动词"有",说"我祝你有光明的未来"。

　　由此可见,语法是确实存在的一套规则。对母语者来说,它就像是幕后的导演,像是经济学中"看不见的手",决定了我们如何运用意义的载体,也就是语素、词,将其正确拼接组合起来,形成词和词组、句子。所以语法中包含着"我们为什么这样说话"的奥秘,并不像大家通常想象中的那么无趣。语法研究其实和其他研究一样,是一种通过现象探索规律的活动,充满了科学的乐趣。

　　本章第一节首先对语法做概说,接下来按照语法单位的层级展开分析。第二节则讨论词类问题。第三节介绍词的组合,也就是词组,并在基本词组中探讨各种句法成分,包括主语、谓语、述语、宾语、定语、状语、补语等。第四节分析句子和复句。

第一节 语法概说

本节介绍语法的性质、单位以及规则,最后说明语法研究的一些基本问题。

一、语法的性质

语法具有抽象性、系统性、稳定性和民族性。

1. 抽象性

语法是从一类具体现象中归纳、提炼出的类型特征、组合方式等规则,而不是个别的具体现象。例如,"桌子""书包""电影""思想"这些词,它们的意思不同,具有一个共同特征,可以受数量词组修饰,说"一张桌子""一个书包""一部电影""一种思想",这与它们所属的"名词"这个词类有关。又如"擦桌子""背书包""看电影""谈思想"这些词组,它们的意思各异,但是都是动词在前、名词在后,前面的动词所表示的动作施加于后面的名词,这反映出这些短语结构相同,都是"述宾结构"。由此可见,语法是从具体的词、词组中抽象出来的规则。一种语言中会有大量的词、无数词组和句子,但是从其中抽象出来的语法规则却是一定的、有限的。

2. 系统性

语法规则是一套完整的系统,而非若干条彼此毫不相关的法则。有时候,一种语言现象的背后,是若干语法规则相互依存、相互约束而产生的作用。例如下面①的转换成立,但②不成立。

①我洗干净了衣服→我把衣服洗干净了。

②我喝醉了酒→*我把酒喝醉了。

上面①的成立说明一般的主动句和把字句之间可以有转换关系。而②的不成立则是因为,①中动词"洗"的补语"干净"是说宾语"衣服"的,而②中动词"喝"的补语"醉"却是在说主语"我",而非宾语"酒"。这就意味着,"主动句转换为把字句"这条规则与"补语必须指向宾语"这条规则相互依存,共同作用,造成了上面①②中的现象,体现了语法的系统性。

3. 稳定性

与语音、词汇相比,语法在历史上的变化是非常缓慢的,保持了相对的稳定性。这在一定程度上是因为如前所述,语法是一个由若干抽象规则相互依存、共同作用形成的系统,其中某一条规则的改变,往往会引起其他规则相应的调整,造成整个语言交流系统的变动。以汉语为例,主语放在谓语之前,如《周易·乾卦》有"君子进德修业",修饰语大多放在中心语之前,如《尚书·禹贡》说"高山大川",这样的语序规则几千年间变化不大。当然,在稳定的前提下,语法也在缓慢地变化。比如上古汉语中存在有条件的宾语前置,《论语·子罕》有:"吾谁欺?欺天乎?"其中的"谁"是动词"欺"的宾语,因为这个宾语是疑问代词,所以要放在动词之前,说"谁欺";这句话用现代汉语表达意思就是:"我能欺骗谁呢?欺骗上天吗?"原文的"谁欺"翻译为"欺骗谁",不再需要宾语前置。不过语法的演变有时会留下痕迹,比如上古汉语的判断句直接用两个名词性成分相连,如"彼,君之雠也";这句话用现代汉语说就是"他是国君的仇人",需要加上"是"来连接两个名词性成分;但是上古汉语的说法在特定条件下依然使用,如"四大发明,中国人民的骄傲"。

4. 民族性

这主要是说,不同语言的语法差别很大。如汉语说"两本书",英语却说"two books",汉语的名词没有复数变形,英语则不用量词。又如汉语说"我吃饭",日语则要说"我饭吃",语序明显不同。在语法研究中,应该重视不同语言的特点,不能生搬硬套一种语言的语法,来理解另一种语言[①]。

二、语法的单位

在面对语言时,我们首先看到的是一些大小不等的语言片段。要想了解这些语言片段背后的语法规则,就需要将它们拆分成一定的语言单位。在汉语研究中,比较重要的语言单位从小到大依次是语素、词、词组和句子,下面分别说明。

1. 语素

语素是语言中最小的音义结合体。

2. 词

词是能够独立运用的最小的语言单位。

关于语素和词的定义,以及语素如何组合成词,在本书第四章中已经讨论过了。语素和词最本质的区别在于能否独立使用。有的语素可以直接成词,要注意成词语素的组合是词还是词组。

3. 词组

词组由一些词构成,没有句调,是可以独立使用的语言单位,如下面这些都是词组。

1个词:我　学习　汉语

2个词:我学习　学习了　学习汉语

3个词:我学习了　学习了汉语

4个词:我学习了汉语

词组是造句的备用单位,绝大多数词组加上句调就成为句子。

---

① 20世纪60年代前后,以乔姆斯基为代表的生成语法(generative grammar)学派提出了"普遍语法"的观点,认为人的语法知识包含两部分:一部分是全人类语言共有的普遍语法(universal grammar),这是人类语言的先天机能、初始状态;另一部分是各民族语言特有的个别语法(particular grammar),是后天习得的。据此,语言的民族性主要是个别语法的体现。几十年来,学者们就普遍语法的科学性展开了激烈的辩论,生成语法学派也在不断探索、修正普遍语法的具体内容和作用范围。语言的民族性背后,是否存在普遍语法,其作用究竟如何,是值得语言学家进一步探索的问题。科学家辛顿(Hinton)则批评乔氏关于普遍语法的观点,认为大型神经网络学习语言不需要先天结构,而是源自随机权重和大量数据,人工智能的发展可以证明这一点。这是目前关于语言的讨论中,最为前沿、最具争议的话题之一。

4.句子

句子由一些词或词组构成,有一定的语气句调,前后有比较明显的停顿,表达相对完整的意思。这里的语气主要包括陈述、疑问、祈使、感叹等。可以用下面的例子来说明词组和句子的差别。

①我学习了汉语!

②她知道我学习了汉语。

以上①有独立的句调,是感叹语气,且前后停顿,表达一个完整的意思。而②中的"我学习了汉语"虽然在形式上和①一样,但它充当"知道"的宾语,没有独立的语气句调,前面也没有停顿,和"她知道"加起来才表达说话人完整的意思。所以①是一个句子,而②中的"我学习了汉语"只是一个短语。

从语素到词、词组、句子,以上四种语法单位从小到大,逐步构成。每一级语法单位组合在一起,如果满足一定的条件,就从量变达到质变,构成更高一级的语法单位。可以用图5-1来说明。

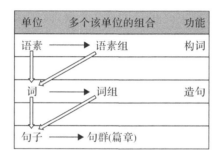

图5-1 语素、词、词组、句子之间的关系

图5-1中的"→"表示一种"量变关系",也叫"组成关系":箭头两侧的成分职能相同,区别在于长度不同,也就是组成成分的数量不同。而图5-1中的"⇨"则表示一种"质变关系",也叫"实现关系":箭头两侧的成分,其关键区别不在于单位数量的多少、片段的长短,而是性质不同、功能有别。

三、语法的规则

前面分析的是语法单位,这些单位之间的关系就是语法的规则,可以分为组合规则和聚合规则。用下面的例子来说明语法的规则。汉语中通常可以说:

①我喜欢语言学。

但是通常不会说:

②*喜欢我语言学。　　*我语言学喜欢。

这些带*的例子就不符合汉语的语法。由此可见,存在"A+动词+B"这个格式,表示A对B的行为、态度。同时,这个格式也可以创造出更多新的句子,例如:

③小猫吃鱼。

④张三买报纸。

⑤老师帮助一位同学。

上面这种现象说明两个问题。

第一，语法单位需要一个接一个连在一起，组合成更大的单位，形成具体的表达。这种语素形成词、词形成词组、词组形成句子的规则，就叫作"组合规则"。上面的①就是符合汉语组合规则的连词造句的方式，②则不符合。除了连词造句，语素成词也有组合规则，比如表示序数的"第×"是前缀，"第六"不能说成"六第"，而英语的 sixth 却是把表示序数的后缀-th 放在基数词之后，这就是组合规则的不同。

组合规则确定了一些格式，只要将格式中某一位置的成分替换下来，就能形成新的词、词组或者句子。如用"第+数词"的格式，可以"第七、第八……"无限说下去；用上面①的格式，还可以造出类似③～⑤这样无限多的句子。

具体来看，语法的组合规则主要包括语素组合成词的规则，以及词组合成词组、句子的规则（前面已讲，词组和句子的差别主要在有无语气句调，而非内部结构）。前者可以叫作构词法，和词的形态变化合在一起叫作词法；后者叫作句法。上一章已经讨论过汉语的构词法，这一章将主要介绍句法。

第二，对于组合规则确定的格式，替换其中的成分时，还要考虑哪些成分是同类的，是可以替换的。这种按照性质、替换能力，对语法单位进行分类的规则，就叫作"聚合规则"，它使语法单位按照一定的特征聚合成一类，供组合中特定的位置选择。比如"第+数词"的格式，"第"后面必须是数词这一类，不能说"第开始""第然后"。又如对①进行替换造出③～⑤时，只能用"吃""买""帮助"这类动词性成分替换"喜欢"，用"鱼""报纸""一位同学"这类名词性成分替换"语言学"，而不能用"生物学"替换"喜欢"，用"应该"替换"语言学"，形成"我生物学语言学""我喜欢应该"这样不合语法的句子。

具体来看，语法的聚合规则，主要就是语法单位分类和变化的规则，最常见的分别是词类和形态变化。语言里的词按照其在组合中语法作用的不同，可以分为不同的词类。而有的语言中，词在组合中的特定位置出现时，需要有一定的形式变化，用来表达名词的性、数、格和动词的时、体、态等语法范畴①，这就是形态变化。由于汉语缺乏典型的形态变化，这一章将主要介绍词类。

综上，组合规则和聚合规则共同构成了语法。组合规则负责将各种语法单位拼接在一起，是比较明显的，在具体的语言表达中可以感知到。聚合规则是负责将有共同性质的语言单位

---

① 性(gender)：名词在一些语言中区分阴性、阳性（有时还包括中性）。数(quantification)：一些语言区分名词的单数、复数等。格(case)：一些语言根据名词和动词的关系，区分名词的格，包括主格、宾格、旁格等。时(tense)：动词所表示的动作状态发生的时间，包括过去、现在、将来等。体(aspect)：动词所表示的动作状态所进行的阶段，包括进行、完成等。态(modality)：情态范畴，一般指说话人对某动作状态的态度、看法。

归类在一起,是相对潜在的。可以把组合规则比作一个机器上不同零件之间的关系,而把聚合规则比作工具箱中同类零件的归类方式。

四、语法研究

我们通常说到"语法",往往会想到学英语时说的"主语是第三人称单数时,动词要变形"等这类硬性规定。这当然也是语法,不过"语法"这个术语可以从两个角度理解:一是语法规律,也就是客观存在的语法事实;另一个是语法知识,也就是学者对这些客观事实的说明。母语者那种天然的"语感"是语法规律的体现,它并非人为规定的,而是自然存在的,由一个语言社群共同培养形成并遵守;而我们学外语时接触到的课本上的内容,则属于语法知识,是学者们总结出来,便于外语学习者尽快掌握该语言的一套工具。所以我们可以说:"我没学过汉语语法,但是说的话却都符合语法。"这里的前一个"语法"是语法知识,后一个语法是语法规律。二者当然有联系,只不过从语言学角度出发的语法研究中,更重视挖掘语法规律;而在外语教学等应用工作中,则更重视传递语法知识。

语法研究的具体内容,可以从以下几方面来看。在西方传统语法学中,语法研究可以分为词法和句法,前者包括构词和形态变化,后者包括句法成分和结构等。现代语言学中,往往按照前面说的,将语法分为组合规则和聚合规则进行研究。而在当下语言学研究中,还重视语法与语音、语义和语用等的关系。在语音方面,讨论语音作为研究语法手段的作用以及语音对句法的影响;在语义方面,重视句法结构与语义特征、语义指向等的关系;在语用方面,探讨语境、修辞等与语法的关系。语法研究正在逐步朝着更深入、更广泛的方向迈进。

第二节　词类

一、划分词类的依据

1. 词类划分的标准

关于词类划分的标准,主要有三种观点。

首先是意义标准,根据词的意义来分类,如"表示人和事物的是名词,表示动作的是动词"等。但是这种标准存在严重的问题,就是作为划分标准的意义不好界定。究竟什么是"人和事物",什么是"动作"有时缺乏严格的定义,所以一般不采用这种标准来划分词类。

其次是形态标准,这种标准主要使用于有形态变化的语言,比如印欧语。英语中,动词多数可以加 ed 构成过去式和过去分词,加 ing 构成现在分词,名词多数可以加 s 表示复数等。这些就是词的形态变化,不同的词类表现不同。这种标准比较常用,但是在现代汉语中不太适用,因为现代汉语的词缺乏系统的形态变化。

再次是功能标准,也就是词的分布。这具体是指词在句子中充当的成分,以及与其他特定的词进行组合的能力。比如名量词需要出现在数词后,而且它们形成的短语可以出现在名词

前,修饰名词;但它不能单独和名词、动词组合,也不能出现在"很~""~了"等位置。以名量词"个"为例:

一个 一个故事 *个故事 *很个 *个了

这就是"个"的分布,也就是它在组合中的功能。这是现代汉语中比较有效的词类划分标准。

总体来看,功能标准是各个语言都通用的词类划分标准;意义标准只能起辅助作用;形态标准只在某些语言中适用,且也符合功能标准。在现代汉语中,主要依据词的分布,也就是语法功能,观察词能够充当的句法成分,及其与其他特定的词进行组合的能力来划分词类。下面首先简单介绍句法成分,随后分别说明现代汉语的各词类。

2. 句法成分

不同的成分按照一定的语法关系,结合在一起,形成句法结构。这些成分就叫作句法成分。按照句法结构内部的关系,句法成分有以下方面。

(1)主语和谓语。这两种成分之间的关系是陈述关系。主语是被陈述的对象,谓语是对主语的陈述、说明。它们形成主谓结构。

① 这本书很精彩
  主 谓

② 她笑出了声
 主 谓

③ 张三学习语言学
 主 谓

④ 这件事被老师知道了
  主 谓

⑤ 他这些年完成的项目数不清
   主   谓

(2)述语和宾语。这两种成分之间的关系是支配关系。述语表示动作行为,宾语是这个动作行为所作用、支配的对象。述语也可以叫作动语。它们形成述宾结构。

① 学习汉语
 述 宾

② 绘制地图
 述 宾

③ 听不见鸟的叫声
  述 宾

④ 保持和加强我们的合作
  述   宾

要注意区别述语和谓语。谓语是针对主语而言的，是对一个事物的陈述说明；述语是针对宾语而言的，是针对宾语施加的动作。谓语可能是述宾结构，包含述语和宾语，如前面(1)中例③的谓语"学习语言学"就是一个述宾结构。

(3)补语。补语是放在动词或形容词后面，对其作补充说明的成分，它们合起来形成述补结构。

① 洗干净
　 述　补

② 说出来
　 述　补

③ 饿得走不动路
　　述　　补

④ 看不清楚
　 述　补

(4)定语、状语和中心语。一个成分前面可以有其他成分，来修饰说明其性质、状态等。被修饰的成分就是中心语，起修饰作用的成分就是修饰语。修饰语又可以分为定语和状语。

定语修饰名词性的中心语，它们形成定中结构。

① 我的课外书
　 定　　中

② 外国朋友
　 定　 中

③ 雪白的衬衫
　　定　　中

④ 三名大学生
　 定　　中

状语修饰动词、形容词性的中心语，它们形成状中结构。

① 迅速完成
　 状　中

② 非常充实
　 状　中

③ 在家里学习
　 状　　中

④ 再次回到祖国
　 状　　中

以上就是主要的句法成分和句法关系。可以看到，首先，句法成分建立在句法关系之上，所以各种句法成分之间是相对而言、相互依存的。关于句法成分和句法关系的详细分析,将在本章第四节展开。其次,只有实词才能充当句法成分,虚词主要承担语法功能,如"了""的""着"等。本节后文将进一步说明。

二、实词

前面已经说过,实词能够充当句法成分,而虚词不可以。此外,实词绝大部分可以自由使用,虚词的位置则比较固定,如"的"一般出现在名词或形容词的后面。另外,实词一般有比较具体的词汇意义,虚词则没有,如我们都能说出"学生""美丽"的含义,但是"的""了"这样的词,我们很难说出它有什么意思。而且,实词大部分是开放的,这里的"开放"是指没有固定数量,不能穷举。部分实词能够穷举,如代词、方位词等。与之相对,虚词大部分是封闭的,一般可以穷尽列举。

实词又可以分为体词和谓词。体词是指具有指称功能的词,主要用来做主语、宾语和定语。谓词是指具有述谓功能的词,可以充当谓语。下面依次介绍体词和谓词。代词中包含体词和谓词,最后单独说明。

(一)体词

体词包括名词、数词、量词、方位词、区别词和部分代词。

1. 名词

名词是表示人、事物或时间地点等的词,主要包括以下几类。

①专有名词:中国　北京　鲁迅　颐和园　辛亥革命

②普通名词:人　山　水　猫　狗　朋友　学校(个体名词)

　　　　　　思想　风气　政治　道德(抽象名词)

　　　　　　群众　马匹　物品　师生(集合名词)

③时间名词:今天　现在　明年　春天　早上(唐朝、晚清等既是专有名词,也是时间名词)

④处所名词:河岸　山顶　教室　里屋　周围(北京、亚洲等既是专有名词,也是处所名词)

名词的语法特征主要有下面几点。

(1)可以作主语、宾语,如"猫吃鱼""外国人学习汉语"。名词通常不能作谓语,如不能说"今天思想""你人",但个别特定的情况除外。这些情况主要包括一些判断句,如"今天星期一",以及表示一个变化过程中的某阶段的名词,如"现在春天了""你都大学生了,别任性了"。

(2)一般可以受名量词组修饰,如"一位朋友""一种思想",但专有名词通常不受名量词组修饰。

(3)经常用在介词后面,组成介词词组,如"从北京(出发)""自今天(开始)""依照事实(说明)""为了祖国(奋斗)""被老师(批评)""把作业(写完)"。

(4)一般不能受副词"不""很"的修饰,如不能说"不人""不桌子""很老师""很声音"。近年来有"很中国""不绅士"这样用副词修饰名词的说法,但其适用范围很有限,并且这类名词中都包含着一种性质、状态特征,如"很中国"的"中国"暗示了具有中国特色,"不绅士"的"绅士"则包含礼貌、优雅等语义特征。

2. 数词

数词表示数量或次序,可以分为基数词和序数词。

(1)基数词。基数词主要表示数目,又可以分为系数词和位数词。系数词是指零和一~九、两;位数词则是指十、百、千、万、亿、兆这样的词。基数词可以组成"六十""二十六"这样的复合数词。这些数词又可以组成倍数、小数、分数、概数等。

①倍数用"倍"或"百分之几百"表示。

三倍　十倍　百分之三百(注意用倍数表示增加时,区分"增加了"和"增加到"的用法,增加了一倍=增加到二倍)

②小数:用"点"表示。

零点五　二点一八　三点一四

③分数:用"几分之几""几成""百分之几"表示。

三分之二　七成　百分之七十(注意用分数表示减少时,区分"减少了"和"减少到"的用法,减少了三分之一=减少到三分之二)

④概数:在基数词上加"约""来""多""左右""上下"等表示,或者连用相邻的基数词。

十来个人　三十多天　两千左右　五十上下　两三个人　七八次

还有些词本身就表示约数,如"若干""好些"等。

(2)序数词。序数词表示次序,一般在基数词前面加"第"构成,如"第一""第五"。表示阴历每个月的前十天时,用"初"加基数词,如"初一""初八"。有时也用十个天干"甲乙丙丁戊己庚辛壬癸"或十二地支"子丑寅卯辰巳午未申酉戌亥"表示次序。

数词的主要语法特征就是和量词结合,组成数量词组,才能充当句法成分,如"两位同学""一本书""拜访三次""朗读一遍"。由于古代汉语中,数词可以直接与名词组合,因此现代汉语中有些特定的说法中,仍然保留了这种组合,如"三兄弟""十四亿人口""四大天王"。最后,"俩""仨"是两个特殊的数词,它们分别是"两个""三个"的合音,所以意义和功能相当于数量词组,主要用于口语,如"俩人""我们仨""仨瓜俩枣"。

3. 量词

量词表示对事物或动作的计量,可以分为名量词、动量词和时量词。

(1)名量词。名量词包括专用和借用两类。

①专用名量词:个　只　条　张　匹　位　本(个体量词)

　　　　　　　对　双　堆　批　套　群　班(群体量词)

　　　　　　　尺　寸　厘米　米　克　千克　吨　升　元　角　分(度量衡量词)

②借用名量词:一桶水　一碗饭　一车人　一尾鱼(借自名词)

　　　　　　　一挑货　一捆草　一捧雪　一担柴(借自动词)

(2)动量词。动量词也有专用和借用之分。

①专用动量词：次　遍　回　趟　下　阵　番

②借用动量词：看一眼　踢一脚　扇一巴掌（借自身体器官）

　　　　　　　切一刀　画一笔　砍一斧头（借自工具）

　　　　　　　看一看　想一想　算了一算（重复动词）

上面②的"重复动词"一类与其他几类相比，动词与动量词组的关系不算典型的述宾关系，所以这类动量词组可以叫"准宾语"，有时也可看作动词重叠的一种。

(3)时量词。如"秒、分、小时、天、星期、月、年"以及"一会儿"等都为时量词。时量词通常用来计算动作的久暂，因此有时也看作动量词的一种。

量词的主要语法特征就是和数词结合，组成数量词组，并充当句法成分。其中，名量词组一般用在名词前，如"两位同学""一本书"。有时可以出现在名词后，强调计量，如"铁锅一口，铁铲一个"。动量词组和时量词组一般用在动词后，如"来一趟""踢两脚""听了一个小时""坐一会儿"，偶尔可以出现在动词前，如"一刀砍下去"。

量词在极少数情况下可以单用。主要是"一＋量词"有时可以省略"一"，如"喝杯茶""带本书"。此外，说明量词的计量功能时也可以单用，如"面粉论斤卖""油条按条数"。

量词的重叠可以表示全部，名量词重叠还可以表示数量多。

条条大路　代代相传　次次迟到（表示全部）

阵阵歌声　点点星光　片片白云（表示多）

数量词组也可以用"一×一×"或"一××"的形式修饰名词，表示数量多，如"一队一队的战士""一声一声的呼唤""一座座山"。这种形式用作状语，则表示按次序进行，如"一个一个通过""一笔一笔慢慢画""一箱箱搬出来""一刀刀切成丝"。

4.方位词

方位词主要表示位置。

上　下　左　右　前　后　里　外　内　东　西　南　北　中

上面　左边　前头　中间　以东　之下

方位词主要用在名词后面，表示空间、时间上的方位或一定的范围、条件，如"房间里""桌子上面""三天之前""明天以后""知识分子中""特定温度下"。有的词类系统把方位词归为一类特定的名词。

(二)谓词

1.动词

动词是表示动作行为、心理情感、存在判断等的词，主要有以下几类。

①动作行为动词：看　走　吃　说　表扬　书写　修理

②心理动词：爱　怕　想　恨　喜欢　担心　羡慕

③存现动词：在　有　发生　发展　消失　死亡

④能愿动词:能　会　要　敢　愿意　应该　可以
⑤趋向动词:来　去　进　出　过　起来　回来　下去
⑥判断和关系动词:是　像　姓　等于　属于
⑧抽象动词:进行　加以　予以

动词的语法特征主要有下面几点。

(1)动词基本都能作谓语,如"我们说""老师回来了"。

(2)动词基本都能受"不"的修饰,表示否定,如"不看了""不喜欢运动"。大部分动词不能受"很"修饰,如不能说"很修理""很发生""很去了"。但是心理活动动词和部分能愿动词等,可以受"很"修饰,如"很爱""很喜欢""很愿意""很像"。

(3)有的动词能作述语,后面带宾语,如"修理机器""喜欢鲜花""去北京""进行研究"。也有的动词不能带宾语,如"哭""笑""消失""游行"。

(4)绝大多数动词可以用"V不V"形式提问,如"看不看""能不能""喜欢不喜欢""去不去北京""是不是你"。极少数动词不可这么用,如"加以"。

(5)动作行为动词都可以重叠,表示动作的幅度小、时间短,或者表达一种尝试、随意的色彩。单音节动词可直接重叠,如"看看书""听听歌"。双音节动词可以重叠为ABAB式,如"修理修理""打扫打扫房间",有时也可以重叠为AAB式,不带宾语,如"散散步""洗洗澡"。

动词中比较特别的是能愿动词和判断动词。能愿动词和一般的动词不同,通常不能用在名词的前面,而是只能带动词作宾语。如不能说"敢专家""可以北京",但是可以说"敢质疑专家""可以去北京"。能愿动词也不能重叠,不能带"着""了""过"表示动态。

判断动词"是"表示判断、肯定。它前后的成分大致有下面几种关系。

第一,等同或类属关系,如"北京是我国的首都"(等同),以及"玉米是粮食作物"(类属)。

第二,主体与其特征,如"他是高个子""我们吃的不一样,他是米饭,我是饺子"。

第三,处所与存在的事物,如"门前是一棵槐树""墙角是两根拐杖"。

此外,判断动词"是"有时和句末语气词"的"配合,表示肯定,如"我是要看完这本书的,你先走吧";在这种情况下,判断动词"是"不重读,而且可以省略。

2.形容词

形容词主要表示事物的性质、状态、特点等,例如:

好　坏　大　小　轻　重　美丽　丑陋　快乐　忧伤　优秀　重要　仔细　突然　简单　平静

形容词的语法特征主要有以下几点。

(1)基本都能作谓语,如"成绩好""风光美丽",而且基本都能作定语,如"大飞机""重要的消息""突然的变故"。还有不少形容词可以做状语,修饰动词及其他谓词性成分,如"仔细检查""快乐地玩耍""突然发生了变化"。

(2)可以用"不"否定,如"不坏""不忧伤""不简单"。可以受程度副词"很"修饰,如"很好""很优秀""很突然"。

(3) 形容词一般不带宾语，如不能说"优秀我""简单这件事"。但是也有形容词带宾语的情况，如"端正态度""严肃纪律"等。这类形容词带宾语的搭配比较受限，可以看作形容词特殊的"使动用法"或者动词和形容词兼类。还有"弯着腰/树枝很弯""心里很乱/乱了阵脚"这类情况，这些形容词带宾语的搭配相对比较广泛。它们带宾语时不能受"很"修饰，属于动词；受"很"修饰时不能带宾语，属于形容词。因此这部分词可以看作兼属于动词和形容词两类。

(4) 可以用"V 不 V"形式提问，如"好不好""快乐不快乐"。

(5) 不少形容词可以重叠，表示该性状的程度深或程度合适，从而强调该性状，如"小小的""漂漂亮亮""简简单单"。单音节形容词重叠为 AA 式，如"小小""慢慢"。双音节形容词重叠为 AABB 式，如"漂漂亮亮""仔仔细细"。重叠后的形式大多数属于状态词，后面具体说明。

名词、动词和形容词是实词中非常重要的三大类。动词和形容词有相近的部分，是构成谓词的主要内容。它们与名词的性质形成明显的对比，而名词则是构成体词的主要内容。因此我们在这里对这三大类实词进行对比。

首先，名词作为体词，与作为谓词的动词和形容词有显著的差别，主要的差别见表 5-1。

表 5-1 名词与动词和形容词的差别

词的类别	表达功能	通常的意义	作谓语	受"不"否定	用"V 不 V"形式提问	重叠
名词（体词）	指称	事物或现象	不能	不能	不能	不能
动词和形容词（谓词）	述谓	动作、状态、性质	能	能	能	能

接下来，同为谓词的动词和形容词，也具有各自的特点，它们的具体差别见表 5-2。

表 5-2 动词与形容词的差别

词的类别	通常的意义	带宾语	受"很"修饰
动词	动作、心理、存现、关系	大部分能	大部分不能
形容词	性质、状态、特点	不能	能

可以看到，动词和形容词的区别主要在于能否带宾语、能否受"很"修饰。形容词一般不带宾语，而且能受"很"修饰；动词多数能带宾语，多数不能受"很"修饰。可以用下面四组谓词来说明其区别，见表 5-3。

表 5-3　对动词和形容词区别的说明

组别	受"很"修饰	带宾语	类别
大　好　红　漂亮　干净　重要	能	不能	形容词
想　爱　敢　喜欢　同意　应该	能	能	动词（心理动词、部分能愿动词）
看　说　买　修理　讨论　发生	不能	能	动词（及物动词）
哭　醉　醒　咳嗽　跑步　游行	不能	不能	动词（不及物动词）

据表 5-3，可以提取出动词和形容词的区分标准，以及动词内部的小类划分。

第一，形容词同时满足两个条件：不带宾语、能受"很"修饰。谓词中不同时满足这两个条件的，都是动词。

第二，在动词中，能够带宾语的是及物动词，否则是不及物动词。

第三，在及物动词中，心理动词和部分能愿动词比较特殊，可以受"很"修饰。不及物动词都不受"很"修饰。

通过以上一系列分析，我们就区分了名词、动词和形容词这三个重要的实词大类。

3. 状态词

状态词说明事物的状况或一定条件下的形态。

通红　煞白　冰凉　绿油油　喜滋滋　软绵绵　认认真真　稀里糊涂　黑不溜秋

状态词在不少词类体系中，都被看作形容词的一种，也叫作"状态形容词"。它和形容词相同的地方在于，都可以作谓语，如"小脸通红""手脚冰凉""心情喜滋滋""这只鸟黑不溜秋"。

不过状态词和形容词的语法特征还有不少区别，具体如下。

（1）作定语修饰中心语时，必须带"的"，如不能说"煞白脸色""绿油油麦田"，必须说"煞白的脸色""绿油油的麦田"。形容词作定语可以不带"的"。

（2）一般不能带补语，如不能说"通红得很"。但形容词通常都可以带补语，如"红得很"。

（3）不能用"不"否定，也不能受"很"修饰，如不能说"不通红""不认认真真""很软绵绵""很稀里糊涂"。形容词可以用"不"否定，受"很"修饰。

考虑到以上这些特点，我们将状态词单列一类，不放在形容词之中。

（三）加词

实词一般分为体词和谓词，前者有指称功能，后者有述谓功能。而实词中的区别词和副词两类，作为体词和谓词都不够典型。由于区别词一般只作定语，副词一般只作状语，都只有修饰的功能，它们可以合起来叫作"加词"。

1. 区别词

区别词主要说明事物的属性或区别特征，不少都成对或成组出现。

男/女　公/母　雌/雄　荤/素　阴/阳　金/银　公/私
高等/低等　大型/中型/小型　慢性/急性　国有/私有
日常　永久　新型　彩色　野生　西式

区别词看起来很像形容词,但是其语法特征与形容词并不相同。

(1)不能作主语、谓语、宾语、补语,也不能带补语,如不能说"男不去""这台机器大型""购买高等""病得急性""永久得很"。但是一些区别词的并列形式可以作主语或宾语,如"荤素搭配""不分公私"。

(2)可以直接修饰名词或名词短语,如"公山羊""金手链""高等院校""彩色照片",也可以加"的"构成短语,如"荤的""急性的""野生的"。

(3)不能受"不""很"修饰,如不能说"不新型""很慢性"。否定时在前面加"非",如"非国有""非永久"。

区别词的意义和形容词相似,但语法功能区别很大。形容词能够充当谓语,也能受状语修饰,这些谓词的主要特征是区别词所不具备的。因此我们在这里将区别词放在加词中讨论,有的词类系统则根据区别词能作定语的特点,将其当作一类特殊的形容词,即"非谓形容词"。

5.副词

副词主要修饰谓语,有各种各样的意义。

①程度:很　最　太　挺　极　更　越　稍　十分　非常　格外　过于　稍微
②范围:都　也　共　就　只　仅　光　单　总共　一概　一律　统统　仅仅
③时间、频率:正　已　才　就　曾　已经　正在　将要　马上　立刻　终于　常　又　再
　　　　　时长　渐渐　往往　总是　始终　仍然　还是　屡次　重新　再三　偶尔
④处所:四处　随处　随地
⑤肯定否定:必　必须　的确　不　没　别　没有　不必　未必　曾
⑥方式:大肆　特意　猛然　忽然　连忙　赶紧　大力　阔步　暗自
⑦语气:却　可　倒　竟然　偏偏　简直　难道　难怪　到底　也许　大概　索性
　　　反正　只好　幸亏

副词最显著的语法特征就是只能作状语,修饰动词和形容词及其短语,如"很美丽""都说汉语""已经跑了一天""四处丢弃""必须改正""暗自伤心""简直荒唐"。副词不能作其他成分,更不能单说,所以有的词类系统把副词当作一种虚词。需要注意的是,"副词只能作状语"并不是说"状语都是副词",正如前文分析形容词时指出的,形容词也能充当状语。状态词也能作状语,如"喜滋滋地走出来"。

除此以外,关于副词,下面几点也需要说明。

(1)部分副词可以修饰名词性成分。有的范围副词用来限制事物的数量,如"就三天""单单这一点就很不容易";还有的副词可以修饰数量词组,如"恰好五十元""将近一百个""上大学已经两年"等。

(2)程度副词"很""极"可以作补语,但是必须是"×得很""×极了"这样的形式,如"好得很""高兴极了"。

(3)有些双音节副词作状语时,可以出现在主语之前,修饰整个主谓结构,如"忽然风停了""幸亏他学过电脑"。

(4)要注意区分副词和能愿动词。副词作状语,修饰后面的动词等成分时,后面的动词是中心语。能愿动词是述语,后面的动词是其宾语。这种区分有一个形式上的依据:使用能愿动词时,可以用"V不V"形式提问,如"能不能出来""应该不应该讨论这件事";而使用副词时,则不能这样提问,如不能说"很不很好""才不才出门""再三不再三说明问题"。

(5)要注意区别一些副词及其同音词。比如,现代汉语有两个"没有",一个是动词,表示不存在某事物,如"没有粮食";另一个是副词,表示未曾发生某动作,如"没有出门"。又如"是",作为动词表判断,用法在前文分析动词时已经说明;还有一个副词"是",表示"确实",强调谓语的内容,需要重读,如"天气是很热""他是没完成作业"。还有的副词不止一种意义,分属不同的小类。如"就"在"下午就来"中表示时间,在"这里就我一个人"中表示范围,在"不管你怎么说,我就不答应"中表示一种故意的语气。

(四)代词

代词的作用是替代和指示,因此它的语法功能与所替代、指示的成分相同,理论上与前面讲的各类实词不是一个层面上的分类。代词按照语法功能,可以大致分为体词性代词和谓词性代词。下面首先介绍现代汉语中的代词,随后按照意义,分为人称代词、指示代词和疑问代词,具体见表5-4。

表5-4 人称代词、指示代词和疑问代词

代词类型	示例	体词/谓词
人称代词	我 你 他 咱 您 我们 咱们 你们 他们 人家 大伙 别人 大家 自己 自个儿	体词
指示代词	这 那(事物) 这儿 那儿 这里 那里(处所) 这会儿 那会儿(时间)	体词
	这样 那样 这么样 那么样 这么 那么	谓词
疑问代词	谁	体词
	什么(事物) 哪 哪里(处所) 多会儿(时间) 几 多少(数量)	体词
	怎样 怎么样 怎么	谓词

1. 人称代词

人称代词可以分为第一、第二和第三人称代词。第一人称代词的单数形式是"我",复数形式是"我们""咱""咱们"。"咱""咱们"所指的对象包括说话人和听话人,如"你别急,咱们一起去"。而"我们"所指的对象有时包括说话人和听话人,如"我们都是大学生,你一样也可以参加这个活动";有时则只包括说话人,不包括听话人,如"我们要走了,你自己在这里等吧"。

第二人称代词的单数形式是"你",复数形式是"你们"。"您"是"你"的敬称形式。由于"您"来自"你们"的合音,所以除书面语之外,一般不用"您们"这种复数形式,而是用"您诸位""您几位"。

第三人称代词的单数形式是"他",复数形式是"他们"。书面上用"她""她们"表示女性,"它""它们"表示非人的事物。如果指称对象包括男女、人和事物,就一律用"他们"表示。

此外,需要注意的是"自己"。这个词可以单用,如"反思自己";也可以与其他人称代词连用,如"他自己去"。在意义上,"自己"有时表示亲力亲为,如"王师傅自己修车",用法近似副词;有时则指代本人,如"这样做会对自己有危险,也会伤到别人"。

还有一个人称代词"人家",有时指其他人,如"咱们小声点,别吵到人家"。有时则指说话人自己,如"你说慢点,人家跟不上了"。

2. 指示代词

指示代词中,除疑问外,可以分为近指代词和远指代词。近指代词是"这"及其相关形式,远指代词则是"那"及其相关形式。指示代词有指示和称代两种作用。指示作用如"这学生""那说书的",称代作用如"看见前面的男孩了吗?那是我的朋友"。

3. 疑问代词

疑问代词主要表示询问,但也有一些无疑而问的用法,也就是用疑问的形式表达疑问之外的意义。具体有下面几种情况。

(1)表达遍指,指某一范围内的全部事物或情况,如"谁也不知道这件事""这里什么都没有""我试了半天,怎么也看不清"。也可以指某一范围内的任意一种事物或情况,如"谁想去谁就去""你怎么想就怎么说"。

(2)表达虚指,指不能肯定、无法确定的某种人、事物或情况,如"好像在哪儿见过这人""随便买点什么吧"。

(3)表达反问,也就是一种否定的态度,如"谁喜欢这样啊?"(没人喜欢这样),"我哪里知道?"(我不知道),"学生怎么能进去?"(学生不能进去),"好什么?"(不好)。

(4)用于列举,如"买了些零食、饮料什么的""什么苹果、梨、桃子,应有尽有""他介绍了情况,比如谁谁谁当了班长,哪天开了班会"。

三、虚词

我们已经说过,虚词不能充当主语、谓语、定语、状语、述语、补语这些句法成分。它们的位置一般比较固定,需要出现在特定成分的前后。虚词缺乏具体的词汇意义,只有语法意义。现代汉语中的虚词主要有介词、助词、连词、语气词。

1. 介词

介词通常出现在名词或体词性成分前,与其组成介词短语。介词短语用来修饰、补充谓词性成分,说明动作、性状的时间、处所、方式、原因、目的、对象等各种关系。

①时间、处所和趋向:在　于　到　从　向　往　当　自从　顺着　沿着
②方式和工具:按　靠　拿　比用　按照　通过　根据
③原因和目的:因　为　由于　因为　为了
④涉及的对象:对　给　向　替　跟　对于　关于　除了
⑤施事和受事:把　将　被　叫　让　给

上面⑤中所说施事和受事,是指语法研究中,分析一个及物动词的相关名词性成分时,动作行为的发出者叫作"施事"(agent),动作行为的对象或承受者叫作"受事"(patient)。如"老师表扬同学",施事是"老师",受事是"同学"。

介词并不那么"虚",其主要语法特征是后面要带名词或体词性成分作为介词宾语,构成介词短语,如"从昨天""按照规定""关于这件事"①。介词短语的主要功能则是作状语,少数介词短语可以作定语。作状语的例子如:

从学校出发　靠经验解决问题　为人民服务　向老师表达感谢　把这件事查清楚

作定语的介词短语,以表示涉及对象的介词为主,如:

对他的看法　关于汉语的知识

介词常常容易和及物动词混淆,它们都可以带宾语,如"按照规定""遵守规定"。这是因为汉语中的介词绝大多数是从及物动词演变来的。区别介词和动词可以用下面几个标准。

第一,动词可以单说,介词不能。如可以说"去不去北京?去",但不能说"从不从北京?从"。

第二,动词可以重叠,介词不能。如可以说"看看""调查调查",但不能说"为为""按照按照"。

第三,动词可以带"着""了""过"表示动态,介词不能。如可以说"听着""修理了""观察过",但不能说"被着""根据了""关于过"。

同时,由于介词是从动词演变来的,因此有些词还处在过渡状态,同一个词既有动词用法,也有介词用法,例如:

在:他在家呢。(动词)　他在家工作。(介词)
比:张三和李四比高低。(动词)　张三比李四高。(介词)

---

① "被"的介词宾语可以省略,如"被(老师)批评了"。

朝:这扇门朝南。(动词)　我们朝南走了一会儿。(介词)

2. 连词

连词是连接词、词组或分句的词,表示其间的并列、递进、转折、因果等关系,可以按照所连接的成分举例如下。

①连接词和词组:和　与　跟　同　及　而　并　或　而且　并且　或者

②连接分句:不但　不仅　而且　然而　但是　与其　即使

连词所连接的两个成分,如前所述有多种语义关系。这些关系大致可以按照两个标准来区分。首先,根据前后两个成分的意思是同类还是相反,分为顺接和逆接。顺接的例子如"检查并纠正""因为喜欢中国,所以学习汉语",逆接的例子如"热情而虚伪""即使困难,也要坚持下去"。随后按照对两个前后成分强调的程度相同,还是更强调后者,分为并列和递进。并列的例子如"今天或者明天""明知违规然而坚持执行",递进的例子如"不仅来过中国,还在中国工作""与其以后着急,不如早做准备"。那么,上面提到的连词可以这样分类,见表5-5。

表5-5　连词表达的语义关系

连接类型		顺接	逆接
前后关系	并列	和　与　跟　同　及　而　并　并且　或者	而　然而
	递进	而且　不但　不仅	与其　即使

其中"而"既可以表示顺接,也可以表示逆接,取决于其前后两个成分本身,分别如"宏伟而壮丽""华丽而空洞"。

需要注意的是,有的连词和介词同形,如"和""跟""同"等。区别在于这些连词表示并列,前后两个成分可以互换,连词有时可以省略,而基本意思不变化,而介词表示动作的对象,前后两个成分不能互换,介词本身也不能省略。具体对比如下。

和:我和你都是学生。(连词)　我和你讲过这件事。张三怎么不和我商量。(介词)

跟:张三跟李四都没来。(连词)　我跟他表达了不满。你别跟我说这个。(介词)

3. 助词

助词附着在词、词组等成分后,表示其动态、结构关系等,可以分为下面几类。

①动态助词:着　了　过

②结构助词:的　地　得

③其他助词:的　来着　似的

(1)动态助词主要放在动词或形容词之后,表达动作或状态在变化中的阶段。"着"在动词后,表示动作正在持续;在形容词后,表示一种状态持续或加深。

听着歌　门开着　他比我高着一头

"了"在动词后,表示动作的完成;在形容词后,表示一种性质、状态开始变化或出现。

吃了饭　写了一本书　水浅了一点　脸红了

"过"在动词后,表示以前曾经发生过某事;在形容词后,表示性质、状态成为过去。

看过这部电影　动过手术　前几天热闹过一阵　以前也粗心过

(2)结构助词主要表示修饰语和中心语等成分之间的关系。"的"主要用在定语和中心语之间,如"红的花""学校的财产""创作的书稿"。"地"用在状语和中心语之间,如"迅速地应对""笔直地站着"。其实不管是用在定语之后,还是用在状语之后,"的"和"地"都是前接修饰语,后接中心语。所以它们的性质有相近之处,并且存在难以区分的情况,如"遭到猛烈的/地进攻"。因而有的学者参考历史演变和现在的用法,认为它们俩可以合并为一个"的"①。"得"则用来连接述语和补语,如"高兴得很""观察得仔细""急得说不出话"。

关于"的"值得注意的是,它还可以附加在一些词后面,形成"的"字词组,这种结构与名词的语法性质近似,在句中主要作主语、宾语,例如:

你要哪个帽子?红的。　拿一些吃的去看他。　前面跑着的是小明。

关于"的"字词组,后面讲到词组时会进一步分析。

(3)其他助词中,"的"可以插在述语和宾语中间,表示过去发生的动作行为,强调该行为的时间、处所、方式、施事等,如"他去年出的国""张三在北京上的大学""我们用英语聊的天""小王去的公园,我没去"。"来着"则用在句末,用来肯定过去不久前发生的事情,如"我昨天去见老师来着"。至于"似的",则可以用在体词性或谓词性成分后,充当定语、状语、谓语或补语,表示比喻,如"孩子似的笑脸""发疯似的跳起来""他一动不动,雕塑似的"。

4. 语气词

语气是说话人根据需要,对句子采取的说话方式,主要有陈述、疑问、祈使、感叹四种。句子中,表达语气的手段有语调、语气词、副词(难道、多么)、句式(V不V、是……还是……等)这四种手段。其中,语气词依附在句子末尾,或出现在句中停顿处,表达各种各样的语气。

①陈述语气词:的　了　呢　啊　嘛　罢了

②疑问语气词:吗　吧　呢

③祈使语气词:吧　了　啊

④感叹语气词:啊

不同的语气词能够传达不一样的语气,有时还与句调相互配合。下面具体来看各类语气词的特点和功能。

(1)陈述语气词中,"的"表示对某种情况合理性的肯定,与结构助词"的"同形。可以用下面的标准来区别句末"的"的词性:结构助词"的"后面能补出一个名词,语气词"的"则不行。

---

① 吕叔湘:《关于"的、地、得"和"做、作"》,《语文学习》,1981年第3期,第191页。

张三是开商店的。（能补出"人"，结构助词）
这本书是小王写的。（能补出"书"，结构助词）
他是不会走的。（不能补出成分，语气词）
这次能成功的。（不能补出成分，语气词）

陈述语气词"了"也和动态助词"了"同形，但语法特征不同。动态助词"了"只能出现在动词、形容词之后，常出现在句中，表示动作完成后状态的变化，如"吃了饭""大了一圈"。而语气词"了"出现在句尾，表示一种新情况，如"该吃饭了"。因此在"吃了饭了""学了三年外语了"这样的句子中，前一个"了"是动态助词，后一个"了"是语气词。而至于"那杯酒他喝了""花儿红了"这样的句子，其实是动词、形容词后的助词"了"与句末的语气词"了"同音合并的结果。

至于其他陈述语气词，"呢"表达动作状态的持续，或对事情的强调。"啊"说明情况，有强调意味。"嘛"表示事情显而易见。"罢了"则表示事情不重要。

我在写作业呢，别说话。
书多着呢，慢慢看。
对面走过来的是张老师啊。
这是你的书嘛，我怎么能不还给你呢。
走十分钟罢了，不累。

(2)疑问语气词有不同的功能，在特指问句、是非问句、选择问句中有不同的用法，同时表达不同的疑问程度。后文讲疑问句的类型时再专门说明。

(3)祈使语气词中，"吧"比较委婉，有商量的色彩。"了"的命令意味相对更强。"啊"则比较舒缓。

咱们去公园吧。　再去检查一下吧。
别说了。　把这杯酒喝了！
走啊，一起去看看。　一定要小心点啊。

(4)感叹语气词"啊"，需要和感叹词"啊"区别。前者读轻声，后者则可以读多种句调。

最后，语气词"啊"在不同的韵尾后面，会因为连用而产生合音，形成"呀""啦""哇""哪"等形式。这在第二章中已经说明了。

四、特殊词类

感叹词和拟声词是比较特殊的两类词。有的词类系统将它们归入虚词，但是它们都可以单说，拟声词还能充当语法成分。它们作为实词的用法比较有限，词汇意义也不显著。因此我们将它们单列出来，看作特殊的词类。

1. 感叹词

感叹词是表示呼唤、应答或感叹的词,如"啊""唉""嗯""哼""喂""哦""哎呀"等。这类词独立使用,不和别的词进行组合,前后一定有停顿。

这事你知道了?嗯。

啊!多美的一幅画。

他家的这栋老宅,哎呀,真是不得了。

2. 拟声词

拟声词模拟事物的声音,可以充当谓语或修饰语,如定语、状语、补语等,也可以独立使用。

这些孩子整天叽叽喳喳,说个没完。

桌上的钟表发出滴滴答答的声音。

北风哗哗地吹起来了。

他睡得呼呼的。

嘭!只听外面一声巨响,不知是什么东西爆了。

五、词类总结

本节分析了现代汉语的各个词类,可以用表 5-6 展示现代汉语词类系统。

表 5-6 现代汉语词类系统

实词									虚词				特殊词类	
体词					谓词			加词						
名词	数词	量词	方位词	代词	动词	形容词	状态词	区别词	副词	介词	连词	助词	语气词	感叹词	拟声词

以上就是现代汉语词类系统的基本面貌。其实在讨论现代汉语的词类问题时,还会涉及更为复杂、细致的问题。例如,现代汉语中词的兼类、活用等现象比较明显,在系统中的处理方式值得探讨。如"研究问题""语言研究"中的"研究",可以看作名词和动词的兼类;而"端正态度""淑女一次"中,"端正"可以看作形容词活用为动词或动词与形容词兼类,"淑女"可以看作名词活用为动词。此外,以上每个词类都是一个大类,不少大类的内部还存在小类划分问题。如动词可以划分出及物/不及物动词、动作行为/感官动词、瞬间/持续动词等,各个小类都会与不同的语法现象产生联系。这些问题在词类研究、语法研究中长期受到学术界的关注,这里暂不展开说明。

由于现代汉语缺乏形态变化,因此词类的划分就不具备印欧语系那样明显的形式依据,这导致对现代汉语词类的划分成为一个难点,历来受到语言学者们的关注。早期有学者,如高名凯认为汉语实词"词无定类",也有学者,如马建忠借鉴印欧语系词类系统划分汉语词类。后来学者,如朱德熙经过一系列研究,普遍认为现代汉语词类的划分应该以语法功能为依据。在此基础上，也有学者，如郭锐提出依照"表述功能"来划分现代汉语的词类。近年来甚至有一种新的观点，如沈家煊通过探讨指称和述谓功能的关系，来论证现代汉语的名词这个大类包含动词，词类系统呈现出"名动包含"的特点。学者们对汉语词类系统的研究逐步走向深入[①]。

第三节 词组和句法成分

词组也叫短语，有的学者将其称为句法结构。在介绍语法单位时已经指出，词按照组合规则可以构成词组。词组是可以独立使用的语言单位，是造句的备用单位，绝大多数词组加上句调就成为句子。下面先按照词组中词与词之间的关系，介绍各种基本词组。基本词组中的词，都按照其间的关系充当一定的句法成分，因此这里也将说明各种句法成分。接下来再按照词组中特定的词类，介绍其他词组，随后说明复谓结构的问题。最后介绍层次分析法。在本节的末尾，将说明语法中组合规则的层次性和递归性。

一、基本词组

基本词组包括主谓词组、述宾词组、偏正词组、述补词组和联合词组。前面四者涉及主语、谓语、述语、宾语、补语、定语、状语、中心语这些句法成分，前面已经介绍过。这里结合能充当句法成分的内容，以及词组内部的语义关系，做进一步的说明。

1. 主谓词组

主谓词组中，前一部分是主语，表示被陈述的对象，后一部分是谓语，是对该对象行为、性状、特点等的说明[②]。

张三出门　天气晴朗　今天星期三　这本书没看完
　主　谓　　主　谓　　主　　谓　　　主　　谓

在汉语中，主语和谓语之间的关系是比较松散的，这表现在以下几点。

首先，主语后面可以加语气词停顿，或者加"是不是"提问。

她啊，还没回来呢　公园呢，我也不去了
商店是不是开门了　这件事是不是你也知道

其次，在不需要专门区别的情况下，主语常常可以省略。

（我）才回来　（孩子们）我来接送　（这件事）不一定能办

下面说明主语和谓语的性质。

[①] 可参考高明凯：《关于汉语的词类分别》《中国语文》，1953年第1期；马建忠：《马氏文通》，商务印书馆，1898年版；朱德熙：《语法讲义》，商务印书馆，1982年版；郭锐：《现代汉语词类研究》，商务印书馆，2002年版；沈家煊：《名词和动词》，商务印书馆，2016年版等。

[②] 个别情况下为了达到某种表达效果，将主语放在谓语之后说，这是一种语用，称为倒装，如"三块钱啊，这本书""真漂亮，这孩子"。

(1)主语。在各类实词中,有不少能够充当主语。

名词:鲜花盛开　作业写完了

动词:哭不顶用　步行太慢了

形容词:干净才能住人　骄傲使人落后

代词:他当选了　怎么样才是最好的

数词、量词、状态词、区别词、副词一般不充当主语。区别词仅在一些对比说明中做主语,如"急性好治,慢性难治"。数词只在一些固定搭配中有主语的用法,如"一是一,二是二"。

除介词词组外,其他各类词组都能充当主语。

主谓词组:他去也可以

述宾词组:吃饭要注意营养

述补词组:跑得快就能赢

偏正词组:美丽的花朵盛开　赶快完成才行

联合词组:张三和李四是北京人　听和说都重要

"的"字词组:签过字的去吃饭

数量词组:三本都是我的书

方位词组:门外站着一个人

介词词组在句首,一般看作状语而不是主语。介绍介词词组时会进一步说明。

(2)谓语。能够作谓语的成分可以分三类来说明。首先是体词性成分。

今天星期三　老王北京人　你都大姑娘了　这位同志新来的

体词性成分作谓语是比较有限的,谓语前大多可以补出一个"是"字。

谓词性成分是作谓语的"主力军",作谓语正是这类成分的主要功能。谓词性成分包括形容词、动词、状态词,以及述宾词组、述补词组、状中词组、联合词组。

形容词:这个办法好　花朵鲜艳

动词:羚羊奔跑　同学们记录

状态词:月亮圆圆的　四周阴沉沉的　房子干干净净　墙壁雪白

述宾词组:猫抓老鼠　张三看电影

述补词组:我想明白了　天气热得难受

状中词组:苹果真甜　朋友们都来了

联合词组:他聪明又勤奋　我们调查并研究

其中,状态词作谓语时,AA式必须加"的",ABB和AABB式加不加"的"都可以,AB式不能加"的",上面的例子已经说明了这一点。

除以上成分外,主谓词组也能作谓语。虽然主谓词组也属于谓词性成分,但是主谓谓语句属于汉语中比较有特色的一类,需要单独说明。主谓词组作谓语的例子如"他心眼儿好""这个问题我有意见"。可以把整个词组的主语记作S,谓语部分的主语记作S',那么按照S与S'的关系,主谓谓语句主要有下面几种①。

S 和 S' 有领属或整体和部分关系:他心眼儿好

S 或 S' 是时间或处所:今天外面很冷　上午他出门　礼堂里我们开大会

S 是工具:那把刀我切肉

S 是受事:这件事办不完　苹果我吃了一个

S 是相关的对象:红色的大衣我缝了扣子

S 或 S' 也可能是谓词性成分:他干宣传工作有经验　干宣传工作他有经验

主谓谓语句体现出现代汉语的一些重要特点,是研究主语、话题等问题时值得关注的现象。

(3)主语和谓语的关系。在现代汉语中,主语和谓语在语义上的关系是非常多样化的,下面列举几种情况。

第一,主语是谓语的施事。这时谓语的主要动词一般表示动作行为,主语是该动作行为的发出者,例如:

我们去上学　老师拿出一本书　校长郑重地签下名字

第二,主语是谓语的受事。这时谓语的主要动词一般也表示动作行为,但主语是该动作行为的对象、接受者,例如:

这件事没办好　这孩子我也见过　老鼠被猫抓住了

第三,主语是谓语的主体,谓语说明主语的性质、状态或特定情况。这时谓语的主要动词一般表示感官状态、判断、存现等,或者由形容词短语、体词性成分等充当谓语,例如:

小妹妹哭了起来　这本书是教材　我家有很多模型

花儿真美丽　老人家着急得不行

今天国庆节　他才十几岁

第四,主语是谓语的时间、处所、工具、原因等,例如:

晚上会下雨　台上坐着评审团　这把刀切熟食　伤口开放容易感染

这类情况中,时间和处所主语在有的语法体系中被看作状语,但我们认为这类时间词和处所词后面可以加入停顿或"是不是"提问,如"晚上啊,会下雨""台上是不是坐着主席团",与后面要分析的状中词组明显不同,因此将它们看作主语。

2.述宾词组

述宾词组中,前一部分是述语,表示动作行为,后一部分是宾语,表示这个动作行为所支配或产生作用的对象,例如:

----

① 主要参考朱德熙:《语法讲义》,商务印书馆,1982 年版,有调整。

(1)述语。能够充当述语成分,最主要的是及物动词,以及以其为核心构成的述补词组、联合词组等,例如:

吃饭　修理机器　等一天

吃完饭　修理好机器

检查和修理机器

这里不提状中词组,是因为状语通常作为整个述宾结构的修饰语,例如:

不及物动词和形容词有时也带宾语,例如:

哭三次　胖了一圈

这些宾语的特点与及物动词的宾语不尽相同,接下来会具体说明。有的形容词带宾语,可以看作活用为动词或者形容词和动词的兼类,如前面提到的"端正态度"。

(2)宾语。体词性成分常充当宾语,包括名词、名量词组、定中词组、"的"字词组、联合词组等,例如:

吃苹果　喜欢汉语　买了三本书　穿着漂亮的衣服　选最普通的　收获了知识和友谊

而谓词充当宾语的情况则比较有限,谓词性宾语必须出现在特定的动词之后,例如:

喜欢跑步　知道你来了　打算马上出发　进行调查和研究

以上列举的都是及物动词带宾语,而且是"真宾语"。不及物动词和形容词有时带动量词组作宾语,它们的宾语是所谓"准宾语",因为所指的不是某个对象或事件,而是动作或性状的次数、时量、程度等,例如:

笑一下　肿了三天　高兴一会儿

及物动词也可以带准宾语,如"打三下""吃一顿"。

根据动词所带的宾语,可以划分动词的结构类,这是语法研究中很重要的一种分类。这种分类大致有下面二个层次。

①能带真宾语的是及物动词,只能带准宾语、不能带真宾语的则是不及物动词,分别如:

及物动词:打　吃　喜欢　打算　进行

不及物动词:哭　笑　奔跑　咳嗽

②及物动词又可以分为体宾动词和谓宾动词。前者只能带体词性宾语,不能带谓词性宾语,后者可以带谓词性宾语,分别如:

体宾动词:打　吃　修理　表扬

谓宾动词:喜欢(跑步)　打算(出门)　进行(调查)　可以(公布)

③谓宾动词又可以分为真谓宾动词和准谓宾动词。真谓宾动词可以带动词、形容词、状中词组、主谓词组、述宾词组、述补词组、谓词性联合词组作宾语;准谓宾动词只能带某些双音节动词和形容词作宾语,而且这些双音节词只能受名词、形容词修饰,不能受副词修饰。现分别举例如下。

真谓宾动词:喜欢(跑步)　知道(你要回来)　可以(马上公布)　打算(洗干净)

准谓宾动词:进行(调查/详细的调查/田野调查)　有(危险/一定的危险)

可以看到,心理类、能愿类动词都是真谓宾动词,一些存现动词、抽象动词则是准谓宾动词。

(3)述语和宾语的关系。述语和宾语之间的语义关系有很多种情况。最常见的是受事宾语,此外也存在其他各种语义类型,大致列举如下。

①受事:捉老鼠　吃苹果　修理机器　表扬学生

②施事:来了客人　住着一位老兵　飘着几片云

③处所时间:去北京　坐车上　返回家乡　过春节　熬夜

④工具方式:吃大碗　洗凉水　存活期　寄空运

⑤结果:写字　盖房子　挖坑

⑥存现:有公园　贴着春联

⑦判断:是我的朋友

⑧准宾语:睡三天　等一个月

⑨其他:上年纪　出风头

很容易发现,除受事宾语最常见之外,施事、工具方式、存现、判断类宾语,都与特定的句式有关。而处所时间、结果类宾语则与特定的动词相关。在与动词相关的语法研究中,宾语的语义类型是一个重要的切入点。

(4)双宾语。有些动词后面可以带两个宾语,形成双宾语词组。直接跟着述语的一个宾语可以叫近宾语,后一个宾语可以叫远宾语。双宾语词组可以分为下面几种类型。

①真双宾词组。这类动词所带的两个宾语一般没有联系,而且该动词可以分别支配这两个宾语。真双宾词组主要有下面几类语义。

给予义:给她一枝花(给她/给一枝花)　送张三两本书(送张三/送两本书)

称呼义:骂他傻瓜(骂他/骂傻瓜)　叫你老王(叫你/叫老王)

结果义:泼这孩子一身水(泼这孩子/泼一身水)　绊我一跤(绊我/绊一跤)

处所义:放桌上三本书(放桌上/放三本书)　挂墙上一副春联(挂墙上/挂一副春联)

②假双宾词组。这类动词所带的两个宾语之间往往有领属、主体与特征等联系,两个宾语中间可以加"的",而且该动词不能分别支配这两个宾语。假双宾词组主要有下面几类语义。

取得义:偷她一枝花(偷她的一枝花)　贪污单位一笔钱(贪污单位的一笔钱)

好恶义:讨厌他满口脏话(讨厌他的满口脏话)　喜欢你风度潇洒(喜欢你的风度潇洒)

同源义：拆你台（拆你的台）　沾他光（沾他的光）

③后缀双宾词组。这类结构的形成，在于施事或主体后移到宾语位置，可以分为下面两类语义。

处所义：落树上一只鸟（一只鸟落树上）　停门口一辆车（一辆车停门口）

结果义：憋了我一肚子气（我憋了一肚子气）　摔了我一跤（我摔了一跤）

④准双宾词组。这类词组的两个宾语中有一个是准宾语，如"等你一天""看了三天书"。

⑤虚双宾词组。这是指"玩他一整天""唱他三首歌"一类词组，其中的"他"没有意义，可以叫"虚宾语"。

3.述补词组

述补词组中的两个部分均是谓词性的。前者是整个结构的核心，后者对前者起补充说明的作用。例如：

打扫干净　红得发紫　走向路边　写得完　高兴得很

述语在前面已经介绍过。按照补语的语义类型，可以分为下面几类。

(1)结果补语。这类补语表示述语的动作行为导致的结果，通常由形容词和部分动词充当。结果补语前面不加"得"。例如：

写完作业　洗干净衣服　这个字写错了　放跑敌人　听懂了

结果补语表达述语的结果，但其语义指向是很丰富的。这类补语又可能指向述语的施事、受事以及述语本身。分别如：

他喝醉了酒　我们打赢了球（指向施事）

他喝光了酒　我们打破了球（指向受事）

他喝多了酒　我们打完了球（指向述语）

有的结果补语指向比较复杂，如"听多了流行歌曲"，既指向受事，也指向述语。

(2)趋向补语。这类补语表示动作中事物移动的方向，由"上、下、进、出、来、去、起、开、回"等趋向动词充当。例如：

走进　放下　回去　拿来

这些趋向动词的组合形式也可以充当趋向补语，即复合趋向补语。例如：

站出来　拿起来　放回去

这类述补词组带宾语时，宾语的位置会因补语的内容、宾语的特点等有所不同。当宾语是受事、施事等而不是处所时，可以出现在"来""去"这两个补语的前后、其他补语的后面，或者复合趋向补语的前、后和中间①。例如：

---

① 如果这类宾语是有定的（指示代词、指示代词＋名词、专有名词等），那么不能出现在复合趋向补语的后面，如"找他回来""找回他来"不能说成"找回来他"。

拿来行李　拿行李来戴上帽子　拉出绳子

飞出来一只鸟　飞出一只鸟来　飞了一只鸟出来

找回来一个人　找一个人回来　找回一个人来

而当宾语是处所时，情况则有所不同。如果由"来""去"充当趋向补语，那么处所宾语只能放在述语和补语之间。如果趋向补语是"进""出""上""下""回"等，那么处所宾语可以放在补语之后。如果是复合趋向补语，处所宾语要插在补语中间。分别如：

进房间来　到外面去

站上讲台　走回学校

站上讲台来　走进学校去

趋向补语表示移动的方向，但也有的趋向补语意义比较虚化。如"笑起来""好起来"的"起来"表示动作、状态开始发生，"说下去"的"下去"表示动作的继续，"答上来"的"上来"则表示结果的实现。

(3)状态补语。状态补语表示动作、特征的情状、形态。充当状态补语的一般是形容词、状态词和谓词性短语。述语和补语之间常用助词"得"，有时也用"个""得个"。例如：

跑得快　跑得飞快　跑得很快

想得周到　想得明明白白　想得脑袋疼

玩个痛快　摔得个四脚朝天

从语义上看，状态补语有的表示评价，有的表示描写。前者主要由单个形容词充当，后者主要由状态词、谓词性短语充当。例如：

评价：跑得快　看得清　打扫得干净

描写：跑得飞快　想得清清楚楚　打扫得看不见一点灰尘　急得吃不下饭

二者在语义上有评价和描写、静态和动态的差别，在形式上也有一些区别，具体如下。

首先，描写类状态补语构成的述补词组，可以受时间副词修饰，评价类状态补语构成的述补词组则不行。例如：

早就想得清清楚楚　已经走得很远

＊早就想得清楚　＊已经走得远

其次，描写类状态补语构成的述补词组，可以和"把""被""给"等介词短语连用，评价类状态补语构成的述补词组则不行。例如：

把眼睛瞪得大大的　被我们包得紧紧的　脸给冻得通红

＊把眼睛瞪得大　＊被我们包得紧　＊脸给冻得红

再次，描写类状态补语构成的述补词组，可以充当状语，评价类状态补语构成的述补词组则不行。例如：

擦得干干净净的收起来　爬得高高的往远处看

＊擦得干净收起来　＊爬得高往远处看

最后,在口语中,状态补语有时可以省略,只留下助词"得",表达一种显而易见或难以形容的状态,如"把你高兴得""看他急得"。

(4)可能补语。可能补语用来表达述补结构实现的可能性,主要是在述语和补语之间加"得"或者"不"。例如:

看得见/看不见　写得完作业/写不完作业

拿得起来/拿不起来　回得去学校/回不去学校

此外,"得"和"不得"本身也能够充当可能补语,如"这杯子摔得摔不得？摔不得,是玻璃的""耽搁不得"。

可以看到,结果补语和趋向补语中间加"得"就构成可能补语。需要说明的是状态补语。由于状态补语本身以"得"为标记,因此二者容易混淆。部分状态补语和可能补语甚至同形,如"写得好"表示"写得不错"就是状态补语,表示"能够写好"就是可能补语。区别二者的标准主要有下面几条。

①状态补语可以扩展,可能补语则不能。如"写得好"表示"写得不错"时,可以扩展为"写得很好""写得非常好""写得好极了",表示"能够写好"时则不能这样说。

②二者的疑问形式不同。状态补语需要对补语部分提问,如"写得好不好""写得是不是很好"。而可能补语则需要对整个述补词组提问,如"写得好写不好""写得完写不完"。

③二者的否定形式不同。状态补语在"得"字后否定,如"写得不好""写得不是很好"。可能补语则用"不"替换"得"来否定,如"写不好""写不完"。

(5)程度补语。程度补语很有限,主要是"很""极""多""透""死""坏""慌"等,表示程度高。也可以用"一些""一点"等数量词组表示程度低。例如:

忙得很　好极了　健康多了　烦透了　急死了　心疼坏了　热得慌　好一些　漂亮一点

程度补语没有否定形式。其中"很""慌"作程度补语需要加"得",形式上像状态补语,但意义上依然表示程度。其他表示程度高的补语,整个词组后面一般要加"了"。"死"在动词后面是结果补语,如"打死""焊死",跟在形容词后面就是程度补语,如"忙死了""急死了"。

4. 偏正词组

偏正词组中,后一成分为中心语,前一成分对其作修饰、说明。按照中心语的性质,可以分为定中词组和状中词组。前者的中心语是体词性的,后者的中心语则是谓词性的。

(1)定中词组。定中词组的中心语是体词性的,修饰语称为定语。大部分实词(除了副词)和短语都可以作定语。例如:

木头房子　奔跑的速度　好办法　美丽的故乡　我的母亲　黑溜溜的眼珠　急性胃炎

一只鸟　喝汤的碗　我出门的时间　想得多的人　关于这件事的情况

从表义的功能来看,定语可以分为限制性和描写性两种。限制性定语说明中心语的范围、类别等,可以回答"是什么""哪一种""多少"之类的问题;描写性定语则说明中心语的状态,回答的是"什么样"的问题。限制性定语多由名词及名词性词组、动词及动词性词组、区别词等充当,如以下例子。

春天的故事　三根皮带　老师买来的书　野生动物

限制性定语中有一种比较特殊,即定语和中心语所指内容一致,二者之间是同一性的关系。在其中插入"是",或者把"的"或指示代词替换为"是",就形成判断句。例如:

我们中国人　植树造林的重要工作　辛亥革命这一历史事件

描写性定语多由形容词及形容词性短语、状态词等充当。例如:

小剪刀　清澈的河水　冰凉的石头　绿油油的麦田

从语义指向来看,按照偏正词组的定义,定语一般是指向后面的中心语。但是也有少数情况下,定语指向定中词组前面的某个成分,而不是中心语,如下面的例子。

他吃了一顿饱饭。("饱"指向"他"而非"饭")

我们度过了揪心的一夜。("揪心"指向"我们"而非"一夜")

定语的这种语义前指,往往是语言生动表达的需要,是临时性的用法,有一些不能拿出来单说,如"饱饭"。

还有一种"准定语",前后两个成分类似定语和中心语的关系,用"的"连接,但是其间并无领属、限制、描述、同位等关系。例如:

①这场球教练已经安排好了,我的前锋,你的中卫。

②张三的足球踢得好。

③生你的气　帮他的忙

这种准定语有各种来源和类型。以上面的①为例,实际上表达"我是前锋,你是中卫"的意思。而②则可以转换为主谓谓语句"张三足球踢得好"或"张三踢足球踢得好"。至于③,则是一些动宾式复合的动词(如"生气""帮忙")在不能带宾语的情况下,表达其动作对象的一种方式。

以上是定中词组中与定语有关的一些常见问题,包括充当定语的成分、定语的表义功能、定语的语义指向,以及准定语问题。除此之外,多个定语的顺序、定语是否要带"的",也是常见的定语问题。

(2)状中词组。状中词组的中心语是谓词性的,修饰语称为状语。状语可以由副词、形容词、状态词、介词词组、量词词组以及部分谓词性词组等充当。例如:

正在欣赏　仔细听　按规定办理　一次一次地说　静悄悄地看着　不回头地走了

极少数的名词作状语,表示方式、手段等。例如:

电话订票　公费留学　现金支付

从语义指向来看,状语一般指向后面那个谓词性的中心语,或者该中心语的施事或主体,这主要是那些表示时间、处所、方式、程度等的状语。例如:

我从北京出发　张三比李四高　我们按说明组装模型　非常美丽

但是也有少数状语指向动作的受事,或者放在谓词后面。例如:

热腾腾地沏了杯茶(茶热腾腾)　河滩上茂盛地长着芦苇(芦苇茂盛)

从位置上看,状语一般在主语之后。例如:

张三迅速完成任务　我们仔细核对清单　同学们从山上向远处看

但是也有部分状语可以出现在主语前面,主要是一些表示范围、条件、对象、语气等的状语,修饰主谓词组或者几个分句。例如:

在所有花里面,我最喜欢荷花。

按照学校的安排,今天下午全校自习。

对于这件事,张三说他不知道,李四也没头绪。

确实,这件事小王有责任,但是其他人也要反思。

以上是状中词组中与状语有关的一些问题,包括充当状语的成分、状语的语义指向,以及状语的位置。除此之外,和定语类似,多个状语的顺序问题、状语是否要带"地",也是常见的问题。前者涉及状语的语义类型、逻辑关系等;后者涉及状语的音节数、语用上强调与否等问题,这里暂不讨论。

5. 联合词组

联合词组由多个并列的成分组成,这些成分可以是体词性或谓词性的,它们彼此之间语法功能平等,地位相同。联合词组的各个成分之间可以直接并列。例如:

周一周三学物理,周二周四学化学　松竹梅都是中国人喜爱的植物

我三月、五月、六月都要出差　他下种、养护、采摘,足足忙了一年

并列的成分后面可以加"啊""啦"语气词。例如:

桃花啦、梨花啦、杏花啦,芬芳艳丽开了满园。

业余时间可以跑步啊、打球啊、下棋啊什么的。

这些成分之间也可以用连词连接。一般用"和、跟、同、与、及、或"等连接体词性成分,其中"或"表示选择,其他连词表示加和。而谓词性成分则用"又""而""并""又……又……""也……也……"等连接。例如:

春天和夏天　老师跟同学　我们与你们　性质及演变　教学楼或宿舍

美丽又大方　深入而详细　学习并实践　又唱歌又跳舞　也好也不好

书面语中,有时也用"和""与"连接两个动词。例如:

坚持和完善人民代表大会制度　进行调查与研究

二、其他词组

以上介绍了基本词组。组成基本词组的词,都按照其间的关系充当一定的句法成分。接下来要说明的则是其他词组,这些词组主要与特定的词类有关,包括介词词组、助词词组、数量词组、方位词组等。

1. 介词词组

介词词组由介词加上体词性成分构成,按照介词的语义,可以表示时间、处所、方式、范围、原因、对象、施事、受事等。例如:

截至昨天　从河边　通过检索　为了和平　对张三(道歉)　把饭(吃完)　被老师(批评)

在功能上,介词词组可以充当状语、定语。分别如:

状语:从河边走过　通过检索找到文献　为了和平去战斗

定语:截至昨天的数据　对于问题的看法　为了忘却的记念

有的学者认为,介词词组可以做补语,如"放在桌上""等到明天""来自北京"。我们认为,可将"放在""等到"的"在""到"看作"放""等"的补语,将"来自"看作一个词,将整个结构"放到＋桌上""等到＋明天""来自＋北京"看作述宾词组。

2. 数量词组

数量词组由数词加上量词组成。数量词组可以看作体词性的成分,可以充当主语、谓语、宾语、定语、状语。分别如:

①主语:两只都飞了　一回就可以

②谓语:苹果才三斤　出去玩也才几次

③宾语:喝几杯　跑两圈

④定语:一位朋友　三次旅行

⑤状语:一个一个地数　一次一次地问

动量词组作宾语,表示动作或性状的次数、时量、程度等,就是前面说的"准宾语"。

3. 方位词组

方位词的前面加上体词性或谓词性成分,构成方位词组。整个方位词组可以看作一个体词性成分,表示处所、时间、范围等,主要充当主语、宾语、定语、状语。例如:

①主语:下雨后晴空万里　台上坐着主席团

②宾语:定在三个月后　在桌子上

③定语:屋里的灯光　三天前的事

方位词组中,除了"东""西""南""北""左""右"等,其他如"前""后""上""下"等,既可以表示空间上的处所,如"桌上""门前",也可以表示时间上的概念、抽象的范围,如"三天前""已有研究中""这一政策下"。

4. 助词词组

助词词组主要是指由结构助词"的"构成的词组。前面讲结构助词"的"时已经指出,在"的"前面加实词或者词组,可以指称人或事物。整个词组是体词性成分,在句中主要作主语、宾语。例如:

这几顶帽子里,我喜欢那个红的。

大的好看,小的不好看。

我说的你都记住了吗?

拿点吃的给你。

这种"的"字词组和"定语+的+中心语"中的"定语+的"不同,"定语+的"并非整体性地指称一个人或事物,如"大海的颜色""美丽的花朵",而且有些"的"字词组后面补不出一个对应的中心语,如"工人和设备都是精挑细选的"。

助词词组中,除"的"字词组之外,还有比况词组和"所"字词组。比况词组由实词或词组后面加上"似的""一样""一般"等组成,相当于一个形容词性词组,表示相似。例如:

花朵一般的笑脸　针扎似的疼　累得散了架似的

而"所"字词组由"所"加上动词构成,指该动词的受事或对象。除了在"所见所闻""所答非所问"等固定搭配中,"所"字词组后面一般要加"的",充当主语、宾语、定语等。例如:

我所关心的是一些细节问题　本公司所使用的设备　得到你所想要的

三、复谓结构

以上提到的词组,除联合词组之外,其他谓词性词组中最多只有一个谓词。而由两个或以上谓词性成分连起来构成的格式,就称为复谓结构。复谓结构可以分为连谓结构、递系结构和连锁结构三类。

1. 连谓结构

连谓结构由两个谓词性成分组成,其间没有基本词组的主谓、述宾、偏正、述补、联合关系,如"下河捞鱼""进去说话"等。连谓结构的两个谓词中间没有语音停顿,看起来和谓词性的联合词组有点像。但不同的是,在谓词性的联合词组中,两个谓词之间是并列关系或选择关系,如"读书写字""看书还是听歌"。而在连谓结构中,两个谓词之间的关系并非如此,往往具备时间或逻辑上的先后、因果等关系。具体来看有以下几种类型。

①两个谓词有时间先后:进去看看　住一天就走

②前一个谓词表示方式:背着手散步　躺在床上休息

③前一个谓词表示条件:有话好好说　没事别添乱

④后一个谓词表示目的:上山种树　找人帮忙

⑤后一个谓词表示结果:看了心里高兴　站着腰疼

⑥两个谓词分别表示一个事件的肯定、否定两方面:抓住不放　存着没取

趋向动词"来""去"常常用于连谓结构,如"来帮忙""你玩去""我去洗手"。

2.递系结构

递系结构中,前一个谓词性成分一定是述宾词组,而其中的宾语与后一个谓词性成分在语义上有联系,可以充当其主语,那么该成分就兼有宾语和主语的身份,叫作"兼语"。递系结构中的第一个谓词往往是特定类动词。具体来看有下面几类。

(1)使令类。使令类包括"通知""命令""要求""吩咐""安排""鼓励""禁止""叫""劝""派""让""使"这些表示指令的动词,以及"陪同""护送""带""领"等表示陪同的动词。例如:

要求他出发　安排同学去大扫除　禁止观众吸烟　派你前往　让老师指导　使人伤心
陪同长辈出行　带领群众致富　领孩子逛公园

这类递系结构通常表示主语让兼语做某事或成为某状态,是语言学中致使(causative)研究所关注的对象。

(2)感情类。感情类包括"喜欢""讨厌""同情""夸奖""感谢""祝贺""爱""嫌""称"等。例如:

喜欢他有礼貌　感谢你帮助我　祝贺张三得了第一名　夸你大方　称他为老王

(3)"有"类。"有"类也就是由动词"有"引导的递系结构,说明兼语存在的状态,全句通常没有主语。例如:

有人来过这里　有本书丢了　有两个年轻人去参军了

3.连锁结构

连锁结构通常用特定的词来连接两个谓词性成分。起这种连接作用的以特定的副词为主,表示两个谓词性成分在时间、逻辑等方面的关系。例如:

不懂就问　他说了我才知道　有时间再去(用一个副词连接)

一看就明白　越想越糊涂　边听边写　非完成不可(用两个副词连接)

在连锁结构中,两个谓词性成分的主语可能不同,如上面的"他说了我才知道",又如"不答应就不走""谁去我就跟谁急",有时可以补出不同的主语,如"你不答应我就不走""你一说我就明白"。

需要说明的是,连锁结构应该由副词来连接两个谓词性成分,而且中间不能停顿。如果停顿,或者用连词相连,就属于复句而非词组、短语结构了。

四、层次分析法

1. 层次分析法概说

我们已经讨论了各类词组,以及基本词组中所涉及的句法成分。可以看到,在分析词组时,一般是将其二分,切分为两个有一定语法关系的直接组成成分。这种分析方法来源于结构主义语言学,能够反映词组中成分的关系及其层次。

在进行层次分析时大致分为两步,一是切分,二是定性。在切分时,要将一个词组正确地分为两个直接组成成分,这需要满足下面几点。

①从结构性质上看,切分出来的两个成分必须是语言中存在的语法单位,如词、词组等。

②从意义上看,切分出来的两个成分必须都有意义,且加起来符合整个词组的原意。

③从组合关系上看,切分出来的两个成分之间必须有一定的语法关系,且符合整个词组所表达的含义。

举例来看,对于"美丽的花朵正在盛开",如果在"的"前面切分,则"的花朵"不是合规的语法单位,不符合以上①。如果在"正在"后面切分,形成没有意义的"美丽的花朵正在",不符合以上②。如果在"的"后面切分,则形成一个"形容词+的"与主谓词组"花朵正在盛开"的组合,其间无合适的语法关系,不符合以上③。总之,切分出来的必须是符合原意又能正确搭配的语法单位。

而在定性时,在基本词组中,标明句法成分"主语""谓语""述语""宾语""定语""状语""补语",从而说明词组中两个成分的角色,以及其间的关系。对于基本词组以外的其他词组,介词词组可以二分为"介词+宾语",数量词组可以二分为"数词+量词",方位词组可以二分为"名词+方位词"。标注方法具体如下:

助词不参与层次分析,接下来专门说明。

2. 不参与层次分析的成分

由于实词才能充当句法成分,因此虚词中的连词、多数助词、语气词均不参与层次分析的定性,具体来看有下面几种。

(1)连词和结构助词仅仅起到黏合两个成分的作用。

(2)动态助词和语气词附在某个成分之后,说明动作或性质的时态,以及全句的语气。

(3)"的"字词组中那个"的"用来表明整个成分的体词性。其他助词"似的""一样""所"也承担类似的功能。

3.复杂词组的层次分析

这种二分的层次分析法,可以应用于复杂的词组,分层次从大到小逐步切分。例如:

① 我知道老王其实听不懂英语。

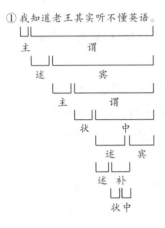

② 张三的弟弟在学校里是个好青年。

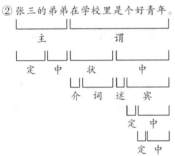

注意上面②中,"个好青年"的"个"是"一个"的省略形式。

4.使用二分法时需要注意的情况

进行层次分析时通常采取二分的办法,这符合语法的事实。使用二分法时也会遇到比较特殊的情况,如两项以上的联合词组、复谓结构和双宾词组。

(1)对于两项以上的联合词组,一般还是采用两两切分的方法。

(2)对于复谓结构,则按照连谓、递系、连锁等类别分别定性。

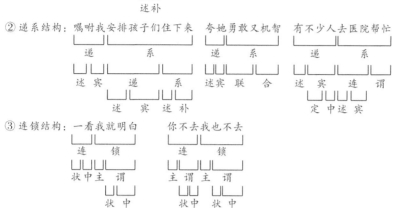

在递系结构中,兼语被划分为前一个谓词的宾语。因为递系结构中的"前一个动词+兼语"不少是可以单说的,如"通知小张""夸奖你",还有一些是不能单说的,在历史上又往往存在一个可以单说的来源,如"使""让"等。

(3)对于双宾语词组,有的语法系统使用三分的处理方法,但是这与层次分析法二分的原则相悖。因此,目前的分析中,对于以给予义为代表的绝大多数双宾语词组,一般按照其为述宾词组进行分析,先把"述语+近宾语"看作一个成分,与远宾语构成述宾词组;随后再切分"述语+近宾语"。

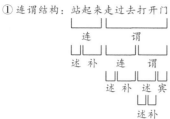

五、组合规则的层次性和递归性

上面介绍了分析词组、明确句法成分的方法——层次分析法。在层次分析中,可以看出语法组合规则的层次性和递归性。

1. 层次性

所谓层次性,是指表面上由若干成分组成的词组,并非一个一个串联起来的,其内部组织是有层次的,各个成分的直接结合有一定的次序。如在复杂词组"我听说张三在家"中,并不是"我""听说""张三""在""家"一个个串起来的,而是"在"和"家"先结合,然后"张三"与"在家"结合,接下来用整个"张三在家"作"听说"的宾语,最后是主语"我"与谓语"听说张三在家"的结合。可以看到,各个成分是层层直接结合起来的。而用层次分析法所作的工作,就是逆着层次结合的顺序,将这种结合从大到小地层层拆解开,从而展示语法中组合规则的作用方式。

弄清结构的层次,才能正确理解句法结构的意义。

① 不适当地包容孩子,会使孩子自卑。
　　状　　中
　　　状　中
　　　　述　宾

② 不适当地包容孩子,会使孩子骄傲。
　　状　　中
　　状　中　述　宾

二者前半句的表层形式相同,但是意思相反,这正是因为其内部的层次关系不同。在①中,"不"与后面整个"适当地包容孩子"结合,表示没有包容;所以"不"否定的是后面成分的中心语"包容"。而在②中,"不"先与"适当"结合,表示包容的方式不对,随后才整体与"包容孩子"结合;"不"否定的是"适当"而非"包容",所以才会导致后半句的"骄傲"。

由此可见,组合规则的层次性确实存在,影响着句法结构的表义。而通过层次分析法,就更好地能揭示这种层次性。

2. 递归性

所谓递归性,是指基本词组的组合规则可以层层套用,产生出非常复杂、层次众多的句法结构。

① 我知道他希望大家心情舒畅。(主谓、述宾组合的递归)

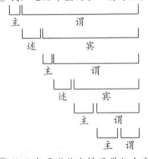

② 他让我嘱咐你安排同学们去实习。(递系组合的递归)

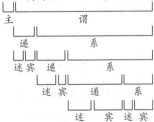

如上所示，递归性意味着组合中的某个位置可以由较小的单位（比如词）充当，但是也可以由一个同功能的、更大的成分（比如词组）充当，二者在组合中的作用相同。这使得基本词组中的成分可以扩展成一个非常复杂的结构，但是其功能仍然等于原先那个项。正是由于这种递归性的存在，才使语言可以用有限的规则来构造无限的词组、句子，从而满足人类表达、交流的需求。递归性是组合规则的一个非常重要的性质，可以说是人类语言创造力的来源。

我们还可以将词组的组合规则与"复合式合成词"对比，不难发现二者有一定的相似性。在内部关系上，它们都有主谓、述宾（动宾）、述补（补充）、偏正、联合（并列）等组合方式。也就是说，在汉语中，组合规则的递归性有时跨越了词法和句法的界线。

第四节　句子

在上一节说过，词组是可以独立使用的语言单位，是造句的备用单位，绝大多数词组加上句调就成为句子。那么按照语法单位的层级，在本节探讨句子的相关问题。首先讨论单句，主要介绍按照语气分出的各种句类，随后讲解各种关系的复句及其分析方法。

一、单句和句类

1. 单句的定义和句型

单句是这样一种语法单位：它由特定的词或词组充当，有特定的语调，能够表达一个相对完整的意思。单句可以按照结构分为不同的句型，也可以按照语气语调分出不同的句类。按照单句的结构，可以分为主谓句和非主谓句。

(1) 主谓句。主谓句是由主语、谓语两个成分构成的单句。按照充当谓语的成分，主要有下面几类。

①动词谓语句，由动词及动词词组充当谓语。例如：

老师去了北京。　我们很快学会了这种方法。

②形容词谓语句，由形容词、状态词及相关短语充当谓语。例如：

这件衣服真好看。　天气热得人受不了。　麦田绿油油的。

③体词谓语句，由以名词为代表的体词性成分充当谓语。这类句子的情况在第二节介绍名词时已经说过。例如：

今天星期一。　你都大学生了。　啤酒两杯。　这本书我买的。

(2) 非主谓句。非主谓句由主谓短语以外的其他词组构成，或者由单个词来构成，主要有下面几种。

①动词性非主谓句，由动词及动词词组构成，用来说明出现的情况、现象或表示口号。例如：

出太阳了。　出发！　禁止使用手机。　遵守纪律，拒绝作弊。

②形容词性非主谓句,由形容词及形容词词组构成,主要表示应答、感叹等。例如:

好! 对。 多美丽啊! 扫兴得很。

③体词性非主谓句,由名词或名词词组构成。例如:

多么壮丽的宫殿! 好球! 台阶!(感叹)

老师! 小王!(呼唤)

九月了。 三十多年了。(时间或经过)

1979年。 北京西城区。(剧本中说明时间地点)

④叹词句和拟声词句。例如:

啊! 哎呀! 轰隆! 哗啦啦!

不同的句型与特定的语法问题有关。如体词谓语句可能涉及指称和陈述的转化;而动词谓语句中的特定小类,如被动句、把字句、双宾句、兼语句、连谓句等,以及动词和形容词谓语句均涉及的主谓谓语句,都是语法研究中关注的重点问题。

2. 句类

单句还可以按照语气语调分为四种不同的句类,即陈述句、疑问句、祈使句和感叹句。

(1)陈述句。陈述句的语气一般用平调,或者略降语调。陈述句用来叙述或说明,是最为常见、使用最为广泛的一个句类。句末通常不带语气词,也可以带"的""嘛""呢""啊""了""罢了"等语气词。例如:

这件事由张老师负责。

他当然不会来的。

小刘现在还年轻嘛。

起风了。

他的故事多得很呢。

大家都没往心里去罢了。

陈述句可以是肯定句,也可以是否定句。比较特殊的是双重否定句,可以表达肯定的意思,同时增加了确信、迫切等含义和色彩。例如:

他不可能不知道这个结果。

现在不得不采取强硬的措施。

张三今天非要出门不可。

这次大会,没有什么是不能说的。

(2)疑问句。疑问句多数使用升调。提出问题、表达疑惑是疑问句的基本功能。用疑问句提问的手段有语调、疑问代词、语气词、句式等。根据提问的方式,可以分为是非问句、特指问句和选择问句三类。

①是非问句。是非问句对整个陈述句所表达的命题真伪进行提问。是非问句不使用疑问代词或特定句式,仅在要提问的陈述句上加疑问语调,句末可以使用疑问语气词"啊""吗"

"吧",也可以不用。例如：

她去北京了？

你知道这件事啊？

周末不开门吗？

我们不用专门去一趟吧？

回答是非问句时,用"是、是的/不、不是""对/不对""嗯"等,或重复正确的命题。

②特指问句。特指问句对整个陈述句中的某个成分或某项内容进行提问。需要使用疑问代词来表明疑问点,通常是升调,句末可以使用疑问语气词"呢""啊",但不可以用"吗",也可以不用疑问语气词。例如：

谁在外面说话？

这件事该怎么解决呢？

你打算买什么啊？

小王为什么没参加比赛？

下次写生咱们去哪里？

回答特指问句时,要针对疑问代词所提问的点,说明答案,不能用"是/不是""对/不对"等。

③选择问句。选择问句针对整个陈述句中的某个成分、某项内容,或整个命题的情况,给出几个并列的项目,让对方选择一种作为答案。这些并列的项目可以直接罗列,也可以用"(是)……还是……"连接。全句可以使用疑问语调,句末或每个项目后可以使用疑问语气词"呢""啊",但不可以用"吗"。例如：

明天晴天雨天？

咱们看电影还是打游戏？

他是明天出差,还是后天出差？

吃米饭呢还是吃面条？

小王负责,还是小刘负责呢？

回答选择问句时,需要选取问句中提供的一个项目,或针对提问的点给出答案,不能用"是/不是""对/不对"等。

选择问句中有特殊的一类,是将谓语的肯定形式和否定形式并列起来,作为选择的项目。这种选择问句也可以叫正反问句或反复问句。将谓语部分记作VP,正反问句主要有下面三种句式。

A. VP+否定+VP：好看不好看？开会不开会？出没出门？吃饭不吃？

B. VP+否定：开会不？出门没？吃饭不？

C. VP,是不是/对不对/好不好等：这件事不好办,是不是？今天就去,好不好？

在上面句式A的后三个例子中,可以看到这种句式的动词带宾语的三种方式。

在几种特定的情况下，要注意区分以上三类问句。

一是有些是非问句中，带有不表疑问的疑问代词，不能当成特指问句。例如：

他什么都没留下？

谁都不知道这件事吗？

你这次来，打算买点什么吗？

二是有些是非问句，是在特指问句和选择问句这两种不能加"吗"的问句形式后面，加上一个"吗"构成的，用来向对方求证是否提出了这样的问题，不能看成特指问句或选择问句。所以前面可以补出一个"你问/你是问"，形成"你是问……吗"。例如：

（你问）总共来了几个人吗？

（你是问）我去不去吗？

三是有的疑问句，形式上没有疑问代词，但是后面加上了"呢"。这其实是一种特指问句，往往是在对比或在某些特定情况下，针对一个话题的情况进行提问，可以看作是在问该对象"怎么样"。例如：

（她去不行，）你去呢？＝你去怎么样呢？

（一号选手说完了，）二号选手呢？＝二号选手的情况怎么样呢？

最后需要说明的是反问句。这是利用疑问句的形式，表达肯定或否定的陈述。反问句的形式与意义相反，肯定句的反问表示否定，否定句的反问表示肯定。所以整个反问相当于一种否定。其提问方式仍然分是非、特指、选择问句三种。例如：

这件事不奇怪吗？（是非问句，这件事很奇怪）

谁知道呢？（特指问句，没有人知道）

你是疯了，还是故意捣乱？（选择问句，你是故意捣乱）

你说他傻不傻？（选择问句之正反问句，他傻）

(3) 祈使句。祈使句一般用降调。它用来要求对方做某事或者不做某事。句末通常不带语气词，也可以带语气词"啊""吧""了"，其中"啊"表示催促、请求、劝告等，"吧"表示一种委婉的商量，"了"表示一种命令。其谓语一般只能是表示动作行为的动词及其词组，也可以加敬词"请"。例如：

把这东西拿走！

不许在这里吸烟。

别随便告诉别人呀。

现在就写吧。

站直了，别趴下！

请在这里签到。

祈使句的主语只能是第二人称的"你""您""你们"，还有第一人称，包括"咱""咱们"和部分"我们"。其中"你""你们"通常略去不说。例如：

(你)把这东西拿走!

(你们)不许在这里吸烟。

(您)请就座/请(您)就座。

咱们在这里赛跑吧。

我们一起动手,试一试啊。

有时在祈使句前面加上对听话人的称呼,其实该祈使句的主语还是第二人称。例如:

张老师,(您)帮我拿支铅笔。

小赵、小周,(你们)过来说话吧。

(4)感叹句。感叹句表达浓重的感情色彩,包括喜爱、厌恶、惊叹、快乐、悲伤、恐惧等。句末可以不用语气词,也可以使用语气词"啊"。例如:

他居然一早就来了!

这孩子真聪明!

太丢人了!

这幅画多美丽呀!

好精致的一件作品!

有的叹词可以单独构成感叹句。有的叹词表达的意义比较确定,如"唉"表示叹息,"呸"表示不屑,"哦"表示明白。有的叹词则要根据上下文确认它所表达的感情。例如:

唉! 还是没赶上!

哦! 哦! 原来是这么简单的问题呀!

啊! 多么壮丽的山河!

哎呀! 这也太离谱了!

二、复句

1. 复句的定义

复句由两个或两个以上有密切关系的造句单位(词或词组)构成,构成复句的造句单位叫分句。在结构上,分句之间互不作句法成分。在意义上,每个分句意义相对完整,但彼此之间的意义相关。在语音上,分句之间有较小的停顿。

构成复句的分句可以是主谓句,也可以是非主谓句。例如:

下雨了,老王赶紧把伞找出来。(非主谓+主谓)

当时他刚从外面回来,我却已经出发了。(主谓+主谓)

拿起芝麻,丢了西瓜。(非主谓+非主谓)

构成复句的各个分句如果是主谓谓语句,分句的主语可以相同,也可以不同。相同的主语可以省略其中一个。例如:

孩子写完作业了,他现在出去玩了。(主语相同)

张老师走进教室,同学们都静静地望着他。(主语不同)

解决了这个难题,我们就能完成任务。(主语相同,省略前一个)

这种设备是我们自主研发的,能够大大提高生产效率。(主语相同,省略后一个)

分句之间可以直接连接,也可以用关联词语来连接。关联词语包括连词、副词、助词和部分词组。例如:

这件事我也有错,我要道歉。(直接连接)

今天下雨了,而且还有强风,所以我们决定不出门了。(连词"而且""所以")

先拿出证据,再下结论。(副词"先""再")

再不走的话,就要迟到了。(助词"的话")

我们一方面要谨慎地论证,另一方面,也要大胆地推测。(词组"一方面""另一方面")

复句由两个或两个以上分句构成,下面主要分析两个分句构成的复句。若存在多个分句的情况,则可以看作两个分句的多次组合。按照复句之间意义上的联系,可以分为联合复句和偏正复句。

2. 联合复句

联合复句由两个地位平等的分句组成。这两个分句之间的意义关系,可以分为下面几种。

(1)并列复句,即平列或对举两个有关系的分句,表达相关的几件事、几种情况或几个方面,可以用"又""也""而""同时""既……又……""一边……一边……""有时……有时……""一方面……一方面……""不是……是……"等连接。例如:

小王选了文科,小张选了理科。

这种材料非常轻薄,又具有很好的透气性。

她一边弹琴,一边唱起那首动听的歌。

不是我告诉他的,是他自己发现的。

天已经黑了,而小刘仍然没和我们联络。

有一种复句,后一分句对前一分句进行解释、说明。有的语法系统称之为解说复句。我们姑且按照复句之间的关系,将之归入并列复句。例如:

上古时期有一位部落首领,叫大禹。

这种方法还有一些不完善的地方,主要体现在三个方面。

(2)顺承复句,即两个分句按照时间或事理逻辑等顺序,依次叙述连续的动作状态,或有关联的情况。顺承复句又叫连贯或承接复句,可以用"再""又""便""于是""然后""接着""继而""终于""首先……然后……""一……就……""刚……就……"等连接。例如:

他一走进教室坐下,就拿出一本书开始阅读。

太阳露了一下脸,便躲进云层里去了。

同学们先整理了调查数据,随后老师带领大家撰写了调查报告。

(3)递进复句,即两个分句中,后者比前者更进一层。这类复句通常需要使用关联词语,用"更""还""而且""况且""何况""甚至""不仅……还……""不光……更……""不但……而且……"等连接。例如:

车厢里非常拥挤,而且空调还坏了。

这间屋子非常大,甚至连三角钢琴都能轻松放下。

不但老师们参加了植树活动,而且很多同学也积极报名。

他不仅没帮忙,还拖了后腿。

参加初级课程你尚且觉得难,更别说学习高级课程了。

有时,利用关联词的不同能够区分并列复句和递进复句。例如:

天空蓝蓝的,云朵雪白。(并列)

天空蓝蓝的,而且云朵也雪白。(递进)

上面两个句子的不同在于,前者对两个分句的强调程度相同,是并列复句;后者更强调后一分句,是递进复句。

(4)选择复句,即两个分句之间是选择关系,通过分句列出可能的选项。让对方从中做出选择的,是未定选择,使用"或""或者""还是""要么……要么……""或者……或者……""不是……就是……"等关联词语。已经作出选择的,是已定选择,使用"不如""与其……不如……""宁可……不……"等关联词语。例如:

你去北京,或者我回上海。

他不是在读书,就是在练字。

要么勇敢战胜困难,要么永远做个胆小鬼。

这种方法太浪费时间了,还不如前一种方法效率高。

与其为了面子欺骗别人,不如承认自己的无知。

张三宁可自己吃亏,也不愿损害集体的利益。

(5)分合复句,即先说总体,再说各个项目,或者反过来,先说各个项目,再作总结。例如:

有这么几种解决方法:找人修理旧设备,用新的设备试一试。

张三昨天才出发,李四一直在外地,我也就知道这么多。

3.偏正复句

偏正复句由两个地位不同的分句组成。这两个分句之间有主次之分,表示主要意思的叫主句,表示次要意思的叫从句,所以偏正复句也叫主从复句。偏正复句可以分为下面几种。

(1)因果复句。因果复句的从句表示原因,主句表示结果,可以分为两类。第一类用来说明常理性的因果关系,常用"因为""由于""所以""因此""因而""以至于"等及其组合形式连接。例如:

因为生病了,小王没来上课。

我已经想通了,所以你别再担心了。

由于这一地区经常下雨,因此防潮成了居民生活中的大问题。

这孩子被父母惯坏了,以至于上学后也不遵守纪律。

还有一类因果从句,用"既然""可见""那么"等及其组合形式连接,强调从句的原因已经是既定事实,表示一种推论。例如:

这孩子的画生动形象,可见他很有天赋。

既然你这样说,那么我就不去了。

因果复句大多是原因在前、结果在后,但也有一些相反的情况。例如:

下次不要再这样说了,因为会让老师感到困扰。

他之所以一直没来拜访,是因为不想打扰你工作。

(2)目的复句。在目的复句中,前一分句提出某行为,后一分句说明该行为的目的。可以用"以""好""以便""以求""为了""为的是"等关联词语,表示要达到某目的;或者用"以免""免得""省得"等关联词语,表示要避免某结果。例如:

他时刻警惕,以便及时发现问题。

把这份报告打出来,下午好放在王老师信箱里。

购入这台新设备,为的是提高生产效率。

得仔细检查各个环节,免得发生意外。

我用电子邮件发给你,省得你专门来一趟。

(3)条件复句。这种复句的从句表示一种条件,主句表示在该条件下会产生的结果。条件复句的关联词语可以分为三种。

第一种表示有条件,用"只要""就""便"及其组合形式,以及"只有""才"及其组合形式。例如:

仔细观察这种植物,就会发现它的构造很特别。

修完这些课程,才有资格参加答辩。

只要听到这首歌,我就会想起童年的时光。

只有先完成作业,才能出去看电影。

第二种表示无条件,也就是任何条件下,用"无论/不论/任凭/不管……都……"等连接。例如:

不管多么复杂的问题,都可以从这几个角度入手去解决。

任凭我说了那么多好话,他都不肯消气。

第三种表示排除性的条件,也就是排除特定条件后,其他情况下都会发生主句的结果,用"除非……否则……""除非……才……"等连接。例如:

除非身体实在不舒服,否则他不会停止工作。

除非有奇迹,才能让事情发生转机。

在条件复句中,如果条件是非现实的情况或说话人的设想,就会形成假设复句。所以假设复句也可以看作条件复句的一种,有的语法系统将假设复句单列一类。假设复句可以用"如果""假如""倘若""要是""万一""就""便""那么"等及其组合形式连接。例如:

要是他提出了疑问,那么我肯定得给出回应。

如果这件事真的有必要,我就抓紧去办。

(4)转折复句。在转折复句中,两个分句意思相反或相对,后一分句才是说话人要表达的真正意图,经常用"虽然""尽管""但""却""倒""但是""不过""可是""只是""然而"等及其组合形式连接。例如:

今天来了很多同学帮忙,但我看还是不一定能干得完。

我们都快走了,他倒有很多话要说。

虽然小王非常努力,但是依然没有达到想要的结果。

转折复句的次序,通常是从句在前、主句在后,就像上面的例句那样,但偶尔也有相反的例子。例如:

今天的天气令人心情舒畅,虽然微微有些冷风。

在转折复句中,如果强调前一分句是非现实的情况或说话人的假设,就构成转折复句中的一种,即让步复句。这种复句常用"即使""就算""但""也"等及其组合形式来连接。例如:

即使天塌下来,我也不会害怕。

就算他真的犯了错,也应该先听听他的解释。

最后,并列、递进、条件等复句,可以在后一分句中加上"但""却""反而"等表转折的关联词语,形成同时具有两种关系的复句。例如:

她既喜欢这种花的颜色,但又讨厌它的气味。(并列+转折)

小刘不但不说话,反而站起身来走了。(递进+转折)

无论我怎么说,他却总是不肯答应。(条件+转折)

在某种意义上,转折复句也可以看作一种条件复句,只不过结果和条件的常见走向相反,或者与说话人的预期相悖。我们可以根据前一分句即前提能否实现,以及复句之间的关系是顺接还是逆接,来区分条件复句、假设复句、转折复句、让步复句。它们的区别如表5-7所示。

表5-7 四种复句之间的区别

前提是否现实	复句之间的关系	
	顺接	逆接
现实	条件	转折
非现实	假设	让步

4. 多重复句的分析

以上分析了两个分句组成的复句。两个以上分句组成的复句,其间的关系可以在此基础上说明。联合复句就像联合结构一样,可以由两个以上的分句组成。例如:

小王在企业任职,小刘去外国读博深造,小张选择了自主创业。(并列)

他先试了试水温,然后小心翼翼地倒了一杯水,最后恭敬地递给爷爷。(顺承)

老师不仅指导我的学习,而且关心我的生活,还始终关注我的心理状态。(递进)

咱们要么打篮球,要么看电影,或者干脆走远一点去爬山。(选择)

出差前我有三件事不放心:原料还没送来,新设备尚在调试,学徒缺乏经验。(分和)

偏正复句一般是主句、从句二分,但也可以层层组合套用,产生复杂的层次。例如:

a 无论多么困难,b 他都不会放弃,c 所以才有了今天的成就。(第一层是 ab+c 因果复句,第二层是 a+b 条件复句)

a 这次实地调查的目的地条件艰苦,b 但是他却想多待些日子,c 以便得出更可靠的结论。(第一层是 a+bc 转折复句,第二层是 b+c 目的复句)

在以上分析的基础上,就可以进一步对多重复句进行分析。我们用 | 表示第一层,‖ 表示第二层,‖‖ 表示第三层,以此类推。举个例子来说明:

汉民族共同语虽然早已完成,(①转折)| 但是还不能说已经十分完善,(②并列)‖ 主要表现在两方面:(③分合)‖‖ 一方面,民族共同语在全国范围内普及的程度还很不够,(⑥递进)‖‖‖ 方言的分歧又如此严重,(⑤因果)‖‖‖ 需要大力推广普通话;(④并列)‖‖ 另一方面,民族共同语的内部也还存在着分歧,(⑥递进)‖‖‖ 语音、词汇和语法各方面都还经常出现一些混乱现象,(⑤因果)‖‖‖ 需要认真加以规范。

思考题

1. 举例说明语法的性质。

2. 现代汉语的词类有哪些?实词和虚词、体词和谓词分别有什么区别?

3. 举例说明基本词组、复谓词组的区别。

4. 用层次分析法分析下面的句子:

张老师已经决定立刻派小王去检查新买来的这一批设备。

大门外面挂着的那对红灯笼,是李先生从家乡带来的新年礼物。

我看见张三用一支红色的粉笔在黑板上写着什么。

5. 举例说明疑问句的类型。

延伸阅读

1. 北京大学中文系现代汉语教研室:《现代汉语》(增订本),商务印书馆,2012年版。
2. 郭锐:《现代汉语词类研究》(修订版),商务印书馆,2018年版。
3. 黄伯荣、廖旭东:《现代汉语》(增订六版),高等教育出版社,2017年版。
4. 陆俭明、沈阳:《汉语和汉语研究十五讲》,北京大学出版社,2004年版。
5. 朱德熙:《语法讲义》,商务印书馆,2010年版。

第六章　修　辞

　　在日常生活中常常会出现这样的情况,有些人说话、行文均符合语法要求,但说出的话语或写的文章并不能引起听话人或读者的注意。这主要是因为在说话、行文过程中说话人或作者较少关注语言的修辞,古语云"言之无文,行而不远"(《左传·襄公二十五年》)。其中"文"就是文采、文饰,即语言的艺术性。好的内容,如果没有优美的语言形式,也不容易流传开来,这说明形式对内容的表达有重要影响。从广义上讲,任何为了一定的目的运用语言的交际行为都是一种修辞行为。修辞不仅表现在词句层面、作品层面,还贯穿于交际的全过程。在不同领域,恰当的修辞方法可达到不同的效果:创作文学作品时巧妙运用修辞可表现作者的审美理想;进行商务合同谈判时,可通过修辞策略调整双方的经济利益分配;在外交场合,恰到好处的修辞行为可调节国家之间的关系……

　　在信息时代,学好修辞显得尤为重要。良好的运用修辞的能力不仅有助于提高说话、写作、阅读、欣赏能力,还有助于更加高效畅通地传递信息。因此,我们要了解一些修辞的知识,熟悉并善于使用各种修辞手法,提高表达效果。

第一节　修辞与修辞原则

一、什么是修辞

　　"修辞"二字最早见于《易经·乾卦》中的"修辞立其诚"。那么,什么是修辞呢?具体来说,"修辞"包含三层含义:第一层含义指修辞行为,即人们在交际活动中对语言进行修饰、调整、选择、创新等活动;第二层含义指修辞规律,即人们为适应交际需要,运用语言形式以增强交际效果的规律;第三层含义指修辞理论,即人们对修辞规律进行研究的理论成果,也就是通常所说的修辞学。修辞学就是研究修辞规律的科学,一般表现为研究和揭示修辞规律的论文、著作和教材等。这三层含义既有区别,又有联系,修辞学建立在修辞的基础上,首先有修辞行为,有了修辞现象的产生,才衍生出种种修辞规律。人们对客观存在的修辞规律进行研究和探求,才产生了修辞理论,最终有了修辞学。修辞规律是人们在言语交际过程中遵循的客观规律,具有客观性,而修辞学是人们主观上对客观的修辞规律的认识,因而具有主观性。无论我们是学习修辞规律,还是研究修辞学,都是为了更好地进行言语交际活动。

在交际中，一个基本意思可以用不同的语言材料来表达。比如形容"笑"，可供选择的材料就有褒义、贬义、中性等不同感情色彩的词语，如褒义的有微笑、嫣然一笑、笑哈哈、回眸一笑等；贬义的有嗤笑、讥笑、冷笑、坏笑、笑里藏刀、皮笑肉不笑等；中性的有大笑、苦笑、窃笑等。虽然它们都是形容笑的词语，但在色彩或情态方面是有差别的，在具体的语境中说话人或写作者应选择哪个词语需要仔细斟酌。另外，表达某一种意思，也可以有不同的说法，如"他喜欢苹果"，可以说成"他不是不喜欢苹果""他怎么不喜欢苹果呢？""他最喜欢苹果了""苹果他喜欢"等。这些句子表达的基本意思相同，但在侧重点和语气方面却有细微差异。在具体语境中，我们需要使用修辞手法，就是要从表达情感或侧重点有细微差异的语言材料中进行选择，有的语境要求语言平实，有的语境则需要语言生动有力。例如：

莫夸财主家豪富，财主心肠比蛇毒；塘边洗手鱼也死，路过青山树也枯。

——电影《刘三姐》

这段歌词通过比喻、夸张的修辞方式，把财主贪婪、狠毒生动形象地表现出来了，使人印象深刻。

二、修辞的原则

（一）切合题旨

切合题旨是修辞的第一原则。中国"现代修辞学之父"陈望道先生在他的《修辞学发凡》中明确指出："修辞以适应题旨情境为第一义。"何谓题旨？题旨就是说话或作文要表达的思想内容和思想情感。在说话或行文过程中，无论用哪个词，使用哪个句式，运用哪种修辞手法，都要以更准确、鲜明、生动、简练地表达思想内容和思想情感为第一要义。所以，切合题旨是修辞的第一原则。如下列两个例子。

（1）*她气呼呼地跑上车来，走到司机跟前说："谢谢师傅，你如果不等我，我还得等半小时。"

（2）*大娘紧紧地握着我的手，用清脆得像百灵鸟，流利得像奔流而下的山泉一样的声音说："你一定要听老师的话，好好学习，做一个人人称赞的好孩子呀。"

例（1）"气呼呼"一词不切合题旨，"气呼呼"是生气的意思，不能用以表示呼吸的急促，此处应用"气喘吁吁"。例（2）用了比喻这一修辞手法，用了较多的华丽的辞藻，但不切合题旨，给人以矫揉造作之感，冲淡了句子要表达的思想情感和内容。

著名作家老舍在《语言与生活》中曾举过这样一个例子。

在旧社会，饭馆的服务员（那时候叫作跑堂的）为多拉生意，对客人总是不熟假充熟。客人坐下，他就笑着说："今天您吃点什么？""今天"这两个字就包含着：您是老主顾，常在这儿吃饭等等。假若他把这一大套都照直地说出来，也许会引起一个爽直客人的反感……从前商店的售货员也是这样，顾客一问价钱，他便回答："还是老价钱，一块二。"这句话的前半句便是说，您是老主顾，老在我们这儿买东西，我们绝不会欺骗您。"还是老价钱"一语巧妙地包括了好几句的意思。至于"一块二"究竟可靠与否，就不大好说了。

老舍所举例子中的"今天""还是""老价钱"等词语普通得不能再普通,但由于用在这里很切合题旨,因而极富表现力。

(二)切合语境

语境即语言环境,是指行文或说话过程中语言表达特定意义时所依赖的上下文或主客观环境,具体包含社会环境、自然环境、交际的场合、交际对象(身份、职业、经历、思想、性格、修养、心情、语言习惯)等。修辞离不开特定的语境,只有在合适的语境中,才能更好地体现出修辞的表达效果。

老舍在《关于文学的语言问题》中曾以"搞""做""干"为例,说明切合语境对修辞的重要性。

比方写一个长辈看到自己的一个晚辈有出息,他拍着晚辈的肩说:"小伙子,搞得不错呀!"这地方我就用"搞",若不相信,你试用"做",用"干",准保没有用"搞"字恰当、亲切。假如是一个长辈夸奖他的子侄说:"这小伙子,做事认真。"在这里我就用"做"字,你总不能说:"这小伙子,搞事认真。"要是看见一个小伙子在那里劳动得非常卖力,我就写:"这小伙子,真认真干。"这就用了"干"字。像这三个字,"搞""干""做",都是现成的,并不谁比谁更通俗,只看你把它搁在哪里最恰当,最合适就是了。

老舍说的"搁在哪里"的"哪里"就是语境。"最恰当""最合适"指的就是"切合语境"。下面就是一个不切合语境的例子。

朱元璋做了皇帝,他从前相交的一帮穷朋友,有些还照旧过着很穷的日子。有一天,朱元璋从前的一个穷朋友从乡下赶来,一直跑到南京皇宫大门外面,他哀求门官进去启奏说:"有旧友求见。"朱元璋传他进来,他就进去了。见面时,他说:"我主万岁!当年微臣随驾扫荡庐州府,打破罐州城,汤元帅在逃,拿住豆将军,红孩儿当关,多亏菜将军。"

朱元璋听他说得好听,心里很高兴。回想起来,也隐约记得他话里像是包含了一些从前的事情,所以就立刻封他做了御林军总管,这位嘴乖心巧的穷朋友从此就做起了大官。

这个消息让另外一个穷朋友得悉。他心想:"同是那时候一块玩的人,既然他去有官做,我何不去交好运?"

见到朱元璋他就直通通地说:"我主万岁!还记得吗?从前,你我都替人家看牛,有一天,我们在芦花荡里,把偷来的豆子放在瓦罐里煮,没等煮熟大家都抢着吃,把罐子都打破了,撒下一地的豆子,却不小心连红草叶子也送进嘴里,叶子哽在喉咙口,苦得你哭笑不得,还是我出的主意,叫你用青菜叶子放在手上一拍吞下去,才把红草叶子一道带进肚里。"

朱元璋嫌他太不顾全体面,等不得听完就连声大叫:"推出去斩了!推出去斩了!"

——《《民间故事作品选》》

第一位穷朋友明白朱元璋身份地位发生的巨大变化,因此用拟人、隐语等方式讲述和皇帝的共同经历,既表明了身份,又顾及皇帝的颜面,朱元璋当然高兴。而第二位穷朋友完全不顾交际场合,将朱元璋以前的狼狈经历和盘托出,最终招致杀身之祸。这个例子说明,我们行文说话一定要关注语境。

（三）切合语体

切合语体就是从语境出发，选择适合具体语体的表达形式。何谓语体？语体就是人们在长期的语用过程中根据不同的交际需求而形成的具有不同特点的言语功能变体。根据差别的不同，语体可以分为口头语体和书面语体。

1. 口头语体

口头语体又可根据艺术性和形象性的差异分为口头平实语体和口头艺术语体两类。口头平实语体以言谈会话为典型形式，具有以下特点：句法结构简单，成分省略较多；叹词、语气词的使用频率较高；常常使用口头禅，有比较多的不必要的重复；话语跳跃性强。例如：

①哎呀，真是冷死人了！

②妈呀！你一个人把画画完啦？

③关于母亲的叫法，我初步统计了一下，大概有八种。第一个"妈"。第二个"妈妈"。第三个"娘"。第四个是不普通的，"奶奶"。第五个"阿扎"。第六个叫"额娘"。"额娘"在满语才有，一般不用……还有"娘母子"。《红楼梦》里还有。还有一个就是"妈妈娘"。"妈妈娘"吧，这个京戏就有，儿歌里有。一共有八个。哪一个真正是北京的？（陈建民《汉语口语》）

口头艺术语体基本保持了口头平实语体的口语化风格，舍弃了口头平实语体常有语病、话语跳跃性强、常有口头禅等不足，有时还会使用一些艺术化的语言。例如：

很久以前，东岙底山里住着一户人家，有一位上了年纪的老大爷和他的女儿珍珍。珍珍聪明又能干，对隔壁邻居特别好，所以大家都亲热地叫她阿珍。有一天，阿珍姑娘到山里砍柴，回来的路上碰到了一位白发苍苍的老太婆，老太婆说："阿珍啊，我年纪大了，再也没有力气上山砍柴了，你把这担柴送给我好吗？"阿珍姑娘听罢满口答应，说："阿婆呀，你这么大岁数了，就不用上山砍柴了，以后我每天砍柴给你烧。"

2. 书面语体

书面语体是具有书面语风格的语体，其典型特点是以书面语言为主，文雅规范，书卷气味浓厚。在句法上，书面语体多使用长句、完整句。在词语选用上，多使用书面语化的词语，包括成语、古语词等，基本不用方言词、俚俗词、歇后语、谚语、惯用语等。例如：

任何句法结构都可以从两个不同的方面来观察。第一是把它当作一个复杂的组合来看它的内部结构。第二是把它当作一个整体来看它的语法功能。一般语法著作往往用两套不同的方法来给句法结构分类。用一套办法分出来的是主谓结构、偏正结构、述宾结构等。用另一套办法分出来的是名词性结构、动词性结构、副词性结构等。第一种分类的依据是内部结构，第二种分类的依据是语法功能。

将这个例子与前面所举口头语体的例子作比较，可看出书面语体与口头语体差别较大。书面语体也可根据艺术性和形象性的差异，可分为书面平实语体、书面艺术语体。

书面平实语体是日常书面交际最常用的语体，其最大的特点是语言简洁、明了、严谨，用词讲究妥帖，较少使用叹词、语气词、儿化词等，较少使用比喻、夸张、修辞、双关等修辞手法。书面平实语体涉及范围广泛,大到国家机关、企事业单位的公文、章程、法规,小到个人或单位的启事、便条、信函,几乎都使用这一语体。书面实用语体内部存在许多差异,但基本可分为科技语体、事务语体和政论语体三种。

科技语体是哲学社会科学领域或自然科学领域交流学术成果或进行专业教学所使用的语体。该语体语言大量使用科技术语,排斥主观感情色彩浓厚的词语,语言注重逻辑性、准确性与简明性。例如:

北京官话的形成缘于契丹语、女真语和汉语的接触交融。在番汉语言的融合中,汉族先进的经济文化,加之汉语自身的特点及其使用人口的众多等条件奠定了语言和文化融合过程中的竞争优势。最终,在母语各异的北方民族中北京官话取代契丹语、女真语而成为共同语。而融合后的共同语在以汉语构造元素为主体的同时,亦吸收一定的阿尔泰语成分,体现了汉语、汉文化兼容并包的特点。(张海媚《北京官话雏形》)

事务语体又叫应用语体、公文语体或公文事务语体,常用于国家机关、企事业单位、社会团体和人民大众处理日常事务的场景。如通告、布告、章程、条例、诉讼书、启事、合同、海报、新闻通讯、信函、批条、便条等,一般都使用事务语体。事务语体一般有一套程式化语言,行文中常使用一些古语成分(如"欣逢、责成、谨颂、照此办理"等),句式上多选择陈述句和祈使句。例如图6-1所示。

更正启事

刊登于12月15日《杭州日报》的《杭州市国有建设用地使用权挂牌出让补充公告》中,报名截止时间更正为2008年1月8日下午5:00,报价截止时间更正为2008年1月11日下午2:30,签订土地出让合同以及土地开发补偿协议的时间更正为2008年1月18日之前。特此更正!

杭州市国土资源局
2007年12月16日

图6-1 更正启事

政论语体主要应用于对生活领域,特别是政治生活领域的事件、思想进行评论并给人以启示这样的场景。政论语体语言逻辑严密,宣传上具有感染力、鼓动性。用词上多使用政治术语,句式各种各样,修辞方式也基本不受限制,因此政论语体兼有艺术语体的特点,可谓是一种综合语体。例如:

浮夸是清谈者的遮羞布,实干是行动者的座右铭。河南兰考治"三害"立下千秋基业,源于焦裕禄带领群众战天斗地;福建东山由风沙岛变为鱼米乡,凝聚着谷文昌十四载春秋的艰辛付出。古人云"为政贵在行""以实则治,以文则不治"。拿出不私、不虚、不妄的真招行动,摒弃粉饰、表象、作态的笔墨巧术,崇实去文、务实笃行,才能做出让群众有获得感的过硬政绩。(马祖云《纸糊的鲜花怕雨水》,《人民日报》2017年5月26日)

书面艺术语体多使用描绘性、表情性很强的词语,可使用多种句式和修辞方式,追求语言的生动性、形象性。例如:

①女人赔小心似的媚笑,这笑扩充到肩背腰腹,使她全身丰腴的曲线添了波折,说的话仿

佛被笑从心底下泛了上来,每个字都载沉载浮在笑声里。(钱钟书《上帝的梦》)

②孙少平一下把右手的四个指头塞进嘴巴,用牙齿狠狠咬着,脸可怕地抽搐成一种怪模样。洪水扑灭了那几行字,巨浪排山倒海般地向他眼前涌来……他疯狂地越过选煤楼,沿着铁路向东面奔跑。他任凭雨水在头上脸上身上漫流,两条腿一直狂奔不已。……孙少平倒伏在泥水中,绝望地呻吟着……(路遥《平凡的世界》)

第二节 词语的锤炼

词语是语言的建筑材料,词组成句子,句子进而构成篇章,所以说词语是篇章中最基础的部分。在言语交际或写作过程中,对词语的选择尤为重要。我国传统诗学中就有"炼字"的传统,诗圣杜甫有"语不惊人死不休""新诗改罢自长吟",皮日休有"吟安五个字,用破一生心",贾岛有"两句三年得,一吟双泪流"、卢延让有"吟安一个字,拈断数茎须"。这些都足见文人选词炼句之用心。《唐才子传》记载的"推敲"的故事,常常被人们作为诗人"炼字"的典故津津乐道。

(贾岛)后复乘闲策蹇访李余幽居,得句云:"鸟宿池边树,僧推月下门",又欲作"僧敲",炼之未定,吟哦引手作推敲之势,旁观亦讶。时韩退之尹京兆,车骑方出,不觉冲至第三节,左右拥到马前,岛具实对,未定推敲,神游象外,不知回避。韩驻久之,曰:"敲字佳。"遂并辔归,共论诗道,结为布衣交。

以上所说"炼字"就是我们在行文说话时要用心琢磨、推敲,选用准确、恰当的词语,以增强表达效果。在具体语境中,根据表情达意的需要,选词精准往往会使语句脍炙人口,经久不衰。

刘勰在《文心雕龙·章句》中曾说过:"夫人之立言,因字而生句,积句而成章,积章而成篇。篇之彪炳,章无疵也;章之明靡,句无玷也;句之清英,字不妄也。振本而末从,知一而万毕矣。"这段话阐明了词、句、章、篇之间的相互制约关系。刘勰把"字不妄"作为篇章的基础,这说明了对词语的锤炼是行文说话的基础。

一、词语选择的目的

进行词语选择的主要目的有以下几个。

1. 表意准确

表意准确是词语锤炼的基本要求,为达到这一目的,我们在话语表达中用词要准确明晰,不使用易引起误解的词语。下面的例子就有问题:

(1)下周我们要进行期中(终)考试。

(2)还欠款4000元整。

这两个例子都是因词语读音问题而导致的表意不准确。例(1)如果发生在口语中,听话人则可能有两种理解,一种理解为"期中考试",一种理解为"期终考试"。例(2)是借款人还了部分借款之后所立下的字据,因"还"是多音多义字可能引起误解。

2. 言语简练

简练是指遣词造句不冗繁拖沓，要做到简洁有力，要用少量的文字表达丰富的内容。

老舍先生在《多练基本功》中曾说过："文字要写得简练。什么叫作简练呢？简练就是话说得少，而意思包含得多。举两句做例：'小楼一夜听春雨，深巷明朝卖杏花'。只不过十四个字，可是包含多少情和景呀！"老舍先生生动地向我们阐明了简练的内涵。有一个"啰唆先生"的笑话，可看作"语言简洁"这一目的的反面例子，笑话说的是有位"啰唆先生"给家人写信告知回家时间时，说："……吾于下月即将返里。不在初一即在初二，不在初二即在初三，不在初三即在初四，不在初四即在初五，不在初五即在初六，不在初六即在初七，不在初七即在初八……不在二十八即在二十九。其所以不写三十，因月小之故也……"其实，"啰唆先生"这封啰唆的信可简为"吾下月将返里"，却啰唆了这么长，让人看了索然无味。这虽是一则笑话，但也说明一个道理：话语表达啰唆会使语言失去魅力。

3. 鲜明生动

为了使表达生动形象，应尽量选择能增强语言表达能力的词语，或在话语表达中错综使用同义词，以达到鲜明、生动的效果。鲁迅诗句"忍看朋辈成新鬼，怒向刀丛觅小诗"，鲁迅原来用"眼看""刀边"，后来改为"忍看""刀丛"。用前者不能说不准确，但表达力上显然没有后者来得更鲜明生动。再如：

故乡本也如此，——虽然没有进步，也未必有如我所感的悲凉，这只是我自己心情的改变罢了，因为这次回乡，本没有什么好心绪。（鲁迅《故乡》）

"心情""心绪"是一组同义词，但鲁迅前文用"心情"，后文用"心绪"，既避免了重复用词，又增强了语言的表达能力，达到了鲜明生动的效果。

二、语音修辞

语言是声音和意义的结合体。语音是语言的物质外壳，是有声语言直接的外在表现形式。利用语音要素进行修辞，是汉语由来已久的传统。有声语言主要是诉诸听觉的，因此，我们说出的话的声韵是否和谐直接影响到语言表达效果。文学作品也不例外，恰当的语音调整有助于增强语言的艺术表现力，是文学创作的重要环节。正如我国著名作家老舍先生所说：

我们写东西第一要要求能念。我写完了，总是先自己念念看，然后再念给朋友听……我写文章，不仅要考虑每一个字的意义，还要考虑到每个字的声音。不仅写文章是这样，写报告也是这样。我总希望我的报告可以一字不改地拿来念，大家都能听得明白。虽然我的报告作得不好，但是念起来很好听，句子现成。比方我的报告当中，上句末一个字用了一个仄声字。如"他去了"。下句我要用一个平声字。如"你也去吗?"让句子念起来叮当地响。（《关于文学的语言问题》）

可见，不仅口头语要讲究音节的搭配和声韵和谐，书面语也要讲究音节的搭配和声韵和谐，正如刘勰所说"声转于吻，玲玲如振玉"（《文心雕龙·声律》）。现代汉语语音，元音占优势，元音为乐音，响亮悦耳。现代汉语音节界限清晰，节律分明。这些特点使得现代汉语具有很强的音乐性,因此,我们说话、行文应该充分利用现代汉语语音的特点,不仅注重意义明确,同时讲究声韵之美,进而达到理想的修辞效果。

1. 平仄协调

汉语是有声调的语言,每个音节都有声调,声调的高低升降,形成了汉语语音抑扬起伏的特色。利用声调形成声音之美,主要就是注意平仄协调。什么是"平仄"？中古汉语有平、上、去、入四种声调,"平"指平声,"仄"指上、去、入三声。中古的声调演变到现代普通话的声调,变成了阴平、阳平、上声、去声四种。"平"指阴平、阳平,"仄"指上声、去声。平仄协调的规律是既有重复,又有变化。只有重复,显得单调;只有变化,失之凌乱。既有重复,又有变化,才能体现节奏。如果是四个音节,一般是平平仄仄,或者是仄仄平平。这样平仄协调相间,就能充分体现汉语抑扬顿挫的语音特色。

格律诗是非常讲究声调平仄的。例如(举例中以"—"表平,以"｜"表仄,下同):

①解落三秋叶,能开二月花。(李峤《风》)
　｜｜——｜,——｜｜—。

②虎踞龙盘今胜昔,天翻地覆慨而慷。(毛泽东《七律·人民解放军占领南京》)
　｜｜——｜｜,——｜｜｜——。

这两例,平仄完全符合格律诗的要求,体现了汉语讲究声调平仄的传统。

在现代汉语中,我们也要尽量讲究平仄协调。其实,不仅仅是诗歌讲究声调平仄,就是一般的散文,以及通常所说的文章,往往也很讲究声调平仄。例如:

③这时少长咸集,群贤毕至。当时著名的数学家有熊庆来、华罗庚、张宗燧、闵
　　　　　　｜｜——,——｜｜｜

嗣鹤、吴文俊等明星灿灿,还有新起的一代俊彦,陆启铿、万哲先、王元、越民义、吴方等等,
　　　　　　　｜——｜｜

如朝霞烂漫,还有后起之秀,陆汝钤、杨乐、张广厚等已入北京大学求学。(徐迟《哥德巴赫猜想》)
　——｜｜　　　｜｜—

这些词句,非常注意声调平仄协调,所以读起来抑扬顿挫,波澜起伏,给人以声音上的美的享受。

2. 音节搭配

诗歌、戏剧、散文比较讲究音节的搭配,口号、标语、标题等也比较讲究音节的搭配。例如:

①东有东山,西有西山,北有卧虎,南有鸡笼,太原正好坐落在一个肥沃的盆地里。(吴伯箫《难老泉》)

②说凤阳,道凤阳,凤阳本是个好地方。(安徽歌谣)

以上两例,前后音节匀称搭配,语言自然具备一种形式感和音乐美,增强了语言的节奏感。

选择恰当的叠字,不仅能使音节协调,同时能起到增强语义,进而增加语言音乐美的作用。例如:

③曲曲折折的荷塘上面，弥望的是田田的叶子。叶子出水很高，像亭亭的舞女的裙。(朱自清《荷塘月色》)

④第二个人出来了，他说："啊，我真快乐！我为男男女女、国国家家、吃吃喝喝、忙忙碌碌而满意而大喜……"

其中"男男女女、国国家家、吃吃喝喝、忙忙碌碌"一连串的叠字，生动地描绘出当前一些人的"繁忙"生活。

3. 押韵和谐

押韵，就是在句末有规则地使用"韵"相同的字。利用相同或相近的声音，有规则地回环往复，可增加语言的节奏美和音乐美。

我曾经问个不休，
你何时跟我走，
可你却总是笑我一无所有。
我要给你我的追求，
还有我的自由。
可你却总是笑我一无所有。
噢，你何时跟我走？
噢，你何时跟我走？
脚下的地在走，
身边的水在流，
可你总是笑我一无所有。

(《一无所有》崔健 词)

4. 双声叠韵

现代汉语以双音节词为主，双音节词中，一些词的两个音节的声母相同，这被称为双声词，还有一些词的韵母相同，这被称为叠韵词。利用双声叠韵形成声韵之和谐是我国文学的优秀传统，例如：

(1)窈窕淑女，君子好逑。参差荇菜，左右流之。(《诗经·周南·关雎》)

(2)辗转不能寐，披衣起彷徨。(曹丕《杂诗》)

例(1)中"窈窕"是叠韵词，"参差"是双声词。例(2)中"辗转"是双声词，"彷徨"是叠韵词。双声叠韵词的使用，增加了诗歌的音乐美。在今天的文学作品中，人们依然常常运用双声叠韵词来增强文章的感染力。例如：

(3)真的猛士，敢于直面惨淡的人生，敢于正视淋漓的鲜血。(鲁迅《记念刘和珍君》)

(4)它没有婆娑的姿态，没有屈曲盘旋的虬枝。(茅盾《白杨礼赞》)

例(3)中"惨淡"是叠韵词，"淋漓"是双声词。例(4)中"婆娑""盘旋"均为叠韵词，"屈曲"既是双声词，又是叠韵词。这些双声词、叠韵词的运用，使得文章声韵铿锵，读起来有一种整齐的韵律美，增强了文章的说服力。

三、语义修辞

为了让说话或写文章表意准确、语言简练、鲜明生动,必须选择合适的词语来准确地表情达意,使语言表达生动优美。要选择准确贴切的词语,除考虑声韵是否和谐外,还要考虑表意是否准确。

汉语有丰富的词汇,要想达到话语表达生动形象的目的,首先要丰富自己的语汇,只有自己的词汇量丰富了,才有选择词语的余地。在此基础上,还要准确掌握词语的意义和用法。2019年和2020年,《咬文嚼字》编辑部公布了当年中国出现频率最高、覆盖面最广的常犯语文差错。其中有几项与词语的误用有关,这就是词义掌握不佳导致的,举几例如下。

(1)2019年11月,中国男足在世界杯预选赛中负于叙利亚队。赛后,中国足协通过微博为中国男足的糟糕表现向球迷致歉:"中国男足表现差强人意,令广大球迷倍感失望,中国足协对此深表歉意!"其中误将"差强人意"当作"让人不满意"用了。差(chā):略微;强:振奋。"差强人意"表示大体上还能使人满意。(《咬文嚼字》发布的2019年十大语文差错)

(2)2019年10月,大连一名10岁女孩惨遭杀害,凶手蔡某因不满14周岁,依法不追究刑责。有媒体报道:蔡某行为素有不端,其父母虽有察觉却"不以为然",未加严管,最终导致恶性事件。其中"不以为然"是"不以为意"之误。"不以为意"指不把事情放在心上,表示不重视;"不以为然"指不认为他人是正确的,表示不同意。父母不重视孩子的不良行为,应用"不以为意"。(《咬文嚼字》发布的2019年十大语文差错)

(3)2019年3月,埃塞俄比亚一架波音737-8飞机发生坠机空难,举世震惊。不少媒体报道:波音飞机的安全性"令人堪忧"。"令人堪忧"是病态结构。"堪"指值得;"堪忧"指值得担忧,意即令人担忧。因此,可以说"波音飞机的安全性堪忧",也可以说"波音飞机的安全性令人担忧"。但是,将"堪忧"与"令人担忧"杂糅成"令人堪忧",是错误的。(《咬文嚼字》发布的2019年十大语文差错)

(4)截至2020年底,美国新冠肺炎确诊病例超过2000万,病亡人数超过35万,均居世界之最。有媒体在报道相关新闻时称:美国疫情防控形势,让人"叹为观止"。"叹为观止"是成语,表示所见事物好到了极点。新冠疫情严重威胁着人类的生命与健康,是人类历史上的大灾难,不能用"叹为观止"形容。(《咬文嚼字》发布的2020年十大语文差错)

(5)"戴口罩"是最有效的防疫措施,在相关宣传中常被误写为"带口罩"。"戴"指把物品加在能发挥其功用的身体某一部位,"带"指随身携带、拿着某物品。"戴口罩"指将口罩正确地加于口鼻之上,"带口罩"即随身携带、拿着口罩。显然,"戴口罩"能阻止病毒入侵呼吸系统,而"带口罩"无法隔绝病毒。(《咬文嚼字》发布的2020年十大语文差错)

(6)新冠病毒肆虐,各行各业都面临前所未有的挑战,"共渡难关"成为一个高频词,其中的"渡"常误写为"度"。"度"与"渡"均可指跨过、越过、经过,古汉语中常混用,但如今二者已"分工":"度"与时间概念搭配,如度日、欢度佳节;"渡"与空间概念搭配,如渡河、远渡重洋。难关,本义指难通过的关口,是空间概念,与之搭配的应是"渡"而不是"度"。(《咬文嚼字》发布的

2020年十大语文差错）

（7）广大医务人员不顾个人生命安危，逆行出征，在抗疫一线做出重大贡献。不少诗文用"杏林天使""杏林豪杰"来称颂他们，但"杏林"常被误写为"杏坛"。"杏林"与三国吴人董奉有关，据说他看病不收钱，只要求病愈的人在他家附近种杏树，病重者种五棵，轻者种一棵，日久蔚然成林。后世以"杏林"称良医，也指医学界。"杏坛"则与孔子有关，相传孔子曾于杏坛之上授业，后世便称讲学之地为"杏坛"，现泛指教育界。（《咬文嚼字》发布的2020年十大语文差错）

以上例子说明，在特定的语境中，选准一个词语绝非易事，诚如18世纪法国文学家福楼拜所说："无论你要讲的是什么，真正适用的动词、形容词只有一个，就是那个最准确的动词或形容词，其他类似的却很多，而你必须把这唯一的动词或形容词找出来。"文学史上一些经典的文学作品往往因其词语选择精妙使得作品广为传颂。

1. 动词的选择

动词是描述动作行为的词语，在言语交际行为中具有独特的作用。因此，无论在口语交际活动中，还是在书面表达上，选取恰当的动词显得尤为重要。例如：

是烟是雾，我们辨识不清，只见灰蒙蒙一片，把老大一座高山，上上下下裹了个严实。（李健吾《雨中登泰山》）

"裹"义为"（用纸、布或其他片状物）缠绕"，作者选用"裹"，说明烟雾浓密，像一块布一样把高山裹了起来。描写烟雾，一般用"笼罩"，"笼罩"意为"像笼子似的罩在上面"，用"笼罩"一词说明烟雾飘浮在空中，较为轻薄。作者舍弃"笼罩"，使用"裹"字说明当时烟雾很浓密，好像一块幕布把高山包了起来，使人看不清山的真面目，这样写景更加形象生动。例如：

那人便焦急起来，嚷道："怕什么？怎的不拿！"老栓还踌躇着；黑的人便抢过灯笼，一把扯下纸罩，裹了馒头，塞与老栓；一手抓过洋钱，捏一捏，转身走了。嘴里哼着说，"这老东西……"（鲁迅《药》）

鲁迅这段文字特别精到地选取了几个动词，将卖人血馒头的刽子手的神态写得非常传神。这段引文是华老栓与刽子手一手交钱一手交货时的细节描写，因为货物是蘸了被刚砍了头的人的血的馒头，因此，华老栓有些害怕，不敢伸手去接。与此对应，刽子手急于收钱，就一把扯下灯罩裹了馒头塞给老栓，一手抓钱。通过这一系列的动作，将华老栓的郁闷和刽子手的残忍无情生动地展现出来。再如以下几例，均是动词精准选择的典范。

（1）……他走近柜台，从腰间伸出手来，满把是银的和铜的，在柜上一扔说……（鲁迅《阿Q正传》）

（2）他不回答，对柜里说："温两碗酒，要一碟茴香豆。"便排出九文大钱。（鲁迅《孔乙己》）

（3）他从破衣袋里摸出四文大钱……（鲁迅《孔乙己》）

2. 形容词的选择

形容词是表示人或事物性质、状态的词语。要把人或事物的性质、状态写得具体形象，就要在形容词的选择上下功夫。形容词用得好，能让整句话熠熠生辉。例如：

(1)随着山势,溪流时而宽,时而窄,时而缓,时而急,溪声也随时变换调子。(叶圣陶《记金华的两个岩洞》)

(2)不必说碧绿的菜畦,光滑的石井栏,高大的皂荚树,紫红的桑椹;也不必说鸣蝉在树叶里长吟,肥胖的黄蜂伏在菜花上,轻捷的叫天子(云雀)忽然从草间直窜向云霄里去了。(鲁迅《从百草园到三味书屋》)

(3)远望天山,美丽多姿,那常年积雪高插云霄的群峰,像集体起舞时的维吾尔族少女的珠冠,银光闪闪;那富于色彩的连绵不断的山峦,像孔雀开屏,艳丽迷人。……就在雪的群峰的围绕中,一片奇丽的千里牧场展现在你的眼前。墨绿的原始森林和艳丽的鲜花,给这辽阔的千里牧场镶上了双重富丽的花边。(碧野《天山景物记》)

例(1)中用"宽""窄""缓""急"四个形容词将溪流流动时的状态形象地呈现出来,也增强了文章的活力。例(2)中"碧绿""光滑""高大""紫红""肥胖""轻捷"等一连串形容词的使用表明了百草园生活的无忧无虑。例(3)描述"美",作者在不同的场景使用了不同的形容词,例如:概括说明天山景色之美,作者选用概括义较强的"美丽"一词;描写"富于色彩的连绵不断的山峦"时,作者选用了形容色彩鲜艳之美的"艳丽"一词;描写被群山围绕的一大片牧场时,作者选用"奇丽"一词,不仅将牧场之美呈现出来,也将意外进入眼帘的牧场给人带来的惊奇之感凸显出来;"富丽"是宏伟堂皇之美,能给千里牧场镶上一重又一重的花边,当然能称得上"富丽"。这四个形容词选用精准,恰到好处地描写了不同对象的不同特征。

3.名词的选择

名词是标示事物名称的词语,在一定的语境中,巧妙选择名词,可能会收到奇特的表达效果。例如:

果然,10年之久,于勒叔叔没再来信。可是父亲的希望却与日俱增。母亲也常常说:"主要这个好心的于勒一回来,我们的境况就不同了。他可真算得一个有办法的人。"

…………

母亲回来了。我看出她在哆嗦。她很快地说:"我想就是他,去跟船长打听一下吧。可要多加小心,别叫这个小子又回来吃咱们!"母亲突然很暴怒起来,说:"我就知道这个贼是不会有出息的,早晚会回来重新拖累我们的。现在把钱交给若瑟夫,叫他去把牡蛎钱付清。已经够倒霉的了,要是被那个讨饭的认出来,这船上可就热闹了。咱们到那头去,注意别叫那人挨近我们!"(莫泊桑《我的叔叔于勒》)

作者在文中使用多个词语对叔叔于勒进行称谓,如"好心的于勒""小子""贼""讨饭的"等。当认为叔叔于勒有钱时,他是"好心的于勒";当叔叔于勒穷困潦倒、一贫如洗之时,他变成了"小子""贼""讨饭的"。通过不同语境中的称谓,将"母亲"的势利、冷酷、唯利是图展现得淋漓尽致,表现了金钱社会人与人之间的冷漠关系。再如郁达夫的名作《故都的秋》,作者不用"北京"而用"故都",将作为中国著名历史文化名城的北京所蕴含的深厚的文化底蕴揭示出来,同时也表达了作者对故都的深深的眷恋之情。

4. 量词的选择

量词是表示事物或动作的量的词语,量词是一类具有较强形象色彩的词语,如"一轮""一弯""一朵""一点""一线"等。例如:

(1)过了八公里长的瞿塘峡,乌沉沉的云雾突然隐去,峡顶上一道蓝天,浮着几小片金色浮云,一注阳光像闪电样落在左边峭壁上。(刘白羽《长江三日》)

(2)在阴黑的天穹下,她摇着一叶小船,飘荡在波浪滔天的海上。(杨沫《青春之歌》)

蓝天为什么用"一道"来修饰?因为是在三峡中看蓝天,不能把整个蓝天尽收眼底,所以看上去只是"一道";浮云是"几小片",也很恰当;"注"本是动词,这里借来用作量词,形象地写出了阳光不是大片而是成线条状照射在峭壁上,就像水注射到峭壁上,像闪电落到峭壁上,用得尤为精彩。"一道""一注"写出了三峡奇特的美景。例(2)中作者没有使用常用量词"条",而是使用借用量词"叶",将小船的轻巧及其在碧浪滔天的海上起伏摇动的景象形象地展现出来。

不光是动词、形容词、名词、量词,其他词类如副词、代词、叹词等,在使用过程中也需要仔细斟酌,恰当地选择,以达到更好的修辞效果。

四、词语的配合

词语的选择和调整从不是孤立进行的,一个词语用得好不好,必须通过一定的语境,也就是通过和其他词语的配合才能显示出来。如果一个词语的意义和其他词语的意义搭配符合事理、合乎用语习惯,那么这个词语的运用就是准确的、贴切的。例如:

(1)*小王望着他,坚硬的目光变得温柔极了。

(2)*保护祖国,是人民解放军应尽的义务。

(3)小女孩一般都爱哭鼻子。

从句法上看,例(1)中形容词"坚硬"修饰名词"目光",例(2)中动词"保护"支配名词"祖国"均符合句法要求,但从语义上看,"坚硬的目光""保护祖国"不符合语义配合的要求,"坚硬"需改为"坚毅","保护"需改为"保卫"。例(3)中似乎不合乎事理要求,但人们约定俗成这么说,因此是对的。除考虑理性意义是否符合语义配合的要求外,还要考察色彩义能否满足语义搭配的要求。色彩义包含感情色彩、语体色彩、形象色彩等。例如:

我已经说过:我向来是不惮以最坏的恶意来推测中国人的。但这回却很有几点出乎我意外。一是当局者竟会这样的凶残,一是流言家竟至如此之下劣,一是中国的女性临难竟能如是之从容。(鲁迅《记念刘和珍君》)

鲁迅先生使用"凶残""下劣"等带有贬斥感情色彩的词语抨击"当局者"和"流言家",使用"从容"带有褒扬感情色彩的形容词赞颂刘和珍君等"中国的女性"。不同感情色彩的词语用于不同的人,不仅反映了鲁迅先生的立场和观点,也从侧面凸显了鲁迅先生爱憎分明的性格。

(1)生产责任制真神。俺们才搞了一年,农民就开始显富了,干部和群众之间的那堵墙也给平掉了,真是叫人喜欢。(《人民日报》1981年1月3日)

(2)所谓形而上学的或庸俗化的宇宙观,就是用孤立的、静止的和片面的观点去看世界。这种宇宙观把世界一切事物,一切事物的形态和种类,都看成是永远彼此孤立和永远不变化的。(毛泽东《矛盾论》)

例(1)是一位农民干部的谈话,属口头语体,运用的词语"真神""俺们""显富"等,是口语词,朴实、自然,富有生活气息。例(2)属书面语体,运用的一些哲学术语、书面词语等与语体是相一致的。

看近处,那些落光了叶子的树木上,挂满了毛茸茸亮晶晶的银条儿,那些冬夏常青的松树和柏树上,挂满了蓬松松沉甸甸的雪球儿。(峻青《瑞雪图》)

上面的例子因为使用了"毛茸茸""亮晶晶"两个词,树枝上的"银条儿"有了形象和色泽;因为使用了"蓬松松""沉甸甸"两个词,使松柏上的"雪球儿"有了质地和重量。这些具体可感的词语给瑞雪图渲染了形象的色彩,使这段文字犹如一幅画卷。

第三节 句式修辞

句子既是语言中最大的语法单位,又是言语交际中最小的话语单位。句式主要是指具有不同表达功能的句子组成形式,句式重在强调句子的表达功能。句式的组成形式多种多样,根据句子长短,有长句、短句;根据语气,有陈述句、疑问句、祈使句、感叹句;从句子成分的排列顺序看,有常式句和变式句……句式修辞就是要根据语言环境和思想感情,从丰富多样的句式中选择最具表达力的一种,下面谈谈几种常见句式的选择。

一、长句和短句

句子的长短是相对而言的,一般来说,长句用词较多,形体较长,结构也较为复杂;短句一般用词较少,形体较短,结构比较简单。二者各有特色,长句缜密、精确、气势畅达,短语简明扼要、活泼有力。

一般来说,长句结构复杂,能从多方面使用修饰限定类词语限制概念的外延,并丰富其内涵,非常便于清楚表达各种关系和情状,因此,在政论文和科技论文中常会见到长句。例如:

(1)科技论文在情报学中又称为原始论文或一次文献,它是科学技术人员或其他研究人员在科学实验的基础上,对自然科学、工程技术科学等研究领域的现象(或问题)进行科学分析、研究综合和阐述,进一步地进行一些现象和问题的研究,总结和创新另外一些结果和结论,并按照各个科技期刊的要求进行电子和书面的表达。(韦剑锋《科技》)

(2)鲁迅是在文化战线上,代表全民族的大多数,向着敌人冲锋陷阵的最正确、最勇敢、最坚决、最忠实、最热忱的空前的民族英雄。(毛泽东《新民主主义论》)

(3)(韩太太)不知不觉地对女儿进行了一番有智有谋、有声有色、独具风格的关于恋爱、婚姻、家庭的演讲。(霍达《穆斯林的葬礼》)

(4)我卧在床上,用游眼的目光,远远看见草地上,图书馆,礼堂门口进出的你们。(冰心

《寄小读者》）

人们平时说话、演讲、报告、文艺作品中多用短句。

今天,这里有没有特务?你站出来!是好汉的站出来!你出来讲!凭什么要杀害李先生?杀死了人,又不敢承认,还要诬蔑人,说什么"桃色案件",说什么共产党杀共产党,无耻啊!无耻啊!这是某集团的无耻,恰是李先生的光荣;李先生在昆明被暗杀,是李先生留给昆明的光荣,也是昆明人的光荣。(闻一多《最后一次讲演》)

二、整句和散句

句子有整、散之分。整句是指结构大致相同、形式比较整齐的一组句子。例如:

(1)这时,藏在心头的红旗就更加闪闪发光了。在慢慢长夜中,它是报晓的晨星;在茫茫大海里,它是引路的灯塔;在冰天雪地中,它是熊熊的烈火;在风雨如晦的时候,它是划破长空的闪电……(杨石《红旗》)

(2)但是河中眩晕着的灯光,纵横着的画舫,悠扬着的笛韵,夹着那吱吱的胡琴声,终于使我们认识绿如茵陈如酒的秦淮河水了。(朱自清《桨声灯影里的秦淮河》)

整句形式整齐,音节匀称,语气贯通,意义鲜明,容易形成形式上的整齐美,常用于散文、诗歌和唱词中。从辞格角度看,对偶、排比、层递、顶真、回环等修辞手法的运用产生了良好的效果。例(1)通过三个句子形成排比格式,进一步凸显了"红旗"的特殊意义。例(2)中三个并列的定中结构相连,从而展现了秦淮河的典型景物。

散句是自然形态的语言,形式多变,结构不同,长短不一。例如:

我正要凝视他们时,骤然一惊,睁开眼,云锦也已皱蹙、凌乱,仿佛有谁掷一块大石下河水中,水波陡然起立,将整篇的影子撕成片片了。我无意识地赶忙捏住几乎坠地的《初学记》,眼前还剩着几点虹霓色的碎影。(鲁迅《好的故事》)

与整句相比,散句自然灵活,容易避免单调、呆板,在口语和书面语中使用频率很高。

有时候,整句和散句是配合使用的,例如:

燕子去了,有再来的时候;杨柳枯了,有再青的时候;桃花谢了,有再开的时候;但是,聪明的你,告诉我,我们的日子为什么一去不复返呢?(朱自清《匆匆》)

前面用整句写时间往复的规律,后面用散句对光阴流逝提出疑问,从而展现出作者不甘岁月蹉跎的思考。整句和散句的有机结合,使得句式错落有致,相得益彰。

三、常式句与变式句

一般而言,汉语通常的语序是:主语在前,谓语在后;动语在前,宾语在后;修饰语在前,中心语在后;偏句在前,正句在后。这种符合汉语常规语序的句式统称为常式句。有时为了达到积极的修辞效果,可改变常规语序,这种改变了常规排列次序的句子就是变式句。变式句可增强句子的意味,使得句意感情更加浓烈。

（一）更改句子成分顺序的变式句

这种变式句谓语在前,主语在后;中心语在前,修饰语在后。这种句式常被称作"倒装句"。例如：

(1)起来,饥寒交迫的奴隶!(《国际歌》)

(2)起来,全世界受苦的人!(《国际歌》)

(3)她一手提着竹篮,内中一个破碗,空的;一手拄着一支比她更长的竹竿,下端开了裂;她分明已经纯乎是一个乞丐了。(鲁迅《祝福》)

(4)说巧也巧,我们正好走进一座柏树林,阴森森的……(李健吾《雨中登泰山》)

(5)如果我能够,我要写下我的悔恨和哀怨,为子君,为自己。(鲁迅《伤逝》)

(6)他生下来的时候,并没有玫瑰花,他反而取得成绩。而现在呢？应有所警惕了吧,当美丽的玫瑰花微笑时。(徐迟《哥德巴赫猜想》)

更改语序的变式句主要是为了突出强调变动的部分。例(1)、(2)为主谓倒装。例(1)、(2)中谓语"起来"置于主语之前,该语句主要想让听众关注"起来"这一寓意深刻的动词,充满了战斗力、号召力,充满唤醒人们站起来埋葬旧世界,争做新世界的主人的力量。例(3)、(4)为定中倒装句。例(3)中"空的"是"破碗"的定语,此处后置是为了强调祥林嫂沦为乞丐之后的悲惨命运;例(4)定语"阴森森的"后置,目的是为了强调柏树林之阴暗。例(5)、(6)为状中倒装句。例(5)中状语"为子君,为自己"移至句尾后置,强调了主人公的无限感伤;例(6)中状语"当美丽的玫瑰花微笑时"放至中心语之后,突出了在何种条件下应该提高警惕,同时使得文章更加耐人寻味。

（二）颠倒分句次序的变式句

这种变式句中,表原因、条件、假设等含义的分句位于正句之后。例如：

(1)他的性格,在我的眼里和心里是伟大的,虽然他的姓名并不为许多人所知道。(鲁迅《藤野先生》)

(2)正义是杀不完的,因为真理永远存在!(闻一多《最后一次讲演》)

(3)过去打仗也好,现在搞工业也好,我都不喜欢站在旁边打边鼓,而喜欢当主角,不管我将演的是喜剧还是悲剧。(蒋子龙《乔厂长上任记》)

例(1)将正句"他……是伟大的"放至让步分句"虽然……"的前面,进而突出了藤野先生的伟大。例(2)中将因果复句的偏句、正句位置颠倒,强调了原因,加重了语气,将为捍卫真理而不怕流血牺牲的革命精神淋漓尽致地展现出来。例(3)将条件分句后置,将乔厂长不计个人得失荣辱、敢于承担责任、勇于挑大梁的性格特点充分展现出来。

四、肯定句与否定句

肯定句是对人或事物之间关系作肯定判断的句子,否定句是对人或事物之间关系作否定判断的句子,通常要使用否定词。例如：

(1)他是小学生。(肯定句)

(2)他不是小学生。(否定句)

从逻辑上讲,肯定和否定是互相联系的,肯定一方面也就意味着否定另一方面,因此,肯定句、否定句可以互相变换。一般情况下,肯定句可以通过添加否定词转换为否定句,否定句可通过删除否定词转换为肯定句。例如:

(1)他是我们工厂的工人。(肯定句)

(2)他不是我们工厂的工人。(否定句)

(3)他今天去问老师问题了。(肯定句)

(4)他今天没去问老师问题。(否定句)

肯定句与否定句可形成句法同义关系,例如:

(1)我拥护你做校长。

(2)我不反对你做校长。

例(1)、(2)是同义句,例(1)为肯定句,例(2)为否定句,通过比较可看出,同一个意思,用肯定句表述,语气强些,语意重些。用否定句表述时,语气弱些,语意轻些。因此,若正面提出问题、态度强烈、观点明确,一般可选择肯定句;如果语意不是那么肯定,或是口吻较为委婉,可用否定句。具体使用哪种表达方式,要视情况而定。

肯定句和否定句的运用中有两种值得关注的情形。

1.双重否定的运用

在否定句中,使用两个否定词语就会构成双重否定句,如"非说不可""不做不行"等。双重否定句与同义的肯定句相比,有的比肯定句的肯定意味更强,有的却比肯定句弱。例如:

(1)到陕西旅游的人,没有不去陕西历史博物馆参观的。

(2)当然,这些人有的不是没有错误,犯了错误,作了自我批评,就有了正反两方面的经验嘛。(邓小平《各方面都要整顿》)

例(1)中"没有一个不去陕西历史博物馆参观"是说来陕西旅游的每一个人都会去陕西历史博物馆参观。例(2)中"不是没有错误"是"有错误"的意思,但比"有错误"语气更加委婉,这显示了批评的艺术。

2.肯定、否定连用

有的语境中,肯定、否定连用可起到强调语意的作用。一般情况中,人们将肯定句、否定句并用,先后排列,相互映衬,相互补充,从正反两个方面说明情况或表明态度,可加强语势,增强表达效果。例如:

(1)(蜜蜂)不是为自己,而是在为人类酿造最甜的生活。(杨朔《荔枝蜜》)

(2)在这里,秋天不是人生易老的象征,而是繁荣昌盛的标志。(峻青《秋色赋》)

上述两例否定、肯定句式先后出现,相互映衬,使文章语气更加坚定,语意更为强烈。

五、主动句与被动句

主谓句中,如果谓语中心语是表示动作行为的动词,那么该动词会涉及两个对象,即动作的发出者、动作的承受者,前者为施事,后者为受事。施事作主语的句子叫主动句,受事作主语的句子叫被动句。主动句是汉语表达中使用较多的一种句式。例如:

(1)他走了。

(2)他们都去上课了。

(3)数学老师教同学们乘法口诀。

(4)小王比小李高。

(5)李主任让我写一封信。

现代汉语的被动句,从形式上看,有的用"被""叫""让"等标记来表示被动,有的不用标记词,直接让受事充当主语来表示被动。例如:

(1)门已经关了。

(2)水喝了三杯。

(3)小李同学被老师批评了。

(4)这么好的菜都被小猫糟蹋了。

同样一个事件,可以用主动句表达,也可以用被动句表达,但二者适用的语境不同。例如:

(1)我们战胜了非典。

(2)非典被我们战胜了。

例(1)、(2)为句法同义句,若表述强调动作的发出者"我们",则用例(1)主动句形式;若表述强调动作的承受者"非典",则用例(2)被动句形式。一般来说,主动句比被动句明确有力,因此一般场合中主动句使用频率更高。但在某些情况下,用被动句比用主动句更为合适,主要有以下几种情况。

第一,强调受事,而施事不需要说出,或不愿说出,或无从说出。例如:

(1)当地百姓看见苏东坡这位诗人,都觉得惊讶,不知他为何被贬谪到他们这个地区来。(林语堂《苏东坡传》)

(2)中国共产党和中国人民并没有被吓倒,被征服,被杀绝。(毛泽东《论联合政府》)

(3)那瀑布从上面冲下,仿佛已被扯成大小的几绺;不复是一幅整齐而平滑的布。(朱自清《绿》)

例(1)、(2)为了突出强调受事"苏东坡""中国共产党和中国人民",动作行为的发出者无须说出。例(3)重在强调瀑布的气势,主动者是什么,无从说起。

第二,为了强调不如意或不希望发生的事情。例如:

(1)可惜正月过去了,闰土须回家里去,我急得大哭,他也躲到厨房里,哭着不肯出门,但终于被他父亲带走了。(鲁迅《故乡》)

(2)由于宣传哥白尼的新宇宙观,意大利哲学家布鲁诺坐了七年牢,最后被处火刑;意大利物

理学家伽利略七十岁时受到宗教法庭审判,并被终身监禁。(钱三强《科学技术发展的简况》)

(3)1600年2月17日,布鲁诺在罗马百花广场上,被活活烧死。(李迪《日心说和地心说的斗争》)

例(1)用被动句强调闰土的走不是主动行为,而是被迫的,用被动句突出了两位少年之间深厚真挚的情感。例(2)、(3)在说到布鲁诺和伽利略的不幸遭遇时,都选用了被动句。作者们不约而同的选择,充分证明了被动句适宜表示不如意、不幸的事情。

第三,为了使前后分句叙述角度一致,语义连贯,重点突出,也需要用被动句。例如:

(1)老栓也向那边看,却只见一堆人的后背;颈项都伸得很长,仿佛许多鸭,被无形的手捏住了的,向上提着。(鲁迅《药》)

(2)后来,乔天松曾两次来电话约阿霞出来见面,两次都被阿霞推掉了。(阿辛《阿霞的爱情》)

例(1)是从"老栓"的视角叙述的,所以后面用了被动句。例(2)为保证前后分句的主语统一,后面选用了被动句,这样叙述的角度一致,同时也使得表述对比鲜明。

第四节　辞格(一)

修辞格,简称辞格,是指在语言运用过程中为提高表达效果而形成的具有特定的构成方式和相应的表达效果的格式,是具有生动性和高度形式化的积极修辞方式。汉语中辞格多种多样,各有其特色与表达效果。不同的学者因其学术理念不同,对辞格的分类也不同,这就导致得出辞格的数量也不尽相同。陈望道先生在《修辞学发凡》中将辞格分为4类38格。张弓先生在《汉语修辞学》中将辞格分为3类24格。本节与下一节介绍一些常见的修辞格,如比喻、比拟、借代、拈连、夸张等。

一、比喻

比喻就是打比方,也叫"譬喻",若两个不同事物之间具有某种相似点,便可用甲事物去描绘乙事物,这种修辞方式就是比喻。

(一)比喻的构成要素及构成条件

比喻的特点是以彼喻此。"彼"指比喻的事物,叫"喻体";"此"指被比喻的事物,叫"本体"。二者构成比喻辞格的两大基本要素。喻体和本体赖以组合成比喻的纽带是它们之间的"相似点"。表示这种相似关系的语词叫"喻词"(或"比喻词"),喻词是比喻的语词标志。

构成比喻,从内容上说,需要表现的事物、另外的事物和相似点三个要素;从形式上说,需要本体、喻体和比喻词三个成分。通常人们把本体、喻体、比喻词叫作比喻的三要素,也有的加上相似点,称为四要素。如"小孩的脸红得像苹果"就包含四个要素:本体"小孩的脸"、喻体"苹果"、比喻词"像"、相似点"红"。

构成比喻的条件:喻体和本体必须是本质不同,但有相似点的事物。这也就是说,本质相同的事物构不成比喻,没有相似点的事物也构不成比喻。比喻中本体和喻体的相似点一般不直接点明,让读者从中去寻味领悟,也有在比喻中点明其相似点的,如"那孩子像花朵般可爱"。

(二)比喻的基本类型

根据比喻的基本要素(本体、喻体、喻词)的不同,比喻可分成明喻、暗喻、借喻三大类。

1. 明喻

明喻是指直接、明白地用喻体来描写或说明本体。明喻的构成方式是本体、喻体都出现,常用"像""似""如""仿佛"等词语连接本体和喻体。

结构形式:"本体"像"喻体"(甲像乙)。例如:

这初秋之夜如一袭藕荷色的纱衫,飘起淡淡的哀愁。(何其芳《秋海棠》)

作者将初秋之夜比作藕荷色的纱衫,可见作者观察之精细,笔触之细腻。有时喻体后面还有"一样""似的""一般"等比况助词,与前面喻词形成"像……似的""跟……一样"等格式。例如:

那是力争上游的一种树,笔直的干,笔直的枝。它的干通常是丈把高,像加过人工似的,一丈以内绝无旁枝。它左右的丫枝一律向上,而且紧紧靠拢,也像加过人工似的,成为一束,绝无旁逸斜出。(茅盾《白杨礼赞》)

上例中"干"和"丫枝"是本体,"像……似的"是比喻词,"加过人工"是喻体。本体、喻词、喻体同时出现,这是明喻的主要特征。

2. 暗喻

暗喻又叫"隐喻",本体和喻体同时出现,直接将本体等同于喻体以描写或说明本体,常用"是""成为""等于"等词语连接本体和喻体。

结构形式:"本体"是"喻体"(甲是乙)。例如:

美感的记忆,是人生最可珍的产业,认识美的本能是上帝给我们进天堂的一把密钥。(徐志摩《曼殊斐儿》)

徐志摩在这里将"美感的记忆"比作"人生最可珍的产业",形象生动。

3. 借喻

使用借喻时,不出现本体,或本体不在句中出现,也没有喻词,直接用喻体描写或说明本体。例如:

我这辈子只是在生活道上盲目地前冲,一时踹入一个泥潭,一时踏折一枝草花,只是这无目的的奔驰……(徐志摩《再剖》)

徐志摩将生活的盲目性用"踹入泥潭"和"踏折草花"进行比喻,将生活的不易以及自身的无目的性展露无遗。

以上所述的三种比喻形式,是比喻的基本结构类型,从实际应用看,三者在使用场合上有一定的倾向性。大致说来,表达激昂情绪或强调比喻的事物时,宜用暗喻或借喻,在一般情况下,宜用明喻。上述三种比喻各有特点,下面用表6-1进行比较。

表 6-1 三种比喻的特点

类型	甲与乙的关系	构成要件		
		本体（甲）	喻词	喻体（乙）
明喻	甲像乙	出现	似、像、好像、好比、犹如、如、仿佛、像……一样（似的）	出现
暗喻	甲是乙	出现	是、成为、等于、变成、变为	出现
借喻	乙代甲	不出现	（无）	出现

二、比拟

根据想象把物当作人，或把人当作物，或把甲物当作乙物，这种辞格就叫比拟。把物当作人来写，即拟人，是把物"人化"；把人当作物来写和把此物当作彼物来写，即拟物，是把人"物化"，或者把甲物"乙物化"。一般常把被比拟的事物称作"本体"，用来比拟的事物称为"拟体"。运用比拟修辞手法，一般是思想上要把表达对象（本体）看作是他类事物（拟体），字面上一般并不出现这个事物。

（一）比拟的类别

1. 拟人

拟人是指把物比作人，赋予物人的动作行为或思想情感。例如：

（1）桃花听得入神，禁不住落下了几点粉泪，一片一片凝在地上。小草听得大醉，也和着声音一会倒，一会起，没有镇定的时候。（许地山《春底林野》）

（2）花瓣早已掉光，只剩下枯黄的枝条，光秃秃地耷拉着脑袋，凄凄凉凉地站在瓷花瓶里。（姜云生《绝唱》）

以上两例中"落泪""大醉""倒""起""镇定""站"等词，常用于人的感情、行为，不用于物。现在移用于物，把"桃花""小草""花"也当作人来描写，赋予它们人的动作与情态，从而使得这些事物栩栩如生。

2. 拟物

拟物是指将人当作物，使人具有物的情态或动作，或将甲事物当作乙事物。例如：

（1）在群众的呼喝声中，那个恶霸夹着尾巴逃跑了。

（2）火山发出一声咆哮。

例（1）把原来用于描述动物的动宾短语"夹着尾巴"移来叙述"恶霸"，表达出叙述者对"恶霸"的蔑视。例（2）把"火山"当作生物来描写，所以火山能"咆哮"，比拟手法的运用使得"火山"的形象更加生动。

（二）比拟的功能与运用

比拟这种修辞手法，或寄情于物，或托物言志，容易引起听众的共鸣和深思。恰当地运用比拟修辞手法，不仅可以增添语言的表现力和感染力，同时也可将作者的爱憎、褒贬情感色彩鲜明地表现出来。

运用比拟要注意以下两点。

第一，拟体形象的美丑与情感的爱憎褒贬应统一。如"做人既不可翘尾巴，也不可夹着尾巴"，这句话中的"翘尾巴""夹着尾巴"都是用于贬义语境的，这也是整个句子所要否定的对象，因此"翘尾巴"和"夹着尾巴"用在这里都是适宜的。

第二，比拟的要点在于人格化或物性化，因此用来比拟的人和物与被比拟的人和物在性格、形态、行为等方面应该有相似或相近之处，才能把物写得像真正的人一样，或把人写得像真正的物一样，或把甲事物写得像乙事物一样。如"咱老实，才有恶霸，咱们敢动刀，恶霸就得夹着尾巴跑"（老舍《龙须沟》）中动宾短语"夹着尾巴"一般用以描述坏狼，"恶霸"同样也是作恶多端，"恶霸"与"坏狼"有相似之处，因此可用作比拟的本体和拟体。

（三）比拟和比喻的区分

比拟和比喻的相似之处在于，二者都把甲事物比作乙事物。它们的区别在于结构上存在差异：比喻有本体、喻体和比喻词，不管何种比喻，喻体一定出现；比拟有本体、拟体和比拟词语（即适用于拟体的词语），不管何种比拟，拟体绝不出现（它只能是潜在的）。凡是出现了本体和比拟词语的，就是比拟。

三、夸张

故意言过其实，对客观的人或事作扩大或缩小的描述，这种修辞方式叫作夸张。夸张修辞手法重在对情感的抒发，而非对事实的记叙。通过对事物某一方面特征的极度形容和合理渲染，读者或听众不仅可感受到语言的美妙，更能体会到叙述的对象在情理上的真实而非客观事实的真实。

（一）夸张的类别

1.扩大夸张

故意把一般事物往大（多、快、高、长、强……）处说，也就是对事物的形象、性质、特征、作用、程度等加以扩大。例如：

大虫怒吼一声，就像晴天里起了个霹雳，震得山冈也动了。

上例用夸张手法，将大虫吼声之大形象地展现出来。

2.缩小夸张

故意把一般事物往小（少、慢、矮、短、弱……）处说，也就是对事物形象、性质、特征、作用、程度等加以缩小。例如：

她是那样苗条高雅,真叫人担心她淋湿后会融化。

作为人"淋湿后会融化"是绝对不可能发生的事情,作者对"她"的这种担心实际隐含着对"她"的瘦弱程度担忧,极言其瘦弱。

3. 超前夸张

故意把后出现的事说成是先出现的,或是同时出现的。这是从时间上进行夸张,即在时间上总是让后出现的事抢前一步。

农民们都说:"看见这样鲜绿的苗,就嗅出白面包的香味儿来了。"

麦子还处在青绿甚至还未抽穗的状态,离磨成面粉、做成面包还有很远的距离,作者却写成"就嗅出白面包的香味儿来了",把后出现的事情提前了。

(二)夸张的功能与运用

恰当地运用夸张,有助于突出事物、行为的特征,表达强烈的感情、态度,增强感染力。运用夸张手法时要注意以下三点。

(1)夸张有据。夸张要有客观基础,要有事实做根据,不能脱离实际,正如鲁迅先生所说:"漫画虽然有夸张,却还是要诚实。"

(2)夸张有节。使用夸张要有节制,夸张不同于浮夸、吹牛。

(3)运用夸张要使接受者明白是故意言过其实,不能既像夸张,又像写实,否则容易产生误解。

四、拈连

几类事物连在一起叙述时,把用于甲事物的词语巧妙地拈来用于乙事物,这种修辞方式就叫拈连。拈连的两件事物,往往存在这样的特点:甲事物比较具体,在前;乙事物比较抽象,在后。运用拈连修辞手法,可以赋予抽象事物具体形象,语言简练,增强了语言的表现力。

(一)拈连的常见类别

1. 全式拈连

甲、乙两事物,拈连词语都出现,拈连词语像锁链一样,将甲、乙两事物拈连在一起。例如:

我拿绿色来装饰我这简陋的房间,装饰我过于抑郁的心情。(陆蠡《囚绿记》)

单独地看"装饰"和"心情"是搭配不拢的,但是由于有上文"装饰我这简陋的房间"为条件,就不感到别扭。这种前后联系巧妙自然,生动形象的语言跃然纸上。

2. 略式拈连

甲事物省略,或者甲事物中的拈连词语省略,乙事物和拈连词语是必须出现的。结合语境,省略的内容可以补充出来。例如:

(1)咚——咚——咚咚咚。声音单调吗?一点也不觉得。因为每一声咚咚都敲出对旧事物的诅咒,敲出对新生的人民共和国美好的祝愿。(萧乾《鼓声》)

(2)一股冷风呼地钻进怀宝心里,把刚才萦绕在他心头的那股快意一下子刮走了。(周大新《向上的台阶》)

例(1)省略了甲事物"鼓"以及拈连词语"敲出",例(2)省掉了甲事物的拈连词语"刮"。

(二)拈连的功能与运用

恰当地运用拈连,可以使语言简约,引人联想。运用拈连修辞手法要考虑到拈连对象即甲乙事物语义上的内在关联,做到贴切自然。

五、借代

不直接说出事物的本名,而借用同它密切相关的事物的名称来代替,这种修辞方式叫借代,也叫换名。被代替的事物叫作"本体",用来代替的事物叫作"借体"。

(一)借代的常见类别

1. 借事物的特征、标记代替

一个凸颧骨,薄嘴唇,五十岁上下的女人站在我面前,两手搭在髀间,没有系裙,张着两脚,正像一个画图仪器里细脚伶仃的圆规……圆规一面愤愤地回转身,一面絮絮地说,慢慢向外走去……(鲁迅《故乡》)

鲁迅在文中先描写杨二嫂的形象像一个圆规,后文直接称呼她圆规,这就是用特征来代替人或事物。

2. 借特称代泛称

你们杀死一个李公朴,会有千百万个李公朴站起来!(闻一多《最后一次讲演》)

此例用"李公朴"指代不怕流血牺牲,为争取民主和平而战斗的人们。生活中我们也经常用到这种借代手法,如用"林黛玉"指代多愁善感的人,用"雷锋"指代乐于助人的人,用"伯乐"指代不拘一格选拔人才的领导者。

3. 借具体事物代替抽象事物

南国烽烟正十年。(陈毅《梅岭三章》)

此处用"烽烟"来指代战争,用报警的烟火表达"战争"这一抽象概念,非常形象。

4. 借部分代替整体

几千双眼睛都盯着你,看你穿上战士的衣服,看你挂着银质的奖章。(李栋《这样的战士》)

眼睛是人体重要的器官之一,此处用"几千双眼睛"指代几千人。

5. 借结果代原因

于是大家替他们兄弟俩捏一把汗。(老舍《黑白李》)

"捏一把汗"是提心吊胆、过分紧张的结果,它是以果代因的借代。

6. 以作者替代作品

方鸿渐从此死心不敢妄想,开始读叔本华……(钱钟书《围城》)

"叔本华"不能读,这里指他的作品。此类借代还有很多,如"我们应当多读点老舍"等。

借代是一种运用广泛的修辞方式,只要本体和借体有相关性都可以构成。除了上面列举的,还有很多,如以材料、产地或品牌指代事物或产品等。

(二)借代的功能与运用

借代的形成依靠的是事物间的密切关联,因此,恰当地运用借代,可以突出事物特征,并且可达到行文简洁,表达新颖别致、形象生动的目标。

运用借代要注意以下两点。

第一,借体必须有代表性,即借体一定要能代表本体。

第二,有时还需要在上下文对本体有所交代,否则表意可能不明。如上文中提到鲁迅称呼杨二嫂为"圆规",就是在前文有所交代。

(三)借代和借喻的区别

借代与借喻有相似之处,都有代替性,都是用非本体来取代本体,但二者还有一定的区别:借喻是以喻体代替本体,借代是以借体代替本体。喻体和本体之间存在相似之处,本质上是"喻中有代";而借代是建立在事物相关性的基础上,借体和本体之间有某种关联,而并非有相似点,本质上是"代而不喻"。因此,借喻通过句式变换,加上一定的比喻词可以转换成明喻,借代则无法实现。

六、双关

在特定语境中借助语音或语义条件,使语句同时关涉两种事物或兼含两种意义,这种言在此而意在彼的修辞方式叫双关。

(一)双关的类别

1. 谐音双关

利用音同或音近的条件,使词语或句子具有两种不同的意义,从而构成双关。例如:

东边日出西边雨,道是无晴却有晴。(刘禹锡《竹枝词》)

此处"晴"字,谐音双关"情"。

2. 语义双关

利用词语或句子的多义性,使表达具有两种不同的意义。

人类失去联想,世界将会怎样?("联想电脑"广告词)

此处"联想"含双重含义,表面指人类的思维方式,暗指"联想"品牌电脑。

(二)双关的功能与运用

恰当地运用双关,可以使语言含蓄、委婉、意味深长。

无论是谐音双关,还是语义双关,都是一语关顾表里两层含义,其中蕴含的内层意义需要读者和听者去体会,因此在使用双关修辞手法时,要做到含蓄而不晦涩,避免产生歧义。

第五节 辞格(二)

一、对偶

把结构相同(或基本相同)、字数相等、意义相关的两个句子或短语对称地排列在一起,表示相反、相关或相连的意思,这种修辞方式就叫对偶。

(一)对偶的类别

根据上句和下句意义上的关系,对偶可以分成正对、反对、串对三种类型。

1. 正对

上、下句内容相似或相关,在内容上相互补充,互相映衬,常以并列复句的形式出现。例如:
墙上芦苇,头重脚轻根底浅;山间竹笋,嘴尖皮厚腹中空。

2. 反对

上下联之间表示一般的相反关系或矛盾对立关系,正反对照,以凸显事物的不同本质。例如:
(1)谦虚使人进步,骄傲使人落后。
(2)横眉冷对千夫指,俯首甘为孺子牛。

3. 串对

串对,又叫流水对。串对的上下两联之间存在承接、因果、条件、假设等关系,形成复句,一顺而下。例如:
(1)才饮长沙水,又食武昌鱼。
(2)野火烧不尽,春风吹又生。

例(1)上下两联之间存在顺承关系,例(2)上下两联存在因果关系。

从结构上看,对偶可分为严对和宽对两种。严对要求上下两联字数相等、结构相同、词性一致、平仄相对、不重复用字。我国古典诗歌中的格律诗很讲究平仄相对和词语的对仗,所以多用严式对偶。例如:
(1)两个黄鹂鸣翠柳,一行白鹭上青天。(杜甫《绝句》)
(2)无边落木萧萧下,不尽长江滚滚来。(杜甫《登高》)

宽对在格式上要求就不是那么严格了,只要求结构基本相同,音韵大体和谐,可以用相同的字,只要基本符合对偶的格式就可以了。例如:
客散青天月,山空碧水流。(李白《谢公亭》)

(二)对偶的功能与运用

对偶的恰当运用可以使内容凝练集中,增强语言的概括力。运用对偶修辞手法时,要做到内容与格式可以统一则必须统一,不能统一则采用宽对,无须刻意求工。

二、排比

把几个结构相同或相似、内容密切关联的短语或句子排列起来,以达到增强语势的目的,这种修辞方式就叫排比。

(一)排比的类别

根据构成形式的不同,排比可分为句子成分的排比、句子的排比、段落的排比三种类型。

1.句子成分的排比

句中同一句子成分的排比较为常见。例如:

在这里,蓝天明月,秃顶的山,单调的黄土,似乎都是最恰当不过的背景,无可更换。

2.句子的排比

这种类型的排比包括分句与分句的排比、句子与句子的排比。例如:

(1)燕子去了,有再来的时候;杨柳枯了,有再青的时候;桃花谢了,有再开的时候。

(2)如果你是大海,何必在乎别人把你说成小溪。如果你是峰峦,何必在乎别人把你当作平地。如果你是春色,何必为一朵花的凋零叹息。如果你是种子,何必为还没有结出果实着急。

3.段落的排比

段落的排比也会在文章中出现。例如:

假如我是个诗人,我就要写出一首长诗,来描绘她们变幻多姿的旋舞。

假如我是个画家,我就要用各种的色彩,渲染出她们清扬的眉宇和绚丽的服装。

假如我是个作曲家,我就要用音符来传达出她们轻捷的舞步和细响的铃声。

假如我是个雕刻家,我就要在玉石上模拟出她们充满活力的苗条灵动的身形。

然而我什么都不是!我只能用我自己贫乏的文字,来描写这惊人的舞蹈艺术。

(二)排比的功能与运用

恰当运用排比修辞手法,可以增添语言的节奏感、旋律美,增强语势,畅快淋漓地表达情感。排比的结构强调相同性,但为了更好地表达语意,允许有不伤害整体统一的小变化。此外,使用排比时,必须从内容的需要出发,不可单纯追求形式,硬凑排比。

三、层递

根据事物的逻辑关系,把三项或三项以上结构相似的语句,按照语意内容递升或递降的方式排列,这种修辞方式就叫层递。

(一)层递的类别

1.递升

按照数目的多少、时间的长短、程度的深浅、量的轻重等依次上升排列,也就是以由少到多、由小到大等方式去排列。例如:

(1)威胁他,监禁他,拷打他,处死他:这些都不能使他背叛自己的国家。

(2)在这个问题上,钟亦成曾经充满了火热的希望,从那个时候起,许多的黑夜和白天,许多的星期,许多的月,许多的年都过去了。(王蒙《布礼》)

2. 递降

与递升相反,步步下降的是递降,即使语意由深到浅、由重到轻、由高到低、由大到小等排列。例如:

一个和尚挑水喝,两个和尚抬水喝,三个和尚没水喝。

(二)层递的功能与运用

恰当运用层递修辞手法可以强化认识,升华感情,加深印象,使语言富有"层次美"。层递的构成成分间具有严密的逻辑性,因此,使用该修辞手法时一定要注意按照逻辑关系依次排列,不可紊乱。

(三)层递和排比的区别

层递和排比的共同点在于:都是由三项或三项以上组成,都有结构整齐、气势贯通的特点。它们的区别有两点:第一,层递注重内容的级差性,排比注重内容的平列性;第二,层递在结构上不强调相同或相似,排比在结构上必须相同或相似。

四、仿拟

仿照现成的词语或句子、篇章,临时仿造一个类似的词语或句子、篇章,这种修辞方式就叫仿拟。

(一)仿拟的类别

1. 仿词

仿词是指更换现成词中的某个语素,临时仿造出新的词。例如:

娘子:那还能不填上吗?留着它干什么呀!老太太,对街面上的事您太不积极啦!

大妈:什么鸡极鸭极的,反正我沉得住气,不乱捧场,不多招事。(老舍《龙须沟》)

此例中"鸡极""鸭极"仿拟"积极"。

2. 仿语

仿语是指更换固定词组中的一个或几个字,仿造出一个新语来,一般是仿造成语。例如:

(1)默默无蚊

(2)食全食美

这两个成语仿拟"默默无闻""十全十美"。

3. 仿句

仿句是指仿造既成的句法格式。被仿造的句子一般是名句或熟语句。例如:

有朋自网上来,不亦乐乎?

此处仿拟《论语》名句:"有朋自远方来,不亦乐乎?"

4. 仿篇

仿篇是指仿造既成的篇章,模仿的既成的篇章一般也是较有名的。例如:

春眠不觉晓,处处蚊子咬。夜来麻将声,输赢知多少。

此处仿拟孟浩然的《春晓》。

(二)仿拟的功能与运用

恰当地运用仿拟,使语言形成对照,可以给人新鲜活泼、生动明快之感。由于仿拟的对象一般是人们所熟知的词语或句子,因此仿拟的作品一般能吸引读者或听众的吸引力,易于被人们接受。运用仿拟时要注意自然贴切,不能随意乱仿乱造。

五、对比

把两种对立的事物或同一事物的两个方面,放在一起相互比较,这种修辞方式就叫作对比,又称对照。

(一)对比的类别

1. 两种事物对比

这是指把两种对立的事物放在一起描述,使对立更加鲜明突出,又叫两物对比。例如:

有的人活着,他已经死了;有的人死了,他还活着。

2. 同一事物的两个方面的对比

这是指把同一事物的两个方面放在一起描述,又叫一物两面对比。例如:

这种人,在上级领导面前点头哈腰,活像一条巴儿狗;而在平民百姓跟前则换了一副面孔,凶神恶煞,活像一个恶太岁。

(二)对比的功能与运用

把不同事物或同一事物的两个方面进行对比,可使事物特征更显著,说理更透彻,本质更突出。运用对比修辞手法时应注意,对比的两种事物或同一事物的两个方面应存在矛盾对立的联系,否则便是强为对比。

(三)对比与对偶的区别

对比要求对比的两个对象在意义上必须"对立",不管结构是否相同、字数是否相等;对偶要求两项结构必须"对称",字数必须"对等",除"反对"外,不一定要求意义对立。由此可见,对比侧重内容上的"对立",对偶立足形式上的"对称"。

六、通感

感官相通,通过甲感官的感受描写乙感官的感受,这种修辞手法即通感。钱钟书在《通感》

一文中谈通感的修辞手法时说:"在我们的日常经验里,视觉、听觉、触觉、嗅觉、味觉往往可以彼此打通或交通,眼、耳、舌、鼻、身各个官能的领域可以不分界限。颜色似乎会有温度,声音似乎会有形象,冷暖似乎会有重量,气体似乎会有体质。"(钱钟书《七缀集》)人的五官感觉触觉、视觉、味觉、听觉、嗅觉有时是相通的,不同种类的感觉有时会引起相通的心理体验。有鉴于此,我们常常在叙事状物时,用形象性的语言使感觉转移,从而启发接受者联想、体味,这种修辞方式叫通感,又称移觉。例如:

(1)蓦然,她格格地笑动。……笑声如同欲滴而未滴的露珠,似含似吐颤而不落。(朱苏进《金色叶片》)(由听觉到视觉)

(2)她的声音像蜜,听着甜滋滋的。(李叔德《赔你一只金凤凰》)(由听觉到味觉)

(3)我的情人啊,你的微笑像新奇的花卉的芳香,是单纯而又费解。(泰戈尔《流萤集》)(由视觉到嗅觉)

(4)微风过处,送来了缕缕清香,仿佛远处高楼上渺茫的歌声似的。(朱自清《荷塘月色》)(由嗅觉到听觉)

(5)方鸿渐看唐小姐不笑的时候,脸上还依恋着笑意,像音乐停止后袅袅空中的余音。(钱钟书《围城》)(由视觉到听觉)

通感修辞手法将不同感觉打通,读者和听众不仅可通过视觉来感受听觉,还可通过听觉来感受嗅觉,还可通过视觉来感受嗅觉……恰当地运用通感,可丰富文章的内涵,增强语言的表现力,增加语言的艺术效果。

思考题

1. 有人说:"修辞就是咬文嚼字,修辞就是雕琢词句,卖弄文字技巧。"这种说法妥当吗?
2. 举例说明比喻和比拟的区别。
3. 怎样区分借喻和借代?
4. 借代的主要方式有哪些?
5. 请举例谈谈修辞与语境的关系。
6. 请举例说明当代网络流行语中常用的修辞手法。

延伸阅读

1. 黄伯荣、廖序东:《现代汉语》(增订六版),高等教育出版社,2017年版。
2. 王希杰:《修辞学导论》,湖南师范大学出版社,2011年版。
3. 赵奎生:《对联修辞艺术》,复旦大学出版社,2008年版。
4. 王希杰:《修辞学通论》,南京大学出版社,1996年版。
5. 陈望道:《修辞学发凡》,上海人民出版社,1976年版。
6. 张弓:《现代汉语修辞学》,河北教育出版社,2014年版。

第七章 言语交际

语言是人和动物的本质区别之一,言语交际行为是伴随着人类社会的出现而产生的。恩格斯在《劳动在从猿到人转变过程中的作用》一文中曾论述到有关语言产生以及言语交际行为产生的原因。他认为:"语言是从劳动中并和劳动一起产生出来的,这个解释是唯一正确的。"并进一步说明"劳动的发展必然促使社会成员更紧密地互相结合起来,因为它使互相帮助和共同协作的场合增多了,并使每个人都清楚地意识到这种共同协作的好处。一句话,这些正在形成中的人,已经到了彼此之间有些什么非说不可的地步了"[①]。于是,言语交际产生了,并在此基础上形成了人类语言。

言语交际行为在人类社会中是平常又奇妙的,就像人类离不开空气一样,人类也时时需要运用语言来表达思想、协调关系,表达的好坏直接影响到交际效果。古人所谓"一言而兴邦""一言而丧邦"虽夸大了个人言语的作用,但从言语交际的历史看,却不乏因交际艺术的精湛而在一些关键时刻维护国家和人民利益的先例,如弱小的郑国被秦晋两国军队层层包围,危在旦夕,烛之武临危受命,到秦营做说客。烛之武利用秦晋之间的矛盾,采用分化瓦解的办法,说辞巧妙,逻辑清晰,顺利说服了秦穆公。秦穆公撤出围郑的军队,并且派三位将军协助郑国防守,晋军不得已也撤退了,郑国的危机解除了。烛之武的"三寸不烂之舌"竟然抵得上郑国举国之兵,这说明语言的力量是不可估量的。翻阅先秦诸子文章,可看到无数能言善辩之士活跃于大、小国之间的交际舞台上,他们凭借"三寸不烂之舌"游说诸侯,或维护国家的尊严,或宣传政见,或为人民免除一场场战祸……正是"三寸之舌,强于百万雄兵;一人之辩,重于九鼎之宝",可见言语交际是一门大学问,值得深入探究。当今世界正经历百年未有之大变局,当代中国正处于实现中华民族伟大复兴的关键时期,在当今变幻莫测的国际局势面前,如何形成具有中国气派、中国特色、中国风格,彰显中国风范的外交范式,是需要我们深入思考的。

现代社会,人们的生活节奏加快,语言成为人际交往中最能体现个人素质的一环。一个人的交际能力和语言表达水平与他的道德修养的深浅、教养的优劣、情商的高低密不可分。曾有一个这样的故事:小组聚餐,大家讨论去吃什么,有人说吃烧烤,小王立刻反对说吃烧烤容易上火;有人说吃自助牛排,小王反驳说太贵;有人提议去郊区农家乐,小王说距离远,吃得也不好……大家问小王想去哪里,小王又说还是听大家的……话一出口,同事们一脸不乐意。问题出在哪里?是词不达意?还是小王的话不符合实际?都不是。根本原因在于小王不懂得"人

[①] 《马克思恩格斯选集》(第3卷),人民出版社,1974年版,第511页。

情世故",从而造成交际的失败。可见,在言语交际中,除要懂得一些科学知识外,还要掌握与交际相关的"百科知识"。在言语交际行为中,我们要以提高言语传递效率为最终目标,时刻注意言语的规范性、准确性和艺术性,以及得体性。言语的规范性、准确性和艺术性是检验一个人修辞水平的标尺,这一内容我们在"修辞"一章已进行详细探讨。本章我们将针对言语交际行为的得体性展开论述。

第一节 言语和言语交际

一、言语

在第一章中,我们对"语言"这一概念进行了解释,那么"言语"又是什么,和"语言"是什么关系?在语言学上,"言语"是和"语言"相对的一个概念,最早对二者进行区分的学者是"现代语言学之父"索绪尔。他把人类进行的和语言相关的活动统称为"言语活动",并把言语活动分为语言和言语两大部分。他认为对"言语活动"进行的研究包含两部分:一部分是主要的,它以实质上是社会的、不依赖个人的语言为研究对象,这种研究纯粹是心理的;另一部分是次要的,它以言语活动的个人部分,即言语,其中包括发音,为研究对象,这种研究是心理、物理的[①]。索绪尔把言语活动分为语言和言语两个对立部分的初衷是为了科学研究的精确性和纯净性,并提出"就语言和为语言而研究语言"的口号。这一提法将语言学的研究对象限定在"语言"这一明确对象上,对语言学走向科学化和精密化产生了深远影响。

具体而言,语言是由语音、词汇、语法等构成的一套抽象的符号系统,言语是一个人运用语言的行为和结果。言语是语言在社会生活中的表现形式,包括运用语音、词汇和语法等要素说出或写出具体话语等。简言之,语言是交际工具和思维工具,言语是对语言这一交际工具和思维工具的具体运用。例如,人们在日常生活中交谈的话语是言语,人们用语言说话的过程也是言语,人们利用语言创作的文学作品还是言语。

二、语言和言语的区别与联系

语言和言语不同,但二者也有密不可分的联系,语言存在于言语中,而言语离不开社会,更离不开语言。

(一)语言和言语的区别

索绪尔在《普通语言学教程》中指出二者的区别。

把言语和语言分开,我们一下子就把什么是社会的、什么是个人的,什么是主要的、什么是从属的和多少是偶然的分开来了。

[①] [瑞士]费尔迪南·德·索绪尔:《普通语言学教程》,高名凯译,商务印书馆,1980年版,第41页。

> 语言不是说话者的一种功能,它是个人被动地记录下来的产物;它从来不需要什么深思熟虑,思考也只是为了分类的活动才插进手来……
>
> 相反,言语确实是个人的意志和智能的行为,其中应该区别开:①说话者运用语言规则表达他的个人思想的组合;②使他又可能把这些组合表露出来的心理-物理机构①。

综合以上论述以及当前学界的研究成果,语言和言语的区别可概括如下。

(1)语言是社会的,言语是个人的。语言是随着社会的发展,经过社会成员共同约定并逐步完善的结果。语言的各要素会随着时代的变化发生各种形式的演变,但这种形式的固化也是经过社会成员约定俗成而实现的。也就是说,作为全体社会成员约定俗成的一套符号系统,语言具有社会性,所有社会成员都必须要遵守。言语是个人的,每个人的日常生活中的言语形式都受到诸如性别、年龄、文化程度、社会地位等因素的影响,比如,男性和女性的言语内容和形式存在差异,男性更多关注政治、经济、历史等宏观事件,而女性受家庭角色的影响,更加关注子女教育、饮食、美容等方面的内容。

(2)语言是抽象的,言语是具体的。语言是由语音、词汇、语法等要素构成的一套符号系统。一种语言的语音系统、词汇系统、语法系统等是排除个体差异,从无限多的言语事实中概括抽象出来的结果。言语是人们在具体语境中对语言运用的过程和结果,是可以感知的。

(3)语言是有限的,言语是无限的。语言作为一套符号系统,它所包含的内容是有限的。语音系统是有限的,词汇的数量和构词规则是有限的,组词造句的规则是有限的,这在我们学习外语的时候可明显感受到。但运用这套系统,个人创造出来的言语是无限的。语言好比是钢琴的琴键,言语好比是琴键弹奏出来的曲子。琴键的数目是有限的,而通过它创作的曲子的数量则是无限的。一个人学习一种语言的时候,要掌握的语言学的知识是有限的,一旦掌握了这套符号系统,便能生成无限的句子以满足交际的需求。

(4)语言是静态的,言语是动态的。语言作为交际和思维的工具,并不经常处于变动之中,这是言语交际活动得以顺利进行的前提和基础,因而语言在一定时期内处于静止状态。当然,随着时代的发展,语言也会由于不能满足交际的需求而发生一些变化,如新词产生、旧词消失、概念表征形式发生变化等,但这种变化往往是缓慢发生的。因此,语言在一定时期中是相对静止的。言语则不同,言语活动因人而异,甚至同一个人,也会因语境不同、心情不同,所选择的言语形式也有差异。

(二)语言和言语的联系

语言和言语虽有不同,但二者并非完全对立,它们也相互联系,密不可分。

(1)语言存在于言语之中。语言是从无限的言语形式中归纳、抽象出来的一套符号系统。言语是语言的表现形式,我们只有通过具体的言语形式才能认识抽象的语言知识。我们的语言知识,其实就是从无限感性的言语形式中得出的。我们甚至可以说,没有言语就没有语言。

---

① [瑞士]费尔迪南·德·索绪尔:《普通语言学教程》,高名凯译,商务印书馆,1980年版,第35页。

(2)言语离不开语言。虽然言语是个人的,带有个人特点,但每个人行文说话都必须遵守共同的语言规则,否则交际就会失败。正因为语言对言语的强制规范作用,人们才得以正常交际。因此,言语离不开语言。

总之,语言和言语是一对既有区别又有联系的概念。索绪尔严格区分语言和言语的目的在于净化语言学的研究对象。语言学研究对象的明确极大地促进了语言研究的进展。随着近些年社会语言学的兴起与发展,人们逐渐意识到没有"纯而又纯"的人,也没有"纯而又纯"的语言,开始将视角转向"言语"。

三、言语交际的概念

上文厘清了语言和言语的概念,那么什么是言语交际呢?首先来谈谈什么是"交际"。"交际"即"人与人之间往来接触;社交"[①],这说明言语交际至少是两个人之间的活动。"自言自语"不属于言语交际,因为"自言自语"只是个人行为,不存在与他人进行交际。同样地,对着动物说话、写日记等也属于"自言自语",不存在人与人之间的沟通、互动。讲清了"言语"和"交际"的概念,"言语交际"的含义也就清楚了。"言语交际"是指人与人之间通过言语进行交往或互动的过程。

"言语交际"包含两种形式:一是口语交际,二是书面语交际。口语交际以有声语言为表现形式,是直接说出来的。书面语交际以文字记载(如书信、小说、诗歌、散文等)为表现形式。文字是在语言的基础上产生的,书面语是在口语的基础上产生的。书面语是对口语的补充,只有掌握了书面语,才能掌握书面语交际,在这个意义上也可以说,书面语交际是对口语交际的补充。从产生的历史看,因为文字的产生时间晚于有声语言的产生时间,所以书面语交际产生的时间也晚于口语交际产生的时间。

四、言语交际的构成要素

言语交际涉及诸多要素,有些要素贯穿所有交际活动。这些要素被称作言语交际的基本要素,包括交际者、交际信息、交际工具和交际环境。

交际者,即言语交际的主体,包括交际信息的发出者、交际信息的接收者。例如,罗老师和张老师就教学内容和教学方法的提升进行探讨,罗老师和张老师就是交际者。交际者在不同场合扮演不同的角色,其语言组织能力、话语调节能力等都制约着交际能否顺利完成。在不同的交际环境中,交际者还可根据自己角色的不同采用适当的交际方式进行交际,从而实现交际目标。

交际信息就是交际的内容。有交际需求,才有交际内容,交际才有可能发生。小明向小王借一本书,小明和小王之间交谈的话语就是交际信息。问路时,问路的话语就是交际信息。交

[①] 中国社会科学院语言研究所词典编辑室:《现代汉语词典》(第7版),商务印书馆,2016年版,第649页。

际信息分为两种类型：一种是传递实际内容的信息，另一种是维持人际关系的信息。如上文中提到的问路，这就是传递实际内容的信息。走在路上，遇到熟人打招呼，说"你好"或"Hello"，这些信息并未起到传递信息的作用，而是为了维持人际关系。

交际工具，就是传递交际信息的载体。言语交际的工具主要是语言，此外还包含一些非语言形式的工具，如身势语、图画、文字等。例如，小明向小王借一本书。如果二人在某一物理空间通过传递有声语言的方式完成借书的过程，则交际工具为有声语言，如果借书过程通过传递微信文字信息的方式完成，则交际工具为文字。当然，在具体交际过程中，并非只用一种交际工具，有时会根据交际环境、交际目的等综合运用多种交际工具。

交际环境，也就是语境。语境有三个层面的含义。首先是物理语境，又叫"言谈现场"，是指交际者、交际的时空以及这一时空中的所有存在。交际需要与交际时空只有存在正确的关联性，交际者才能准确地传递和理解交际信息。《三国演义》中描述了这样一个故事，曹操刺杀董卓失败，逃亡至其父亲好友吕伯奢家中。晚上，后院传来"缚而杀之，何如"的话语。由于曹操在逃亡中，思想处于高度警惕的状态。一听到此话，以为吕伯奢一家人要杀他，便"先下手为强"，杀尽吕伯奢一家。直到后面看到后院绑着一头待宰的猪，才知道错杀了吕伯奢一家。这就是因为曹操和吕伯奢一家不处在同一言谈现场，错会了代词"之"的指代对象从而造成误解。其次，交际环境还包括话语语境，即一个连贯的言语事件中前面或后面的话语（如交谈双方前面说的话、文学作品的上下文等）。再次，交际环境还包括交际者的背景知识。如甲乙两同事来到办公室，甲说："太热了！"乙于是拿出遥控器，打开了空调。这里乙理解甲的要求基于这样的共同背景知识：空调可以制冷降温。广义的语境还包括交际者的年龄、性别、文化程度、身份、职业及听说双方的关系等。

交际者、交际信息、交际工具、交际环境共同构成了整个交际活动。一个成功的交际活动是交际者合理组织以上各要素的结果。

第二节 言语交际的原则

言语交际活动是需要交际双方共同合作完成的一项活动。为保证交际活动的顺利进行，言语交际双方必须相互配合，共同遵守一些基本规则，其中最重要的两个原则是合作原则与礼貌原则。

一、合作原则

合作原则是由美国语言哲学家格赖斯1967年在哈佛大学演讲时提出的。1975年格赖斯又对合作原则进行了补充说明，认为合作原则包括四个准则：量的准则、质的准则、关联准则、方式准则。一般来说，遵守合作原则有利于交际的顺利进行。下面对以上四条准则分别进行说明。

(一) 量的准则

量的准则要求言语交际者提供的信息量正好满足交际需求,不多也不少。量的准则包括两条次准则:①所说的话应包含交谈目的所需要的信息;②所说的话不应包含超出需要的信息。例如以下对话,甲向乙、丙、丁三人问路:

甲:请问去交通大学怎么走?

乙:朝前走,第一个路口右转就能看到交通大学了。

丙:在西安市。

丁:坐402路车,到兴庆公园南门站下就到了。那是全国C9高校,师资力量强,教学质量高,环境优美,食堂菜品丰盛。

按照量的准则对标以上对话,可发现乙提供的信息量不多不少,恰好满足交际的需求;丙提供的信息量不够,违反了"量的准则"的第一条;丁提供的信息又超出了交际所需要的信息量,违反了"量的准则"的第二条。

(二) 质的准则

质的准则要求言语交际者提供的信息必须是真实的,不能是虚假的。具体包括以下两条次准则:①不要说自知是虚假的话;②不要说缺乏足够证据的话。如"语用学是语言学的一个分支学科"这一表述是真实的、准确的,符合"质的准则"。再如以下对话:

甲:你有多少钱?

乙:我有200块钱。(实际上,乙有300块钱)

以上对话中,乙违反了质的准则。

(三) 关联准则

关联准则要求言语交际双方的话语应该互相有关联,不能说一些与当前话题无关的言语。如以下对话:

张三:听说你找到一份工作?

李四:是的,在××公司做保安。

李四的回答与张三提出的问题密切相关,很好地解决了张三的疑问,这是一次成功的言语交际活动。

甲:张太太长得太丑了。

乙:哎呀,今天晚上的红酒真是太好喝了。

甲对张太太的长相作出评价,而乙觉得对别人的长相作评价是不礼貌的行为,因而作出了答非所问的回答。对于甲来说,这是一次失败的言语交际。

(四) 方式准则

方式准则要求言语交际双方传递信息、表达情感时,要做到清楚简洁,有条理,无歧义。具体包括以下四条次准则:①避免晦涩;②避免歧义;③简练;④井井有条。如以下对话:

学徒：师傅，这机器怎么操作？

师傅：第一开电源，第二拉下操作杆，第三直接添加材料。

该对话中师傅语言简洁、井井有条，符合方式准则。如果语言表达晦涩难懂，前言不搭后语，歧义重出，或者言语表达啰唆，重复不断，交际就不会达到预期效果。如以下对话：

甲：明天他们什么时候到机场啊？

乙：某个时候。

对于甲的询问，乙用不明确时点的表达方式"某个时候"回复，这就会导致交际活动的失败。

格赖斯提出的交际中应该遵循的合作原则为人们进行有效的交际活动提供了一定的保障，但在实际交际活动中，交际双方也会故意违反上述准则，如说一些不真实的话、说过多的话、说不相关的话、说隐晦难懂的话等。一旦信息的发出者违反了某一准则，信息接收者就会察觉到字面以外的意思。这种因发话人违反某一准则而产生的含义，格赖斯称之为"会话含义"。

为弥补格赖斯提出的合作原则的不足，解释说明人们为什么会违反合作原则，利奇在其《语用学原则》一书中提出了礼貌原则。

二、礼貌原则

利奇在其1983年出版的《语用学原则》一书中提出了礼貌原则的概念。利奇认为："礼貌原则不能被视为添加到合作原则上的另一个原则，而是为了救援合作原则，解决一系列麻烦的一种必要的补充。"[①]利奇参照格赖斯提出的"合作原则"模式，把"礼貌原则"分成六条准则。

（一）得体准则

得体准则是指交际双方的行为和话语信息要以听话人为出发点，尽量减少表达有损他人利益的观点。尽量少说让他人受损的话，尽量多说让他人受益的话，不要让听话人感到不舒服。例如：

(1)把我的行李带走！

(2)我希望你把我的行李带走。

(3)能把我的行李带走吗？

(4)不知你是否方便把我的行李带走。

例(1)到(4)表达的都是期望听话人帮自己带走行李的意思，但这四句话适用对象不一样，例(1)适用于关系比较亲密的人，例(4)适用于关系比较疏远的人。由(1)到(4)可知，说话人与听话人的关系越来越生疏。

---

① 索振羽：《语用学教程》，北京大学出版社，2000年版，第89页。

（二）慷慨准则

慷慨准则是以说话人为出发点,是指说话人尽量让听话人从言语行为中获得对自己有益的信息,尽量减少表达利己的观点。具体来说,就是尽量少说有利于自己的话,尽量多说让自己吃亏的话。例如:

(1)我把车借给你。

　　你把车借给我。

(2)我一定要请你吃午饭。

　　你一定要请我吃午饭。

例(1)和例(2)中的第一种都是礼貌的表达方式,而第二种则是不礼貌的表达方式。前者是让对方受益,自己吃亏;后者是让对方吃亏,自己受益。

（三）赞誉准则

赞誉准则涉及说话人对听话人的评价或批评,是指在言语交际行为中说话人要尽量多赞誉对方,尽量避免贬低对方。

(1)表现得很好。

(2)表现得不好。（没表情）

上例是对听话人表现的评价。例(1)意在对听话人进行褒扬,遵循了赞誉准则。例(2)则贬低了对方,违反了赞誉准则,从而导致了交际活动的失败。

（四）谦虚准则

谦虚准则是指在言语交际活动中,交际双方要尽量保持谦逊的态度,不过分夸大自己的优点,对有关自己的评价也尽量保持谦虚和低调。也就是说,尽量少赞誉自己,尽量多贬低自己。例如,为了感激别人帮助自己,送别人礼物时,说"没给您买什么,只是一个小小的礼物"是合适的。如果说话人说"送个贵重的生日礼物给你,感谢你多年来的帮助",这就不符合谦虚准则,容易引起听话人的反感。

（五）一致准则

一致准则侧重考察说话人和听话人的观点是否一致。一致准则要求言语交际者在交际活动中尽量减少表达与他人意见分歧的观点,尽量减少自己与他人的分歧,增加自己与他人的一致。例如以下对话:

(1)小王:我买了些快餐,咱们随便吃一点。

　　小刘:快餐好,反正时间也很紧。

(2)张三:《千与千寻》这部电影挺好看的!

　　李四:是吗？我不觉得。

例(1)中小刘的答语充分体现了一致准则,氛围轻松,也加强了言谈双方的情感交流。例

(2)中李四的回答就违反了一致准则,破坏了交谈氛围,还有可能造成对话的终止以及交谈双方情感的疏离。

(六)同情准则

同情准则是指在言语交际活动中交际双方应尽量减少与对方的情感对立,增加双方对对方的同情与理解。这一准则要求说话人尽量少说与他人对立的话语,尽量多说对他人同情的话语。如当被告知对方父亲去世的消息,要表示同情,及时给予安慰,采用较强的语气可以提高礼貌的程度。比如"得知令尊仙逝,深感悲痛,还望节哀顺变",这一表述充分体现了同情准则。再比如当说话人说自己妈妈脚摔骨折了,听话人如果说"真不幸,得小心啊,毕竟年纪大了"。这些话语遵循了同情准则,无疑会拉近听说双方的距离。再举一个例子,如以下对话:

甲:真倒霉,放在教室的书被人偷了。

乙:活该,谁叫你不拿回来。

乙的回复违反了同情准则,可以预想这样的对话结果只会是"不欢而散"。

合作原则可以确保人们的言语交际有序进行,而礼貌原则则有效调节了言语交际中人际关系的和谐。二者有时相互配合,可使言语交际顺利进行,完满实现交际目标。但二者存在矛盾的时候也不少,有时言语交际行为的目的是为了传递信息,这时合作原则是主要原则,礼貌原则则退后。相反,有时人们因为礼貌的需要,为照顾他人的情感,多考虑礼貌原则,不得不违反合作原则。

第三节 会话含义

1967年,美国语言哲学家格赖斯在哈佛大学演讲时,除提出合作原则外,还提出了会话含义理论。格赖斯的会话含义理论强调交际意图在交际活动中的重要地位,即任何交际活动都涉及交际意图,交际活动的成功与否取决于听话人能否正确理解说话人的交际意图。听话人怎样获知说话人的交际意图?往往是通过交际过程中话语产生的会话含义得知的。

一、会话含义的分类

格赖斯将"意义"分为"自然意义"和"非自然意义"两类。关于"自然意义",他举了这样一个例子,即"These spots meant measles"。他指出,这句话不存在施事者,也就不涉及施事者的意图,话语意义只是自然地被理解,那么,这类话语表达的就是"自然意义",其余则为"非自然意义"。根据格赖斯的分析,"非自然意义"可作以下分类,如图7-1所示。

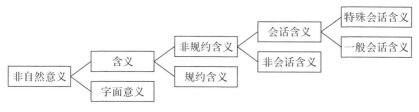

图 7-1 非自然意义的分类

从图 7-1 可看出,会话含义一般分为一般会话含义和特殊会话含义。

(一)一般会话含义

一般会话含义是不需要特殊语境就能推导出来的含义。例如:

吉姆在路上碰到了一位环卫工人。

无须借助语境,即可知道吉姆碰到的环卫工人并非是自己熟悉的人或朋友,而是一位陌生人,这就是一般会话含义。

(二)特殊会话含义

特殊会话含义是需要依赖特殊语境才能推导出来的含义。违反合作原则推导出来的会话含义一般为特殊会话含义,即我们平常所说的"言外之意"。如以下对话:

甲:今晚一起去酒吧喝酒,怎样?

乙:明天我要上班的。

该对话中乙答非所问,违反了合作原则中的关联准则,结合语境很容易判断出"乙不想去酒吧"。由此可见,特殊会话含义的生成离不开具体语境,也离不开说话者对合作原则的违反。

二、会话含义的特征

会话含义提出的目的在于引导听话人有效理解说话人的交际意图,从而促进交际活动的成功开展。在提出会话含义的概念后,格赖斯指出会话含义具有以下五个特征:可推导性、可撤销性、非规约性、不确定性、不可分离性。

(一)可推导性

可推导性是会话含义最基本的特征,也是会话含义产生的基础。可推导性是指说话人在言语交际活动中有意违反合作原则中的某一准则,但听话人能根据话语语境推测出说话人的真实意图。

听话人在说话人说出某些话语时,不会草率地认为他是在胡说八道,不再去细想,而是会结合语境深挖其暗含意义。如果一种解读正好印证了前面的假设,那么听话人会认为这种解读正是说话人的意图所在。具体推导过程如下。

说话者 S 的话语 P 具有会话含义 Q,当且仅当:

①说话人说了话语 P,话语 P 含有某种意图;

②听话人没有理由确定说话者的话语遵守了合作原则;

③听话人意识到,若说话人没有 Q 意图,那么就不会说出 P 这样的话语,并且说话人认为听话人会产生这种推导意识;

④听话人指导说话人产生这种认识,并且说话人未制止听话人产生这种想法;

⑤Q 就是说话人发出话语 P 的会话含义。

从言语交际发生的过程看,会话含义往往是因为说话人违反了合作原则而产生的,如下面的对话:

A:李雷是个非常谨慎的人。

B:是的,他一生从未做过一件未经深思熟虑的事。

在本例中,B 并没有做出"是的"这样简短而直接的回复,而是在后面附加了一些多余的信息,有意违反合作原则中的量的准则。据此,A 可推导出 B 话语的会话含义,即 B 认为,李雷这个人过于谨小慎微,做事缺乏魄力,效率低。再如有这样一对情侣,其中男人是一位数学家,两人正在公园散步,发生了以下对话:

女:我满脸雀斑,你真的不介意吗?

男:我一生最爱跟小数点打交道。

男人并未直接就雀斑作出回应,而是说自己的兴趣爱好,似乎违反了合作原则中的关联准则,但二者又有深层的关联,即把"雀斑"比作"小数点",声明"最爱跟小数点打交道",幽默地回答了女人的问题。男人确信女人能根据自己的话语推导出会话含义,才会说出这样的话。

(二)可撤销性

可撤销性是指会话含义一般会随着语境的变化而发生变化,即话语所包含的会话含义会随着语境的变化被撤销、被否定。会话含义被撤销的方式很多,比如,说话人在原话语后面附加一个词语、分句或结构,暗示听话人自己要废除原话语中的会话含义;会话含义还可在特定语境中被废除。如下面这个对话:

甲:今晚一起去电影院看场电影,怎么样?

乙:明天我有考试。不过很简单。

乙的第一句话通过说"明天我有考试"违反合作原则中的关联准则,从而产生了会话含义:今晚不能出去看电影。但由于后面补充了"不过很简单"这样一句话,前面的会话含义就取消了。再如:

男人对某个女人说:"女人都贪慕虚荣,当然你是不一样的。"

当男人说出前一个语句时,他可能及时意识到可能会出现的会话含义"你也贪慕虚荣",所以后面加上一句,取消了前面的会话含义。

(三)非规约性

非规约性是指会话含义并不是话语的规约意义,而是要根据言语交际活动的语境来推导。如日常说"屋子里真热",如果仅仅是对房间温度的叙述,则是其规约意义。如果交际场景中有其他人,那么,说话人说此话的意图可能是希望听话人打开窗户或者打开空调,这就是会话含义。

(四)不确定性

不确定性是指会话含义是不确定的,同一话语在不同语境中对于不同的听话人会有不同的会话含义。如"明天是中秋节"这句话在不同情形下可能有不同的会话含义:对曾经给孩子作出承诺"要带孩子去吃大餐"的母亲来说,这句话的会话含义是"带孩子去吃大餐";对给父母作出承诺要团聚的子女来说,这句话的会话含义是"明天要去看望父母";对于没有家人在同一个城市生活的人来说,这句话的会话含义是"明天休息";对于商户来说,这句话的会话含义是"生意爆满"……由此可见,脱离了语境的话语的会话含义具有多样性,但在具体言语交际活动中,话语的会话含义又是确定的。

(五)不可分离性

不可分离性是指会话含义依附的是话语意义,而不是话语形式,即会话含义不需要依附于话语中的词汇、句子,而是依附于话语的意义。例如:

最近忙吗?

这句话可能的一个会话含义是"想一起吃饭"。无论该语句形式结构变换成什么样子,只要表达的整体意义和该话语差不多,如"最近有空吗""最近休息不"等,都可推导出"想一起吃饭"的会话含义。再如,甲邀请邻居乙和丙来家里做客,趁主人甲收拾碗筷的时候,邻居乙、丙有这样一段对话:

乙:今天的饭菜真难吃,你觉得呢?

丙:我觉得今天的月亮很美。

分析这段对话可以看出,邻居乙希望丙能与自己探讨关于饭菜的话题,但邻居丙故意违反合作原则中的关联准则,答非所问。丙并非没有听到乙的话,而是不想与乙就此问题进行探讨,由此可推断丙的会话含义是"不想在主人家探讨饭菜的问题",当然,丙也可用"今天的音乐很好听""花很漂亮"等话语形式回答,这些都不会改变其会话含义。

三、合作原则的违反与会话含义的推导

会话含义的产生与对合作原则的违反相关,对合作原则中任一准则的违反都会产生会话含义。

(一)量的准则的违反

或提供不足量信息,或提供超量信息。例如:

背景:小王在路上遇到小李急匆匆走路,想问小李干什么去,走得这么着急,于是有了下面的对话。

小王:干什么去?

小李:出去。

基于对背景信息的说明,我们知道小王期待的答案是小李到某某具体地方的回答,而小李仅用"出去"一词回复小王,提供的信息量不足。由此产生了会话含义,小李要做的事情不方便说。小王如果意识到这点,就不要打破砂锅问到底。清人石成金在其笑话集《笑得好》中讲了这样一个笑话。

父子同行。有不知者指子问曰:"此位何人?"父一口气说道:"此人虽然是朝廷极宠爱吏部尚书真正外孙第九代的嫡亲女婿,却是我生的儿子。"

这位父亲没用"这是我儿子"这一简练的话语回答问话人,而是一口气说了儿子与吏部尚书的关系,最后才说出他们的父子关系。多余信息的提供产生了会话含义:这位父亲趋炎附势、爱炫耀。

(二)质的准则的违反

这种情况一般是违反了质的准则中的"不要说自知虚假的话"这一条,例如:

方鸿渐道:"我们那天没讲你的坏话罢?"

柔嘉瞥她一眼道:"……我以为你是好人,谁知道你是最坏的坏人。"(《围城》)

这是方鸿渐和孙柔嘉婚后不久返乡途中说的话,如果孙柔嘉认为方鸿渐是坏人,自然不会嫁给他,可见孙柔嘉说的话是假话,违反了质的准则。但这种假话不是为了欺骗对方,而是两口子之间的撒娇的话语。再如,一个男孩个子长得很高,父母的朋友夸赞他个子长得高,父母经常会回应"傻大个",这也违反了质的准则,以示谦逊。

(三)关联准则的违反

言语交际活动中,双方谈论的话题应该与当前语境有一定关联,这样才能保证交际的顺利进行。但有时候说话人为了表达某种特定的语用信息,可故意拉开距离,说一些与话题无关的话语,让听话人从话语中理解会话含义。例如:

甲:今晚去不去看电影?

乙:明天有考试呢。

对于甲的问题,乙给出了一个表面毫不相关的回答。问答之间的不相关诱导甲推导话语表达的会话含义:乙今天不去看电影。

(四)方式准则的违反

(1)故意违反方式准则的第一条次准则,即说话故意不直截了当,而是拐弯抹角。例如:

妻子:给孩子买点零食吧?

丈夫:可以啊。不过我反对买 C-H-O-C-O-L-A-T-E。

在这段对话中,丈夫不直接说出 chocolate,是因为孩子能听懂,孩子听了后反而会要 chocolate。丈夫通过隐晦的方式暗示妻子不要让孩子吃 chocolate。

(2)故意违反方式准则的第二条次准则,即故意使用带有歧义的句子。如 2002 年春晚小品的一段对话:

A:树上骑(七)个猴,地上一个猴,加一起几个猴?

B:八个猴。

A:错,媳妇答。

C:俩猴。

A：正确，树上骑个猴，地上一个猴。俩猴。

这是利用语流中"七"的变调与"骑"同音而造成的歧义句，从而引发了误会，无论 B 回答"八个"还是"两个"都不是正确答案，从而达到了幽默的效果。

第四节　预设概说

预设是语义学和语用学研究的重要课题，该概念由德国哲学家弗雷格于 1892 年首次提出，此后不断有学者对此进行探讨。我国学者于 20 世纪 80 年代引进"预设"这一概念，先后用不同的名称称谓，前期叫"前提""先设"，现在一般称"预设"。

一、预设

"法国语言学家基南把预设分为语义预设和语用预设两种。语义预设不需要语境参与，从句子本身就能推导出交际双方共知的命题，其特点是客观性和稳定性，不会因为语境的变化而变化。"①语义学家研究预设是从逻辑真值出发，把预设看作一个命题成立与否的必要条件。如"小明的妈妈是大学老师"这句话的语义预设是"小明有一个妈妈"，"小明有一个妈妈"是"小明的妈妈是大学老师"成立的必要条件。

在认识语义预设之前，我们有必要先说一说与句义真值相关的另一个重要概念——蕴涵。句子真值的蕴涵关系就是：从一个句子的语义一定可以推导出另一个句子的句义，反向推导却不成立。假设有 a、b 两个句子，如果：①句子 a 为真，句子 b 一定为真；②句子 b 为假，句子 a 一定为假；③句子 a 为假，句子 b 可真可假。由此可知，句子 a 句义蕴涵句子 b 句义。例如：

句 a	句 b
张三买了一杯奶茶。	张三买了饮料。
梅梅买了一条裙子。	梅梅买了一件衣服。

从以上例句可看出，含有蕴涵关系的两个句子，其包含的词语的词义存在上下位关系，如"奶茶"是"饮料"的下位词，"裙子"是"衣服"的下位词。也就是说，一对句子中具有相同语义角色的词如果词义有下位与上位的关系，则句义一定有蕴涵关系。

如果一个句子的肯定和否定两种形式都以另一句子的肯定式为前提，则另一个句子是该句的预设。假设有 a、b 两个句子，如果：①句子 a 为真，句子 b 一定为真；②句子 b 为假，句子 a 一定为假；③句子 a 为假，句子 b 也仍然为真。由此可知，b 句义是 a 句义的预设。例如：

句 a	句 b
他哥哥在西安交通大学上大学。	他有哥哥。
他不后悔离开了伦敦。	他离开了伦敦。
他又迟到了。	他迟到过。

---

① 计道宏：《预设的语用功能研究》，《东北师大学报》（哲学社会科学版），2011 年第 5 期，第 101－103 页。

一句话的主语、修饰语部分常常包含预设,如"他哥哥长得很帅"预设"他有哥哥","今晚的电影真好"预设"今晚放电影了"。一个复杂句子会包含多个预设,如"他在学校书店买的书和你表哥买的一样"预设"他买了书""学校有书店""你有表哥""你表哥买书了""他是在学校的书店买的书"。

蕴涵与预设的对比如表7-1所示。

表7-1 蕴涵与预设的对比

蕴涵关系			预设关系		
句子a	方向	句子b	句子a	方向	句子b
T	→	T	T	→	T
F	←	F	-(T/F)	←	F
F	→	T/F	F	→	T

注:T表示"真",F表示"假","→"表示"如果……那么……"。

比较蕴涵和预设的真值推导式可看出,推导式①、②是二者共有的,因此预设可看作蕴涵的一种特例,二者都是句子隐含的意义,是语句的言内之意,不需要特殊的环境或背景,可直接从语义中推导出来。例如:

校园湖边有柳树。蕴涵句:校园湖边有树。

预设句:校园有湖。

但二者也有区别,蕴涵和预设来自不同的信息:蕴涵来自基本信息,即说话人论断的内容;而预设来自附带信息,即交际双方共同的知识背景。如"北京的天安门广场有人民英雄纪念碑"蕴涵"北京的天安门广场有建筑物",预设"北京有天安门广场"。由此可看出,蕴涵传达信息的一部分,其与原句中相同的语义角色有上下位关系,属于基本信息;预设则是信息的背景,预设句与原句存在说明或补充关系,属于附带信息。此外,可通过否定法检验一句话是原句的预设还是蕴涵,否定可以改变蕴涵,不能改变预设。例如:

X_1:他买了苹果。→ Y_1:他买了水果。

X_2:他没买苹果。→ Y_1:他买了水果。

X_1:他哥哥去了上海。→ Y_1:他有哥哥。

X_2:他哥哥没去上海。→ Y_1:他有哥哥。

"他买了苹果"蕴涵"他买了水果","他买了苹果"的否定形式"他没买苹果"蕴涵不是"他买了水果",而是"他没买水果",即否定改变了句子的蕴涵。"他哥哥去了上海"预设"他有哥哥",其否定形式"他哥哥没去上海"依然预设"他有哥哥",可看出作为预设的句子是原句具有语义真值的前提。"他"必须"有哥哥"才能说及"他哥哥去没去上海",只有在"他有哥哥"的前提下,说"他哥哥没去上海"这句话才有意义。

"语用预设"这一概念最早由斯塔纳克于20世纪70年代提出,之后相继有学者对此进行论述。关于语用预设,学术界有不同的解释和理解,概括起来,主要有三种观点:第一,从说话人的态度出发,把预设定义为某事物自然为真;第二,从言语交际功能出发,把预设看作交际双方的共有知识或话语的背景信息;第三,从言语行为的角度出发,把预设看作实施有效言语行为的适切性条件。例如:

(背景:谈话时间在周一,乙在上周六参加学校运动会的跳小绳比赛,甲误以为是乙参加的是跳大绳比赛,时间是周日,有了以下对话。)

甲:你昨天跳大绳跳得怎样?

乙:我没跳大绳,跳的小绳,你是说跳小绳吗?

甲:是的。

乙:是上周六,跳得还不错,一分钟跳了210下。

上例中甲认为听话人乙参加的项目是在昨天,而且甲认为这是他和乙的共有知识,事实上乙在昨天并无任何运动项目,且乙参加的是跳小绳而非跳大绳项目,所以二人的对话要经过核对与修正,终于获得了相同的"预设"(背景知识),谈话才得以顺利进行下去。由此可见,语用预设和语境关系密切,是说话人的预设。这种预设可能与事实相符,也可能相悖。

甲:准备得怎么样了?

乙:不咋样,以前不会,正在慢慢学。

甲:没关系,熟能生巧,慢慢就会了。

乙:是的,正在磨合。

丙:你们在说什么?

甲:跳绳,我俩报了名,下周要比赛了。

在这段对话中,甲和乙有共同的语用预设,即共同的背景知识,因此才得以顺利交谈,而丙因为不知道这个背景知识,而不知所云。

甲:请问到兴庆公园怎么走?

乙:直走,第一个十字路口右转,走500米左右在马路对面就能看到。

甲:谢谢。

乙:不客气。

在这段对话中,甲认为乙知道去兴庆公园的线路,并且有能力回答这个问题,恰好乙也确实能够正确回答这个问题,因此,交际能顺利进行。该例可用以说明上面所说的第三种观点,即语用预设完全是说话人的态度,是其有效施行言语行为的条件。当然这种语用预设允许出现失误,如上例中,假如乙不能回答甲的问题,交际就会失败,甲必须另寻他人问路或寻求其他帮助,直至达到目的。

由以上分析可看出,语义预设是把预设当作判断句子真值的前提,是语义系统中稳定不变的东西,不受语境制约;语用预设则高度依赖语境,本身没有必然的真实性或正确性,是一定语境中说话人的设想。因为语义预设只涉及语义逻辑的真假问题,不涉及言语交际过程,其用途有一定限制,所以,目前学者对预设的研究多集中于语用预设。

二、预设触发语

预设触发语是指话语中可能导致预设产生的语言项,包括词语、词组和句型等。如"你又说别人坏话"中副词"又"就是预设触发语,触发预设"你以前说过"。何自然在把触发语分为三大类,即动词类(叙实动词、状态变化动词、评价动词)、重复词和附加语、短语和从句。结合前人研究成果,我们将汉语预设触发语大致分为以下三类。

(一)词语类

1. 专有名词、指示代词

(1)老舍是北京人。

　　预设:有个人叫老舍。

(2)这位同学弹钢琴弹得特别好。

　　预设:有一个同学。

2. 动词

(1)叙实动词。叙实动词是指能标明其所带小句宾语是一个已经发生的事实的动词。叙实动词所触发的预设就是小句宾语表述的事实。叙实动词根据语义可分为若干小类。

①表心理活动的动词,如"后悔、羡慕、佩服、嫉妒、感谢"等。例如:

我真后悔去了北京。

预设:我去过北京。

②表庆祝义动词,如"庆祝、祝贺、纪念、怀念"等。例如:

庆祝公司成立五周年。

预设:公司成立已经五周年。

③表识记义动词,如"懂得、记得"等。例如:

我记得你去过北京。

预设:你以前去过北京。

④表公布义动词,如"公布、广播、坦白、交代"等。例如:

罪犯交代了自己的犯罪行为。

预设:罪犯做过违法的事情。

⑤表影响义动词,如"影响、欺负、干扰、耽误"等。例如:

孩子的到来影响了小王的学业计划。

预设:小王原本有一个学业计划。

⑥表行为反应义动词,如"揭露、揭发、道歉、奖励"等。例如:

王庆揭发了总经理受贿的事实。

预设:总经理受贿了。

(2)状态变化动词。状态变化动词是指表示状态改变、位置变化的动词,具体包括以下几类。

①开始类,如"开始、产生、引起"等。例如:

小丽到学校就开始晨读。

预设:小丽到学校前没有晨读。

②停止类,如"停止、结束、完成、戒、断"等。例如:

老王戒烟了。

预设:老王之前吸烟。

③变化类,如"改变、变化、醒悟、恢复"等。例如:

经过理发师的精心设计,他的发型变化很大。

预设:他的发型与现在不一样。

④消除类,如"脱离、摆脱、消除、取消、丧失、丢失"等。例如:

小美终于摆脱了前男友的纠缠。

预设:前男友纠缠过小美。

(3)褒贬评价类,如"批评、责备、谴责、夸奖、表扬、控诉、讽刺"等。例如:

老师批评小明做题不细心。

预设:小明做题不细心。

3.副词

(1)表比较义的程度副词,如"更加、越发、越"等。例如:

经过一番打扮,这位姑娘越发漂亮了。

预设:这位姑娘以前就漂亮。

(2)范围副词,如"都、大都、仅仅"等。例如:

教职工大都参加了学校运动会。

预设:学校有教职工参加运动会。

(3)时间、频率副词,如"已、已经、曾经、常常、仍然、再、又"等。例如:

他又来了。

预设:他来过。

(4)语气副词,如"幸好、幸亏、果然"等。例如:

关键时刻,幸亏他及时赶到。

预设:他及时赶到了。

(二)词组

1.表示时间的方位短语

例如:

他大学毕业后就结婚了。

预设：他大学毕业了。

2.表示比较的介宾短语

例如：

他比前几年高了许多。

预设：前几年不高。

3.定中短语

例如：

你看这块橡皮，果然是你丢的那块，你拿着吧。

预设：你丢过一块橡皮。

（三）句型

1.特殊疑问句

例如：

(1)谁把水杯忘在教室里了？

　　预设：有人把水杯忘在教室里了。

(2)他什么时候去北京的？

　　预设：他去北京了。

2.强调句式"连……也/都"

例如：

连小孩都懂得这个道理。

预设：你不懂这个简单的道理。

三、交际中的预设策略

语言生活中处处都蕴含着预设，这要求我们在掌握有关预设知识的同时，要善于运用预设，同时警惕生活中的预设"陷阱"。

（一）巧用预设

在言语交际活动中，为了使谈话更好地朝有利的方向发展，我们可以有目的地设置预设。如日常生活中，一大学男生准备追求一名女生，但男生不知道女生是否有男朋友，那么男生可通过这样的话语侧面了解信息，如男生可问女生"你男朋友一会儿来接你吗？""你男朋友在哪个学院？"等之类的话语，此类话语预设"女生有男朋友"。那么女生的回复有以下几种情况：男朋友某某时候来接我；男朋友不来接我；我没有男朋友。无论哪种回复都可确定女生是否有男朋友。

一些商家在做生意或做广告文案时，也会有意识地利用预设来为自己服务。如经过卖鸡蛋的摊位，卖家会直接问"要几斤鸡蛋"，这句话预设"你要在他家买鸡蛋"。再如飞鹤奶粉广告语"飞鹤奶粉,更适合中国宝宝体质",预设"飞鹤奶粉跟中国宝宝体质更契合,是你最好的选择"。准备买奶粉的人免不了会心动。

小品和相声中常常利用预设来设计包袱,常见的思路是:先说一段话,观众根据这些话语推测出这些话的背景知识,即说话人的语用预设,而后否定原话的语用预设,从而给观众带来意外。如贾玲的小品《真假老师》中,小明的老师要来家里家访,因小明在学校表现不好,小明暗示让扮演保洁员的贾玲假装自己的妈妈,保洁员拒绝了这一要求,于是有了以下对话。

保洁员:不是,我帮不了你,我演不了,我得走了,我真得走了。

小明:你走吧,你走了,我就投诉你。

保洁员:你投诉我有用吗?你得告诉我怎么演,我亲爱的儿子。

起初,保洁员认为自己演不了小明的妈妈,因此直接拒绝了小明,并且要离开小明家。在小明说走了就要投诉自己时,保洁员顿时反问:"投诉我有用吗?"该句话预设"保洁员不怕小明投诉,坚决拒绝扮演小明的妈妈"。于是,观众的心理期待就是保洁员不论怎样被威胁都不会假装自己是小明的妈妈来欺骗老师。但是,保洁员话锋一转,用"你得告诉我怎么演,我亲爱的儿子"撤销了对前一句话的预设,人们的心理期待落空,剩下的只有捧腹大笑了。

在侦查讯问语境中,讯问语言有着不同于其他话语交际的特点,即言语交际双方的对抗性。真正的罪犯在侦查讯问过程中常常会故意隐瞒事实,或提供虚假口供,试图逃脱法律的制裁。因此,在侦查讯问的司法实践中,侦查讯问人员可有效利用语用预设,在法律允许的范围内,制定行之有效的讯问策略,有效展开讯问活动,达到讯问的目的。如有小偷是偷电动车的惯犯,警察可讯问:"你偷了几辆电动车?""你偷了几辆电动车?"这句话是以"你偷了电动车"为预设的,警察通过巧妙设置这一预设,让小偷以为警察已经掌握了他们的犯罪事实,会对此作出"一辆"或者"两辆"诸如此类的回答。如果经常直接问"你偷车了吗?"这类的话语,那么侦破案件可能要大费周章了。

(二)预设与反驳

在日常生活和学术生活中,我们有时需要反驳某种不当言论或不当观点。运用预设的前提性这一特点,有助于反驳对方,如有这样一则笑话。

某知县想刁难刘氏夫妇一家,故意给刘老汉出了一道难题,要他十天之内送来三只怀了小牛的公牛。十天之后,只有刘老太太来见知县,知县问:"刘老汉呢?怎么不见人影?是不是交不出牛,躲起来了?"刘老太太答道:"不敢,刘老汉正在家里生小孩呢!"知县说:"胡扯!男人生小孩?这怎么可能!"刘老太太讥笑道:"男人不可能生小孩,那公牛又怎么会怀胎呢!"

这则笑话中刘老太太故意设置预设陷阱,设法引诱对方掉入陷阱。知县图谋不轨,想通过预设"公牛怀胎"来为难刘老汉,刘老汉以其治人之道还治其人之身,以荒谬应对荒谬,反驳了知县的敲诈勒索,让知县知难而退。再如王小波作品《黄金时代》中有这么一个例子。

春天里,队长说我打瞎了他家母狗的左眼,使它老是偏过头来看人,好像在跳芭蕾舞,从此后他总是给我小鞋穿。我想证明我自己的清白无辜,只有以下三个途径:

(1)队长家不存在一只母狗;
(2)该母狗天生没有左眼;
(3)我是无手之人,不能持枪射击。

此例中,"我"用否定预设的方式,否定了"打瞎队长家母狗左眼"的事实。再如电视剧《甄嬛传》片段。

斐雯:只要是在宫里伺候,无论服侍哪位小主,奴婢都会赴汤蹈火在所不辞。

熹贵妃:很好,好歹主仆一场,今日你既来揭发本宫的私隐,想必也知道是最后一遭伺候本宫了。自己分内之事也该做好。我问你,你出来前,可把正殿紫檀桌上的琉璃花樽给擦拭干净了?

斐雯:已经擦了。

槿汐:胡言乱语,娘娘的紫檀桌上何曾有琉璃花樽,那分明是青玉的。

斐雯:是奴婢记错了,是青玉花樽。

敬妃:看来斐雯的记性不大好啊,难为你了,还能记得温太医袖口上的花纹。

斐雯:奴婢记得,是青玉花樽,没错。

熹贵妃:正殿紫檀桌上从未放过什么琉璃花樽,你伺候本宫,不把心思放在正经事上,倒日日留心哪位太医的手搭了本宫的手,翻出来的袖口上绣了什么花样(对皇后)。这些情景若是放了旁人,是看都不敢看(对斐雯),为何你连了枝叶末节都这般留意,如此居心实在可疑。

熹贵妃"你出来前,可把正殿紫檀桌上的琉璃花樽给擦拭干净了?"预设"桌子上有琉璃花樽",斐雯给予正面回应。但下一句话熹贵妃否定了语句的预设,斐雯之前的话语所表达的事态就没有了存在的依据和基础,这是一种强有力的反驳,从而揭示斐雯不是一个安分守己的奴婢。

(三)预设"陷阱"

质的准则要求人们在言语交际中如实表达,不说假话。然而骗子布设言语陷阱,能跟你说真话吗?不可能。那么我们如何辨别对方言语的真伪呢?任何言语交际都离不开语境和预设,我们只要依据语境和预设对言语进行认真的分析,言语陷阱是可以识破的。例如:

一学生收到短信:"爸,我与男友开房被警察带走,需要钱,你汇2000元到××账号上。这是别人的手机号,有事等我出来再跟你说。"看完后这位该学生回了一条:"等我找到你妈再说吧。"

该诈骗信息虚构预设"信息接收者已育",而该学生未婚未育,直接用否定预设的方式看穿了骗局。再如小张收到这样一条信息。

尊敬的用户您好:恭喜您!您的手机号码已被××卫视栏目抽选为场外二等奖幸运用户,您将获得栏目组与赞助商送出的梦想创业基金150000元人民币以及××公司赞助的笔记本电脑一台,请登录官网查看领取,您的领取码为0929,请小心保管。如您将个人获奖信息泄露导致他人冒名领取本栏目组概不负责,最终解释权归××卫视栏目组所有!

声明:本次活动已通过××互联网公证处审批,获奖用户可放心领取。

该获奖信息的预设是"你参加过抽奖活动",如果小张明确否认自己参加过抽奖活动,则预设为假,在预设基础上产生的事态则一定为假,从而可避免落入预设"陷阱"。

在常生活中,有时会发生一些意想不到的事情,为避免自己落入尴尬的境地,也可通过设置预设"陷阱"避免窘迫的局面。如下面一则有关聪明的一休的故事。

有一次,大将军足利义满把自己最喜欢的一只龙目茶碗暂时寄放在安国寺,没想到被一休不小心给打碎了。就在此时,足利义满派人来取他的龙目茶碗。该怎么办呢?茶碗已被一休打碎,拿什么去还?这时,一休不慌不忙地说:"不必担心,我去见大将军,让我来应付他吧!"到了那里,一休对大将军说:"有生命的东西到最后一定会死,对不对?"足利义满回答:"是。"一休又说道:"世界上一切有形的东西,最后都会破碎消失,是不是?"足利义满回答:"是。"一休接着说:"这种破碎消失,谁也无法阻止,是不是?"足利义满还是回答:"是。"一休听了足利义满的回答后,露出一副很无辜的神情接着说:"义满大人,您最心爱的龙目茶碗破碎了,我们无法阻止,请您原谅。"这时,足利义满才恍然醒悟,但是自己已经连着回答了几个"是"字,所以他也知道此事不宜再严加追究了。

这个故事中,聪明的一休就通过巧妙设置预设陷阱,让足利义满在没有任何防备的情况下,一步步落入圈套,从而牵住了他的"鼻子",使足利义满不得不就范。

辩论场上,本方巧设预设"陷阱",引诱对手上钩,然后一步步把对方引至对本方有利的"战场",一举"歼灭"对方,这种诱敌就范的方法能更多地体现辩论者的主观能动性。有这样一个故事。

商人威尔斯向皮箱行订购3000个皮箱,取货时却说,皮箱内层有木材,不能算是皮箱,并向法院起诉,要求赔偿15%的损失。在威尔斯强词夺理、法官偏袒威尔斯的情况下,律师出庭为被告辩护。

律师取出一只金怀表问法官:"法官先生,这是什么表?"

法官说:"这是伦敦名牌金表。可是,这与本案没有关系。"

律师坚持说与本案有关,并继续问:"这是金表,事实上没人怀疑。但是请问内部机件都是黄金制的吗?"

法官指导中了"埋伏",哑口无言。

在这个故事中,律师就设置了预设"陷阱":名称中带有某材质词语的事物的全部均由该材质制成,并诱导法官对这一预设进行否定,否定了该预设,则"皮箱内层也要由真皮制成"也就不成立了。在一场名为"思想道德应该适应(超越)市场经济"的辩论中,有如下一轮交锋。

反方:……我问雷锋精神到底是无私奉献精神,还是等价交换精神?

正方:……对方辩友这里错误地理解了等价交换。等价交换就是说,所有的交换都要等价,但并不是说所有的事情都是在交换。雷锋还没有想到交换,当然对雷锋精神就谈不上等价了。(全场鼓掌)

反方：那我还要请问对方辩友，我们的思想道德的核心是为人民服务的精神，还是求利的精神？

正方：为人民服务难道不是市场经济的要求吗？（掌声）

第一回合中，反方有备而来，准备"请君入瓮"，反方用选择问的方式预设对方只能在两个选项中选择一个，无论哪种选择都会置正方于失败之地。选择前者，正好证明了反方的观点"思想道德应该超越市场经济"；选择后者，则有悖于事实。正方机智地跳出反方"非此即彼"的预设，反而抽出"等价交换"进行论理，推翻了它作为预设选项的适当性，从而避免了失误。

孟子以善辩著称，他经常会看穿对方预设的"陷阱"，从而避免落入对方的圈套，例如：

齐宣王问曰："齐桓、晋文之事，可得闻乎？"

孟子对曰："仲尼之徒，无道桓、文之事者，是以后世无传焉，臣未之闻也。无以，则王乎？"

齐宣王想借助历史向孟子宣扬自己的"所欲"：他要像齐桓公、晋文公一样成就霸业。而孟子一向提倡"王道"，反对"霸道"，因此，齐宣王采用迂回方式，让"齐桓""晋文"以历史人物形式出现，预设"我要与你谈论历史上的人物齐桓公、晋文公"。若孟子察觉不到齐宣王的意图，则会与之谈论"齐桓、晋文之事"，进而落入齐宣王的圈套。但孟子一眼看穿了对方用意，直接说了一句"仲尼之徒，无道桓、文之事者，是以后世无传焉，臣未之闻也"，轻而易举破解了齐宣王的招数。

思考题

1. 请从生活中找出若干违反合作原则的例子，并作具体分析，说明违反了哪一准则，解释其会话含义。

2. 下列句子是否都有括号中的预设，你从中发现了什么规律？
①宪梓堂今晚放什么电影？（预设：宪梓堂今晚有电影）
②宪梓堂今晚放电影吗？（预设：宪梓堂今晚有电影）
③小王比小李高。（预设：小李高）
④小王比小李还高。（预设：小李高）

3. 请从生活中找出有意识运用预设的例子，并分析。

延伸阅读

1. 刘焕辉：《言语交际学重构》，江西教育出版社，2009年版。
2. 何自然、冉永平：《语用学概论》（修订本），湖南教育出版社，2006年版。
3. 文健：《语用学引论》，云南大学出版社，2016年版。
4. 陈新仁：《汉语语用学教程》，暨南大学出版社，2018年版。
5. 于保泉、鞠荣祥：《言语交际案例教程》，上海交通大学出版社，2011年版。
6. 吴礼权：《言语交际与人际沟通》（第2版），暨南大学出版社，2016年版。